김정은 시대 연구 2

김정은 시대 연구 2
ⓒ 민플러스, 2023

초판 제1쇄 인쇄 2023년 5월 31일
초판 제1쇄 발행 2023년 6월 10일

글쓴이 | 박경순
펴낸곳 | 민플러스
펴낸이 | 김재하
등록 | 2017년 9월 1일 제300-2017-118호
주소 | 44717 서울시 종로구 청계천로 159, 670-2호 (장사동, 세운상가)
전화 | 02-707-0665
팩스 | 02-846-0615
전자우편 | minplus5.1@gmail.com

저자와의 협의에 의해 인지를 생략함.

ISBN 979-11-91593-12-9 03300

김정은 시대 연구 2

저자 _ 박 경 순

들어가는 글

'김정은 시대 연구'를 출간한 지 일 년이 지났다. 원래 김정은 시대 연구를 한 권의 책으로 출간할 생각이었다. 그런데 분량이 너무 많아져 불가피하게 2015년까지밖에 다루지 못했다. 출간 이후 독자들로부터 김정은 시대 연구 Ⅱ 출간에 대해 문의가 많이 들어왔다. 처음에는 김정은 시대 연구 Ⅰ이 1990년대 중반에서 2015년까지 다루었으므로, 2016년부터 2023년 초까지 다루는 김정은 시대 연구 Ⅱ는 그다지 분량이 많아지지는 않을 것이라 생각했다. 하지만 그것은 오산이었다. 책을 써 가면 써 갈수록 원고가 늘어나고, 집필 기간이 길어졌다. 그만큼 지난 7년 동안 북의 변화는 우리의 상상을 초월했다. 그러한 북의 변화를 최대한 담아내려다 보니 책의 분량이 늘어날 수밖에 없었다. 그리고 자연히 원고 집필 완료 시점도 늦어졌다.

원래는 제목처럼 김정은 시대에 대한 명실상부한 연구서로 내려고 했다. 하지만 그것은 나의 능력을 초월한 욕심이었다. 우리의 상상을 초월하는 북의 변화를 도대체 어떤 분석틀로 분석할 수 있겠는가? 사실 부끄럽게도 이 책은 제목처럼 저자의 연구 성과를 정리한 책이라고 보기 어렵다. 연구서라면 마땅히 저자의 목소리가 많이 담겨야 한다. 하지만 이 책에서 저자의 목소리는 거의 찾아보기 어렵다.

이 책은 놀랄 속도로 변화하는 북의 현실을 단지 그들의 눈으로 정리한 기초 자료에 불과하다. 나의 관점과 목소리를 최소화하고, 그들의 관점과 목소리를 있는 그대로 담아놓자! 이렇게 함으로써 김정은 시대를 연구하려는 많은 연구자에게 1차 자료는 아니지만, 그래도 2차 자료로써 활용될 수 있다면 그 또한 의의 있는 작업이 아닐까? 이러한 생각으로 책을 써 내려갔다.

하지만 최근 변화하는 북의 현실을 담아내는 것도 결국 저자의 관심 분야를 중심으로 이루어질 수밖에 없다. 이 책은 다음과 같은 내용을 중심으로 최근 북의 변화를 추적했다.

첫째, 조선로동당의 지위와 역할이 높아져 가는 과정을 정리했다. 2016년 5월, 36년 만에 7차 당 대회가 개최되었다. 이것이 갖는 의미를 추적했다. 7차 당 대회 이후 매해 최소 2차례 이상의 조선로동당 중앙위원회가 개최되고 있으며, 2021년 5년 만에 8차 당 대회가 개최되었다. 그리고 향후 5년마다 당 대회를 개최하기로 결정했다. 이처럼 당 대회가 5년마다 열리는 것으로 정례화되었으며, 주기적으로 당 중앙위원회가 개최되고, 당내 각종 회의가 정상적으로 열리면서 당의 모든 노선과 정책이 당내 제반 회의를 통해 투명하게 결정되었다. 이러한 일련의 과정이 북 사회에 어떤 영향을 끼치며, 어떤 의미를 갖는가를 찾아보았다.

둘째, 핵무력 완성 선언과 세계 최고의 군사 강국으로 부상하는 과정을 집중 조명했다. 군사 문제는 한반도 평화와 통일과 직결되어 있다. 지금까지의 분단체제는 미국의 압도적 군사적 우위에 기초한 한미군사동맹 체제 위에서 유지되어왔다. 그런데 미국의 압도적 군사적 우위가 무너지게 된다면 분단체제를 유지해 오던 기본 축의 하나가 무너져 나갈 수밖에 없다. 북의 핵무력 완성 선언과 세계 최고의 군사 강국으로의 부상은 한반도 분단체제에 구조적 균열을 만드는 것이다. 그렇다면 이러한 북의 변화가 한반도 평화와 통일에 어떤 영향을 미칠 것인가를 살펴봐야 한다. 그 이전에 북의 핵무력 완성과 군사 강국으로 부상하는 구체적 양상이 어떻게 전개되고 있는가를 추적해 보았다.

셋째, 경제건설 총집중노선과 경제발전 5개년 계획을 집중적으로 추적해 보았다. 핵무력 완성 이후 북은 핵무력-경제건설 병진 노선의 승리를 선언했다. 그리고 경제건설 총집중노선을 새로운 국가발전전략으로 채택했다. 경제건설 총집중노선이란 당과 국가사업 전반을 경제건설에 지향시키고, 모든 힘을 경제건설에 총집중해 경제 강국으로 도약하려는 정책이다. 그런데 우리가 주목할 점이 있다. 사상 최악의 경제제재가 지속되는 환경에서 어떻게 경제 강국을 건설할 수 있을까? 이러한 수수께끼를 북의 경제 강국 건설 노력을 구체적으로 추적함으로써 풀어보려고 노력했다.

넷째, 우리국가제일주의 시대 담론의 제기 배경과 그 실천적 의미를 추적해 보았다. 북은 핵무력 완성으로 전략국가로 부상했다. 전략국가로 부상한 북은 우리국가제일주의 시대 담론을 제기했다. 왜 북은 이 시점에서 우리국가제일주의 시대 담론을 제기했을까?

그리고 그 실천적 의미는 무엇일까? 의문을 제기하는 사람이 많다. 이러한 의문에 대한 해답을 찾아가 보았다. 그리고 이 담론이 제기된 이후 북 사회 전반의 사회적 분위기를 살펴보았다.

다섯째, 8차 당 대회 이후 북에서 가장 많이 등장하는 단어는 '사회주의 전면적 발전'이라는 용어이다. 북에서는 현재 경제발전 단계를 사회주의 전면적 발전기에 들어섰다고 보고 있다. 사회주의 전면적 발전이란 사회주의 건설의 모든 분야와 나라의 모든 지역, 인민경제의 모든 부문이 동시적이며 균형적으로 발전해 나가야 한다는 것이다. 이를 위해 북에서는 새 시대 농촌혁명강령을 제기했다. 북은 왜 사회주의 전면적 발전을 제기하면서 새 시대 농촌혁명을 제기했을까?에 대한 의문에 해답을 찾으려 했다.

이상과 같은 문제의식을 중심으로 북의 최근 변화를 추적해 나갔다. 그러다 보니 책의 분량이 또 너무 많아져 버렸다. 저자의 무능 탓인가, 아니면 북의 변화 속도가 너무 빠른 탓인가? 어쨌든 독자들께 송구할 따름이다. 하지만 저자가 현재의 북을 균형적으로 이해하기 위한 치열한 노력의 산물이라고 바다처럼 넓은 마음으로 양해해 주시길 바란다.

차례

3 부

우리국가제일주의 시대를 열다 : 2016-2020

1장 과학기술은 발전의 만능 보검
- 14 1절 과학기술전당 준공식
- 32 2절 강원도 정신

2장 조선로동당 제7차 대회가 열리다
- 46 1절 36년 만에 열린 당 대회
- 59 2절 사회주의 수호전의 승리를 선언하다
- 76 3절 자강력 제일주의와 국가경제발전 5개년 전략
- 90 4절 조국 통일의 대통로
- 92 5절 조선로동당 체제의 정비, 역할의 확대 강화

3장 <핵무력 완성>을 선언하다
- 98 1절 첫 수소탄 시험에 성공하다
- 102 2절 광명성 4호 발사 성공
- 106 3절 높아가는 북미 핵대결
- 124 4절 핵무력 완성을 선언하다

4장 경제강국 건설을 향하여

- 166 **1절** 경제건설 총집중노선 결정
- 179 **2절** 경제발전 5개년 전략 실현을 향한 대진군
- 215 **3절** 건설의 대 번영기 Ⅱ

5장 우리국가제일주의 시대를 열다

- 248 **1절** 우리국가제일주의 시대
- 262 **2절** 통일의 대통로를 열기 위하여
- 274 **3절** 눈부신 대외활동을 펼치다
- 300 **4절** 새로운 혁명노선, 정면돌파전 제시

4 부
전면적 발전의 시대로 접어들다

6장 조선로동당 제8차 대회

- 311 **1절** 주목되는 개회사
- 314 **2절** 8차 당 대회 사업 보고
- 330 **3절** 조선로동당 규약 개정
- 337 **4절** 최고 지도기관 선거
- 340 **5절** 8차 당 대회 폐막
- 343 **6절** 조선로동당 중앙위원회 제8기 2차 전원회의

7장   건설의 대 번영기 III

- 348   1절   건설의 대 번영기 2021
- 354   2절   건설의 대 번영기 2022

8장   새로운 사회주의 농촌혁명 강령

- 360   1절   사회주의 전면적 발전에 관한 사상
- 364   2절   새 시대 사회주의 농촌 혁명
- 369   3절   농촌이 변하는 새 시대, 지방이 변하는 새 세상
- 392   4절   조선로동당 중앙위원회 제8기 7차 전원회의 확대회의
- 397   5절   우리나라 사회주의 농촌문제에 관한 테제

9장   세계 최고의 군사 강국으로 도약하려는 북

- 405   1절   색다른 행사 국방발전전람회《자위-2021》
- 410   2절   극초음속 미사일 개발에 성공하다
- 413   3절   전 지구를 타격권으로 삼는《괴물》미사일, 《화성포-17》형 등장
- 420   4절 《조선민주주의인민공화국 핵무력 정책에 대하여》
- 429   5절   전술핵 운용부대들의 전술훈련 실시
- 432   6절   600m 초대형 방사포 증정식
- 434   7절   고체 ICBM 시대를 열다

**10장 위대한 전환의 해로 만들기 위한
     새로운 투쟁의 시작**

443 **1절** 조선로동당 중앙위원회 제8기 6차 전원회의 개최
451 **2절** 2023년 봄우뢰

3부

우리국가제일주의 시대를 열다
: 2016-2020

평양 '만수대지구'

과학기술은 발전의 만능 보검

1절 _ 과학기술전당 준공식

2016년 1월 1일, 김정은 총비서는 과학기술전당 준공식에 참석해 준공 테이프를 직접 잘랐다. 아래 사진은 과학기술전당의 전경 사진이다. 원자구조 모양의 과학기술전당은 김정은 시대의 대표적 건축물로 등장했다.

2016년 1월 1일

2016년 새날이 밝았다. 김정은 조선로동당 총비서는 새해 신년사에서 과학기술의 역할을 다음처럼 강조했다.

《과학기술로 강성국가의 기초를 굳건히 다지고 과학기술의 기관차로 부강 조국 건설을 다그쳐 나가려는 우리 당의 결심과 의지는 확고합니다. 과학 연구 부문에서는 주체공업, 사회주의 자립경제의 위력을 강화하고 인민 생활을 향상시키는 데서 나서는 과학기술적 문제들을 우선적으로 해결하며 최첨단의 새로운 경지를 개척하기 위한 연구사업을 심화시켜야 합니다. 공장, 기업소, 협동농장들에서 과학기술 보급실을 잘 꾸리고 운영을 정상화하여 근로자들이 누구나 현대 과학기술을 배우도록 하며 현실에서 제기되는 문제들을 과학기술의 힘으로 풀어나가는 사회적 기풍을 확립하여야 합니다.》(2016년 북 신년사에서 인용)

신년사를 마친 김정은 총비서는 새해 첫 현지 지도에 나섰다. 최고 지도자의 새해 첫 현지 지도는 매년 전 세계 언론의 초점이 되었었다. 그것은 그 해 북의 국가정책의 초점과 방향을 파악할 수 있는 척도로 되었기 때문이었다. 이 해에도 과연 김정은 총비서가 어떠한 행보를 걸을 것인가에 대한 궁금증이 증폭되었다. 하지만 첫 현지 지도의 소식을 듣기 위해서는 하루를 더 기다려야 했다. 2016년 1월 2일 『로동신문』에는 "우리 당의 과학기술 강국, 인재 강국 건설구상이 완벽하게 구현된 21세기 전민 학습의 대전당 경애하는 김정은 동지를 모시고 과학기술전당 준공식이 성대히 진행되었다"라는 제목으로 2016년 1월 1일에 진행된 과학기술전당 준공식과 김정은 총비서의 참석 소식이 대대적으로 보도되었다. 이로써 과학기술전당 준공식 참석이 새해 첫 현지 지도였다는 사실이 알려지게 되었다.

이날 준공식에서는 박봉주 총리(당시)가 준공사를 했다. 과학기술전당 건축의 취지와 의의를 잘 알려면 그의 준공사를 한번 경청해 볼 필요가 있다. 준공사의 요지는 다음과 같다.

《과학기술전당은 우리 당이 지식경제 시대인 21세기에 우리 인민들에게 마련해 준 최신과학기술보급의 거점이다. 과학기술전당은 세상에 내놓고 자랑할만 한 다기능화된 전민학습의 대전당이며 김정은 시대 주체적 건축예술의 본보기이다. 과학자, 기술자들 뿐아니라 누구나 배울 수 있게 꾸려진 세계최상급의 과학기술 보급기지가 일떠섬으로써 우리 인민은 사회주의 문명국의 체모에 맞는 또 하나의 배움의 전당을 가지게 되었다. 평양의 명당자리에 과학의 세계를 상징하는 거대한 원자구조 모양으로 건설된 과학기술전당은 건축미가 독특하고 조형 예술적으로 완벽한 하나의 대 걸작품이며 21세기 주체적 건축예술의 표본, 국보적인 건축물이다.》(2016.1.2. 로동신문 보도에서 발췌)

이날 준공식에 참석한 김정은 총비서는 직접 준공 테이프를 끊고 과학기술전당 내부를 돌아보았다. 그는 전당의 내부를 돌아보면서 '이것이 바로 당의 구상이 구현된 전민학습의 대전당, 최신 과학기술 보급거점'이라고 말하면서, '조선로동당 제7차 대회를 맞는 새해의 첫 문을 과학으로 열었다'는 의미심장한 발언을 했다.

2016년 1월 1일 과학기술전당 준공식에 참석한 김정은 총비서는 직접 준공 테이프를 끊고 과학기술전당 내부를 돌아보았다. 사진은 준공 테이프를 자르고 있는 김정은 총비서의 모습

전민과학기술인재화

북에서는 김일성 시대, 김정일 시대에도 과학기술을 중시하고, 과학기술의 힘으로 경제와 국방을 선진국 대열로 끌어 올리려는 정책을 일관되게 추진해 왔다. 특히 김정일 국방위원장은 21세기는 과학기술의 시대이며, 과학기술의 시대에는 '누가 더 머리 좋은 사람을 쥐는가'에 따라 나라의 흥망성쇠가 좌우된다고 설파했다. 그리고 사상 중시, 총대 중시와 함께 과학기술 중시를 사회주의 강국 건설의 3대 기둥 중 하나로 내세웠다. 그는 과학기술을 통해 사회주의 강국 건설의 대업을 이룩하려는 의지가 매우 강렬했다. 그렇기에 고난의 행군 와중에서도 'CNC' 열풍을 불러일으키기 위해 막대한 국가 예산을 쏟아부었다. 이것은 그의 과학기술 중시 정책의 뚜렷한 징표이다. 이러한 노력으로 북에서는 과학기술이 급속히

발전해 첨단과학기술 분야들이 개척되고 연구 핵심역량이 육성되어 첨단산업 발전의 토대가 마련되었다. 특히 우주기술과 국방과학기술, CNC기술이 선진국 수준에 올라섬으로써 첨단돌파 시대에 접어들었다. 이러한 과학기술의 급속한 발전은 새 세기 산업혁명으로 이어졌고, 김정은 시대를 여는 돌격대로 되었다.

김정은 총비서의 과학기술 중시 정책은 이러한 선대 정책의 계승이다. 하지만 단순한 계승만은 아니다. 선대 정책의 계승이되 '김정은식' 계승이다. '김정은식'이란 어떤 의미일까? '김정은식'이란 김정은 총비서의 성격적 특질로부터 나타난다. 그의 성격적 특질로 묘사되는 내용은 방대하지만, 그중에서도 손에 꼽으라면 '최고의 배짱과 담력의 소유자', '탁월한 선견지명을 가진 천재적 예지의 소유자', '모든 것에 능통한 비상한 식견의 소유자', '한번 시작하면 끝을 보는 완강한 실천력의 소유자'로 알려져 있다. 이러한 성격적 특질로 단순한 답습에 그칠 그가 아니다. 전에 이룩된 성과를 발판 삼아 '새로운 혁신, 대담한 창조, 부단한 전진'으로 국방과학, CNC 기술, 일부 첨단과학기술 분야만이 아니라, 나라의 전반적 과학기술을 가장 빠른 기간 내에 세계 최첨단 수준, 선진국 수준으로 끌어올리는 것! 이것이 그의 포부이고 결심이었다.

그는 천재적 예지와 비상한 식견으로 경제 강국 건설의 지름길은 나라의 전반적 과학기술을 최첨단 수준, 선진국 수준으로 끌어올리는 데에 있다고 간파했다. 그는 평소 "우리는 과학기술이라는 기관차를 앞세우고 모든 부문이 세계를 향하여 힘차게 달려 나가도록 하여야 합니다"라고 말하곤 했다. 과학기술=국가 발전의 기관차! 이것이 그의 과학기술관이었다. 김정은 총비서는 과학기술을 국가 발전의 필수적 수단으로만이 아니라 시대와 역사를 선도하는 기관차로, 강력한 추동력으로 내세웠다. 참으로 놀라운 발견이다. 그렇다면 어떻게 나라의 전반적 과학기술을 최첨단 수준, 선진국 수준으로 끌어올릴 것인가? 그는 이에 대한 해답을 '전민과학기술인재화'에서 찾았다.

2013년 6월 어느 날이었다. 김정은 총비서는 간부들과의 만남에서 '우리는 전민무장화의 구호를 들고 전체 인민을 그 어떤 침략자도 물리칠 수 있게 정치사상적으로, 군사기술적으로 튼튼히 준비시킨 것처럼 전민과학기술인재화의 구호를 높이 들고 전체 인민을 현대 과학기술로 튼튼히 무장시켜야 합니다'라고 밝혔다. 이렇게 전민과학기술인재화 방침이 세상에 나오게 되었다.

그때까지 세계 여러 나라들에서 인재의 중요성을 강조하고, 인재 확보를 국가정책의 중심과제로 내세우고 있었지만, 그 어느 나라의 지도자도 '전민과학기술인재화' 구상을 제기하고, 이것을 국가정책으로 제시한 적은 없었다. 대부분 과학기술 '엘리트 육성'이라는 좁은 울타리에 갇혀 있었다. 즉 인재들을 선발하여 키우고 그들에 의거하여 과학기술과 경제발전을 이룩하려는 사고에 머물러 있었다. 과거에도 전쟁의 주체를 군인들로만 봤던 그들은 전민무장화 개념을 생각할 수도 없었고, 제기할 수도 없었다. 오직 김일성 주석만이 전쟁의 주체를 군인만이 아니라 군인을 포함한 전체 인민대중이라고 보고, 전민무장화라는 개념을 제시하고, 이를 국가정책으로 삼았었다. 이처럼 대부분 나라 정치지도자는 나라의 과학기술 발전을 떠밀고 나가는 담당자(주체)를 과학자, 기술자로만 보고, 인재육성 문제를 과학자 기술자들을 양성하는 문제로만 접근했다. 하지만 김정은 총비서는 나라의 과학기술 발전을 떠밀고 나가는 담당자(주체)는 과학자 기술자들을 포함한 전체 인민대중이라고 봤다. 따라서 과학자 기술자 양성 문제로만 접근하게 될 경우 나라의 과학기술을 빠른 속도로 발전시키기에는 한계가 명확하다고 확신했다. 이러한 문제를 어떻게 해결할 것인가? 이 문제를 고민하고 또 고민한 끝에 김일성 주석이 '전민무장화' 방침을 제기하였듯이, '전민과학기술인재화'의 방침을 들고 나가야겠다고 결심했다.

전민과학기술인재화란 말 그대로 전체 인민이 과학기술 인재가 되어 나라 전체가 인재와 수재의 바다로 되게 한다는 것이다. 즉 사회의 모든 구성원을 과학기술 인재로 키운다는 것이다. 과거 김일성 주석이 전민인텔리화 방침을 제시하였는데, 전민과학기술인재화는 전민인텔리화의 21세기형 버전, 즉 과학기술시대의 전민인텔리화 방침이다. 이러한 점에서 김정은 총비서의 전민과학기술인재화 방침에는 인민대중을 주인으로 내세우고, 인민대중의 힘에 의거해 과학기술을 비약적으로 발전시키려는 인민대중제일주의 사상이 녹아 있다. 또한 과학기술을 가장 빨리 발전시킬 수 있는 과학적인 전략과 선견지명이 담겨있다.

하지만 전민과학기술인재화라는 방침이 좋기는 하지만, 그것을 구현할 수 있는 실제적인 대책이 세워지지 않는다면 무용지물이며, 공허한 구호에 그칠 것이다. 전민과학기술인재화를 구현한다는 것은 말처럼 결코 간단치도 쉽지도 않다. 아니 거의 불가능하다고 말할 수 있다. 이처럼 어려운 과제를 구현해 나가려면 뭔가 획기적인 대책이 있어야 한다. 김정은 총비서는 전민과학기술인재화를 구현할 수 있는 구체적인 대책 문제를 숙고하고 또 숙고했다. 이러한 숙고를 거쳐 그것을 실현하기 위한 주도면밀한 전략과 대책을 세우고 완강하게 집행해나가고 있다.

첫째는 무엇보다도 과학기술을 중시하는 기풍을 국풍으로 확립해 나가는 데 주목을 돌렸다. 이를 위해 김일성종합대학 교육자 살림집(2013년), 은하과학자거리(2013년), 위성과학자 주택지구(2014년), 김책공업대학 교육자 살림집(2014년), 연풍과학자휴양소(2014년) 건설 사업을 선차적으로 추진했다. 이것은 나라에서 과학자, 기술자, 교육자들을 얼마나 소중하게 생각하는지를 보여주는 살아있는 증거이다. 이것을 통해 과학자, 기술자, 교육자들은 감격하여 전민과학기술인재화 실현 투쟁에 앞장 서겠다는 결의를 다졌다. 그리고 전 사회적으로 과학기술 중시 열풍이 몰아쳤다.

둘째는 교육혁명을 국책으로 내세우고 추진해 나갔다. 과학이 경제발전을 견인하는 기관차라면, 과학의 어머니는 교육이다. 전민과학기술인재화는 곧 교육혁명이라고 말할 수 있다. 북은 김일성 주석 때부터 교육 발전을 위해 온갖 노력을 다 기울여, 교육의 나라로 널리 알려져 있다. 하지만 과학기술의 시대인 21세기에는 기존 교육내용과 체계, 방식으로는 새 시대가 요구하는 과학기술인재를 대대적으로 키워낼 수 없다. 그러므로 전민과학기술인재화를 실현하려면 교육혁명의 불길을 세차게 지펴 올려야 한다.

김정은 총비서는 집권 하자마자 바로 교육혁명의 기치를 전면에 내걸고, 이를 완강하게 추진해 나갔다. 이미 1권에서 소개한 바 있듯이 2012년 1월 24일 만경대 혁명학원을 찾아 교육혁명의 의지를 밝힌 바 있으며, 6월에도 교육혁명의 의지를 표명하였다. 그리고 그해 9월 중등교육을 강화하기 위한 혁명적 조치를 취했다. 이것이 바로 12년 의무교육제도의 법제화였다. 그동안 북은 11년 의무교육제도(유치원 1년, 소학교 4년, 중등교육 6년)로 운영되고 있었다. 이것을 유치원 1년, 소학교 5년, 초급중학교(중학교) 3년, 고급중학교(고등학교) 3년 과정으로 바꾸는 12년 의무교육제도 법안이 통과되었다. 의무교육 연한을 1년 늘인다는 것은 쉽게 결심할 수 있는 사안이 아니었다. 여기에는 막대한 인적 물적 역량, 국가 예산이 추가로 요구된다. 그런데 당시 북의 경제 형편상 이를 쉽게 결정할 수 없었다. 사실 교육에 대한 추가 투자의 효과는 짧아도 10년 이상 지나서야 나타난다. 이러한 분야에 국가 예산을 투자하기보다 당장 효과를 볼 수 있는 분야에 투자하는 게 훨씬 경제적일 수 있다. 하지만 김정은 총비서는 교육혁명 없이 전민과학기술인재화를 실현할 수 없으며, 나라의 과학기술을 선진국 수준으로 빠르게 끌어올릴 수 없다고 판단하고, 나라의 백년대계를 위해 과감하게 12년 의무교육제도를 법제화했다. 12년 의무교육제도의 법제화를 계기로 북에서는 교육혁명의 불길이 세차게 타올랐다. 12년 의무교육제도는 법제화를 거쳐 2017학년도부터 완전히 정착되었다. 이로써 교육혁명의 토대로 되는 중등교육의 혁명이 일어났다. 교육혁명은 이처럼 중등교육의 강화에 이어 고등교육의 강화로 이어졌고, 교육혁명을 이끌어 갈, 교원혁명으로 발전했다.

셋째는 일하면서 배우는 교육체제, 평생교육 체계를 높은 단계로 발전시켜 나갔다. 현대 과학기술의 시대에 학교 교육은 한계를 갖고 있다. 과학기술의 주기는 매우 빠르게 갱신되고 있으며, 과학기술의 양 또한 급속히 확대되고 있다. 이러한 방대한 지식을 학교 교육에 모두 담아내기란 역부족이다. 이러한 점에서 전 세계적으로 '평생교육'이라는 개념이 만들어지고, 다양한 형태의 평생교육 형태들이 개발, 시행되고 있다. 북에서도 마찬가지이다. 북에서는 김일성주석 시절부터 일하면서 배우는 교육체계를 도입하고 끊임없이 발전시켜 왔는데, 공장대학, 농장대학이 바로 그것이다. 그런데 최근 인터넷의 급속한 발전으로 교육의 공간적 제약이 극복되고 있다. 자기 집에서도 최고의 대학 강의를 들을 수 있는 시대로 되었다. 바야흐로 원격교육의 시대가 열린 것이다. 북에서도 원격교육제도가 도입되어 널리 확산되고 있다.

북에서 원격교육의 시초는 1970년대에 실시된 TV방송교육에서 찾을 수 있다. 하지만 TV방송교육은 쌍방향 소통이 어려워 원격교육으로서는 제한성이 많았다. 이러한 제한성은 인터넷의 급속한 발전에 의해 물리적으로 극복되었다. 북에서 인터넷망을 통한 원격교육을 처음 도입한 대학은 김책공업종합대학이다. 이 대학은

2010년 2월 원격교육대학을 설치하고 원격교육을 시작했다. 이후 김일성종합대학, 평양건축종합대학 등 많은 대학에서 원격교육체계를 도입하고, 수많은 근로자가 원격교육망에 망라되어 대학 교육을 받고 있다. 그리고 원격교육망에 망라된 근로자 수는 나날이 확대되고 있다. 김책공업종합대학만 하더라도 지금 수 만명의 근로자가 원격교육망에 망라되어 교육을 받고 있다.

김책종합대학은 인터넷망을 통한 원격교육을 북에서 맨 처음 실시했다. 사진은 김책공업종합대학에서 원격교육을 진행하고 있는 모습

이처럼 원격교육이 확대 발전되자, 국가적 차원에서 이를 보장하기 위한 법적 조치가 필요하다고 판단하고, 2020년 4월 최고인민회의에서 『조선민주주의인민공화국 원격교육법을 채택함에 대하여』라는 법률을 제정 통과시켰다. 이 법에 의해 원격교육이 법적으로 확고히 담보되고, 모든 근로자를 현대 과학기술 지식을 소유한 지식형 근로자로 키우기 위한 법적 토대가 마련되었다. 이 법에 따르면 대학의 원격교육학부에 학습교류담당 전문일꾼을 두도록

했으며, 컴퓨터망을 통한 교원과 학생, 학생과 학생 사이의 학습교류를 보장해 주도록 했다. 또 각 기관, 공장, 기업소에서는 원격교육을 받는 학생에게 학습 시간을 충분히 보장해 주도록 법적으로 규정해 놓았다. 그리고 원격교육을 이수한 학생에게 대학 졸업증서를 수여하도록 규정해 놓았다.

과학기술전당

전민과학기술인재화 실현에서 빼놓을 수 없는 게 또 하나가 있다. 그것은 무엇일까? 아무리 과학자를 우대하고, 교육혁명을 추진하고, 통신교육을 통해 전민교육체계를 구축한다 하더라도 이 한 가지가 없다면 '앙꼬 없는 찐빵'으로 될 것이다.

과학기술전당 내부 모습

그것은 바로 최신 과학기술을 전체 인민들에게 신속하게 전달하는 시스템을 구축하는 것이다. 전체 인민들이 자기들이 찾고 싶고, 알고 싶은 최신 과학기술을 언제 어디서라도 손쉽게 찾아볼 수 있어야 전민과학기술인재화 실현이 앞당겨질 수 있다. 이게 없다면 전민과학기술인재화 실현이란 공상적 구호에 지나지 않는다. 그것은 과학기술의 시대인 현대의 특징으로부터 자연스럽게 이해할 수 있다. 전 세계적으로 하루에도 수많은 새로운 과학기술이 탄생한다. 어제 알았던 과학기술은 오늘은 낡은 것으로 된다. 이처럼 급속도로 발전하는 과학기술의 시대에 새롭게 탄생하는 과학기술을 신속하게 파악할 수 없다면, 그 나라는 과학기술의 후진국으로 전락할 수밖에 없다. 이러한 점에서 볼 때 최신과학기술 보급체계를 구축하는 것! 이것이야말로 전민기술과학인재화의 '핵 중에 핵'이라고 말할 수 있다.

최신과학기술을 위로부터 맨 아래에 이르기까지 물 흐르듯 흐르게 할 방도가 무엇일까? 이것이 전민과학기술인재화 방침을 제시한 김정은 총비서의 고민이었다. 이러한 고민 끝에 최신과학기술 중심 거점을 세우고, 이를 중심으로 전국의 각 도와 시, 군, 리, 각 공장과 기업소, 각 학교 등 전국 모든 지역과 거점들을 하나의 과학기술 보급망으로 연결해야겠다고 결심했다. 그리고 2014년 6월 1일 남북연석회의의 역사적 유례가 깃들어 있는 쑥섬을 찾았다. 여기에서 그는 이 섬을 새 세기의 요구에 맞게 특색 있게 개발하자면서 전체 인민들에게 과학기술을 보급하는 거점을 꾸리기로 했다고 밝혔다. 그리고 쑥섬에 건설하는 과학기술 보급거점을 '과학기술전당'이라고 하자고 명칭도 직접 제시했다. 이렇게 해서 과학기술전당 건설 사업이 시작되었다.

김정은 총비서는 과학기술전당을 건축미학적으로나 조형예술적으로 손색이 없는 국보적인 건축물, 멋쟁이 건축물, 세계적인 건축물로 건설하도록 설계와 시공으로부터 공사, 조경, 교통 문제와 자재보장 대책 등에 이르기까지 구체적인 방향과 방도들을 제시했다. 2015년 2월 쑥섬을 방문한 그는 건설 진행 상황을 점검하고, 당과 국가적 힘을 집중해서 건설하도록 했다. 이때 500명 규모의 여관도 건설하도록 지시했다. 또 최신 과학기술 자료기지(DB)를 구축하고 전자 열람 봉사실에 필요한 설비, 비품을 최상의 수준에서 보장해 주기 위한 문제, 과학기술전당과 전국 과학기술 보급실 사이에 인터넷망(네트워크)을 형성하는 문제, 과학자, 전문가, 서비스 성원들을 선발 배치하는 문제에 대한 대책을 구체적으로 지시했다.

김정은 총비서는 과학기술전당 건설 사업이 거의 끝난 2015년 10월 27일 과학기술전당을 또 방문했다. 이날 그는 동행한 일꾼들에게 "과학기술전당에는 우리 당의 과학기술 중시 사상과 정책이 훌륭히 구현되어 있다"고 소감을 밝혔다. 계속해서 그는 나라의 형편이 어려운 속에서 과학기술전당을 건설했다고 하면서 다음과 같이 말했다.

"여기에는 과학기술을 기관차로 하여 혁명을 전진시키려는 우리 당의 결심과 의지가 반영되어 있습니다. 혁명을 전진시켜 미래로 가려면 누구나 과학기술을 알아야 하며, 과학기술을 알자면 과학기술전당에 와야 합니다. 과학기술전당은 광명한 미래로 가는 열차의 차표를 팔아주는 매표소와 같습니다"

이 같은 언명은 과학으로 전진하고 과학으로 비약하는 시대, 과학기술의 위력으로 찬란한 내일을 앞당기려는 그의 웅지가 잘 담겨 있다.

평양을 가로지르는 대동강 쑥섬에 있는 과학기술전당은 연 면적 106,600m^2의 주 건물(지하 1층, 지상 4층)과 3,795m^2 규모의 야외 과학기술 전시장, 23층 높이의 과학자 숙소로 이루어져 있는데, 건물구조 자체가 원자구조 모양으로 되어 있어 매우 독특하다. 주 건물에는 종합적인 전자도서관이 자리 잡고 있으며, 여러 종류의 실내 과학기술 전시장도 있다.

과학기술전당의 기능에서 기본은 전자도서관으로서의 기능이다. 김일성시대에 전민학습의 전당으로서 인민대학습당이 있었다면, 과학기술전당은 김정은 시대의 전민학습 전당이다. 과학기술전당은 누구나 자유롭게 찾아와 공부하고 배울 수 있는 전민학습의 중심 거점 역할이 첫 번째 기능이다. 넓고 넓은 열람실에는 수백, 수천 명의 사람들이 찾아와 컴퓨터 앞에 앉아서 과학기술전당에 확보해 놓은 수많은 과학기술 문헌과 자료들을 자유롭게 열람할 수 있다. 학습을 하다가 궁금하거나 질문할 사항이 있으면 전문 상담가를 찾아가 질문하면, 상담사들은 매우 친절하게 답변해준다. 과학기술전당에는 각 분야의 최고 전문가들이 상근하면서, 도서관을 찾아온 모든 사람이 궁금해 하는 모든 문제에 대해 매우 친절하게 상담해 주고 알려준다. 이렇게 보면 과학기술전당을 제2의 인민대학습당이라 할 수 있다.

하지만 과학기술전당은 인민대학습당의 단순한 복사판은 아니다. 과학기술전당은 단순한 도서관이 아니라 전자도서관이다. 전자도서관에서는 자료들이 모두 전산화되어 있어 컴퓨터를 통해 자료를 열람한다. 여기에 하나의 커다란 비밀이 숨겨져 있다. 인민대학습당은 전자도서가 아닌 종이책 중심의 도서관이다. 그렇기 때문에 공간적 제약이 따른다. 이 도서관에 있는 자료를 열람하려면, 기본적으로 인민대학습당에 직접 방문해야 한다. 반면에 과학기술전당은 전자도서관이며, 여기에 소장되어있는 자료는 기본적으로 전자 자료이다. 전자 자료의 특성은 공간적 제약이 없다는 것이다. 컴퓨터망으로 연결만 되어 있다면 이 도서관에 있는 모든 자료를 전국 어디에서나 볼 수 있다. 김정은 총비서는 바로 이러한 특징에 주목했다. 모든 최신 과학기술 자료들을 전산화하여 한곳에 모아 두고, 이곳을 중심으로 전국 모든 단위(공공기관, 학교, 연구소, 공장, 기업소, 각 도와 시, 군과 리)에 과학기술 보급소를 꾸려 하나의 인터넷망으로 연결하게 되면 전민이 어디에서나 최신 과학기술 자료들을 제한 없이 열람하고, 학습하고, 배울 수 있다! 이것이 전민과학기술인재화의 대통로를 열어 줄 것이다! 바로 그 중심 거점으로 과학기술전당을 설립한 것이다.

실제로 방대한 자료들이 구축되어있는 과학기술전당 홈페이지는 김일성종합대학을 비롯한 대학들의 홈페이지와 각지의 과학기술보급실이 연결되어 전반적인 전자도서관망에서 중심적 역할을 담당하고 있다. 즉 과학기술전당을 중심으로 전국적인 과학기술보급망이 구축되어 새로운 과학기술자료들이 중앙에서부터 말단에 이르기까지 물이 흐르는 것처럼 보급되고 있다. 2021년 현재 1만 6700여개 단위의 과학기술보급실과 인터넷망으로 연결되어 모든 자료들이 끊임없이 흐르고 있다. 그리고 과학기술전당 홈페이지 열람 건수는 수천만 건, 전당을 찾은 열람자와 참관자 수는 수백만 명에 달하고 있다고 한다.

과학기술전당 주 건물 1층에는 다양한 학술발표회를 진행할 수 있는 학술토론회장, 각종 과학기술 성과전시회와 상품 전람회를 열 수 있는 임시전시장, 발명·특허·상표 등 지적제품과 첨단기술 제품의 거래를 위한 지적제품 교류전시장이 있다. 이 외에도 과학기술 발전 역사관, 어린이 꿈관, 과학영화관 등이 있다. 2~3층에는 기초과학기술관, 과학탐구관, 첨단과학기술관, 응용과학기술관 1~4관 등 10개의 실내 과학기술 전시장이 들어서 있다.

과학기술전당의 실내 및 야외 과학기술 전시장은 과학기술 성과 소개를 기본으로 하던 종전의 전시관들과는 달리 참관자들이 과학기술의 원리와 방법, 최신 과학기술 성과들을 깊이 체득할 수 있도록 조작형, 가동형 전시물들을 기본으로 하면서 현대적인 전시

수단들과 모형, 도판을 배합하였으며 과학기술보급실들과 문답 및 번역봉사실, 다매체열람실들도 꾸려 참관자들이 과학기술 지식을 충분히 배울 수 있도록 돼 있다.

실내 과학기술 전시장에서는 과학기술전당에 찾아오는 참관자들이 직접 조작해볼 수 있는 조작형 전시물을 비롯한 여러 가지 모형들, 손접촉식콤퓨터(태블릿 pc)를 비롯한 여러 가지 현대적 전시수단들을 이용하여 보편적인 과학기술적 원리와 방법, 과학기술의 어제와 오늘, 내일에 대한 종합적인 이해를 갖도록 되어 있다. 또한 최신과학기술 성과를 도입할 수 있도록 되어 있다. 그리고 과학기술 부문별, 주제별에 따라 어린이꿈관, 기초과학관, 첨단과학기술관, 응용과학기술관, 가상과학실험실, 과학탐구관, 과학기술발전역사관, 특수효과영화관(과학영화관, 율동영화관), 임시전시장 등이 배치돼 있다.

야외 과학기술 전시장은 미래의 에너지 구역과 지하자원 구역, 과학 놀이 구역으로 나뉘어져 있으며 여기에는 야외조건에서 가동할 수 있는 특정한 전시물을 전당 건물과 조화를 이루도록 배치해 놓았다. 미래의 에너지 구역에는 태양열 발전장치, 태양열 물 가열기들과 풍력발전기들을 비롯한 태양 및 풍력 에너지를 이용한 전시물들과 영에너지, 영탄소 건물, 야외기상관측소를 배치해 놓았고 지하자원 구역에는 금속 및 비금속, 가연성 광물 지하자원들을 전시해 놓았다. 그리고 과학놀이 구역에는 과학적 원리가 체현된 여러 가지 놀이기구들을 배치하여 참관자들이 체험도 해보고 휴식도 하면서 과학기술 지식을 인식하도록 하였다.

2절 _ 강원도 정신

원산군민발전소 준공

2016년 4월 29일, 당시는 북에서 조선로동당 제6차 대회를 빛내기 위한 70일 전투가 한참 벌어지고 있었을 때였다. 이날 강원도 땅에서는 원산군민발전소 준공식이 성대히 열렸다. 이날 준공식에서 박정남 책임비서는 다음과 같은 준공사를 하였다.

《주체혁명위업 수행에서 역사적인 분수령으로 될 당 제7차 대회가 바야흐로 다가오는 뜻깊은 시기에 위대한 장군님의 유훈과 경애하는 김정은 동지의 정력적인 영도 밑에 로동당 시대의 기념비적 창조물로 훌륭히 완공된 원산군민발전소를 성대히 준공하게 됩니다. 원산군민발전소는 강원 땅 인민들을 불굴의 정신력의 창조자, 자력갱생의 선구자로 억세게 키워주시고 값높은 영예를 더욱 빛내어 나가도록 걸음걸음 따뜻이 손잡아 이끌어 주신 위대한 영도자 김정일동지와 경애하는 김정은 동지의 정력적인 영도와 은혜로운 보살피심의 결정체입니다.》
(당시 로동신문에 발표된 준공사 내용)

강원도 정신은 원산군민발전소 언제와 물길굴을 건설하는 과정에서 창조된 자력갱생, 자급자족의 정신이다. 사진은 원산군민발전소 언제의 모습

이날 준공된 원산군민발전소는 강원도 법동군의 임진강 상류에 댐을 쌓고 마식령을 가로지르는 지름 3m, 길이 수십km의 물길굴(수로터널)을 뚫어 물길을 동해쪽으로 돌리고, 낙차를 이용해 전기를 생산하는 유역변경식 수력발전소다. 물길을 돌려 수로터널을 뚫는 데만 8년의 시간이 걸렸을 뿐 아니라, 수로터널을 뚫는 과정에서 수많은 난관을 돌파해야 했다. 거의 모든 갱이 수백m나 되는 급경사 작업 갱을 거쳐야 기본 갱으로 진입할 수 있는데다가 붕락(갱을 뚫는 공사 과정에서 갱도가 무너지는 현상) 구간도 적지 않았다. 작업 갱과 기본 갱의 곳곳에서는 지하수가 강물처럼 쏟아져 흘렀다. 허리까지 물이 차는 곳에서 갱을 뚫어야 하는 경우도 허다하게 발생하였다. 이처럼 수로터널 공사는 말로 표현할 수 없을 정도로 난공사 중에서도 난공사였다. 강원도 사람들은 대자연과의

치열한 격전에서 자체의 힘으로 불가능을 가능으로 바꾸어내며 연일 혁신을 일으켜 마침내 완공의 날을 맞이하고야 말았다. 건설자들은 원산군민발전소 댐에 '자력갱생'이란 글자를 아주 크게 새겨놓았다.

원산군민발전소가 완공됨으로써 강원도의 경제발전과 인민생활 향상에 필요한 전력과 생활용수, 공업 및 관개용수 문제를 해결할 수 있는 튼튼한 토대가 마련되었다. 원산군민발전소 기사장은 조선신보 기자와의 인터뷰에서 "강원도에서는 모든 주민들이 이제는 다 전기밥가마로 밥을 짓고 전기난방을 쓰면서 생활한다. 남에게 의거하는 것이 아니라 자신의 힘을 믿고 난관을 뚫고 나갈 때 무에서 유를 창조할 수 있다는 것을 우리는 현실로 증명하였다"며 자랑하였다.(조선신보 2017년 4월 3일) 강원도가 변하기 시작했다. 전기문제가 기본적으로 풀리자, 뱃심 있게 경제건설을 밀고 나갈 수 있었다. 알루미나 생산공정, 환원철 생산공정, 탄산소다 생산공정, 합성연유(휘발유) 생산공정 등 도 차원을 뛰어넘는 국가 차원의 생산 시설들이 속속 건설되었다. 중공업을 기반으로 인민소비품을 생산하기 위한 경공업 공장도 활기를 띠면서 주민들의 삶도 달라지기 시작했다. 북녘 온 나라 사람들이 새롭게 변모하는 강원도를 놀란 눈으로 바라보기 시작했다.

김정은 총비서의 방문

2016년 12월 13일 로동신문에는 김정은 총비서가 원산군민발전소를 시찰한 소식이 일면 톱으로 실렸다. 사진은 원산군민발전소 언제 위에서 대인공호수를 바라보고 있는 김정은 총비서의 모습

2016년 12월 13일 로동신문에는 「**경애하는 김정은동지께서 자력갱생의 창조물인 원산군민발전소를 현지 지도하시였다.**」라는 제목의 기사가 일면 톱으로 실렸다. 이날 김정은 총비서는 푸른 물이 출렁이며 끝없이 펼쳐진 대인공호수를 바라보며 "멋있소, 대단하오", "하자고 결심한 사람의 정신력이 얼마나 크고 무서운가를 다시금 절감하게 되오", "대자연을 마음먹은 대로 길들이는 우리 인민의 창조적 힘과 지혜는 무궁무진하오"라고 찬탄하였다. 이어서 언제에 새겨진 자력갱생이라는 대형글씨를 가리키며 "정말 힘이 난다", "이 발전소는 자력갱생만이 살길이며 자력자강을 원동력으로 틀어쥐고 나갈 때 못해낼 일이 없다는 것을 다시금 실증해준 발전소, 우리 당의 굴함 없는 공격 정신이 깃들어 있는 발전소"라고 말한 뒤 "우리의 힘, 우리의 기술, 우리의 자원으로 사회주의 강대

국을 기어이 건설하려는 우리 인민의 불굴의 정신을 깨뜨릴 힘은 이 세상에 없다"라고 힘주어 말했다고 기사는 전했다.

김정은 총비서는 완공된 원산군민발전소 곳곳을 돌아보며 '강원도 인민들의 투쟁 본때를 대하고 보니, 당의 부름이라면 산도 떠옮기고 바다도 메우는 이런 강의한 인민과 함께라면 천리 불속이라도 헤쳐 갈 수 있으며, 사회주의 강대국의 문패를 달게 될 날을 앞당겨 올 수 있다는 확신을 갖게 된다.'고 말하였다. 그리고 '강원 땅에 능력이 대단히 큰 발전소를 또 하나 건설한 강원도의 일군들과 당원들과 근로자들은 자강력 제일주의의 위대한 생활력을 실천으로 증명한 불굴의 투사들'이라고 하면서 그들을 '강원도 정신의 창조자'라고 부르며 온나라가 이정신을 따라 배워야한다고 강조하였다. 이렇게 **강원도 정신**'이 시대어로 새롭게 떠올랐다..

강원도 정신

북의 현대 역사에서 시대마다 본보기가 있었다. 강선(오늘의 천리마 제강연합기업소로서 남포시에 위치해 있음)의 노동 계급이 추켜든 생산 앙양의 불길이 천리마 대고조의 불길로 타올랐고, 강계 정신으로 고난의 행군을 돌파하였으며, 성강의 봉화, 낙원과 나남의 봉화로 대고조의 불길을 지폈다. 2016년 조선로동당 제7차 대회 이후 자강력 제일주의의 기치 아래 정면돌파전을 벌이는 격동의 시대를 개척해 나가는 선두에는 강원도 사람들이 있으며, 그들이 창조해낸 **강원도 정신**이 있다.

강원도는 사실 북에서 발전 조건이 다른 도들에 비해 가장 불리하다. 남에서도 강원도 지역이 가장 발전이 더딘 지역인 것처럼, 북에서도 그러했다. 자원이 부족하고, 공업토대도 미약하였다. 기후와 토지 조건도 좋지 못했다. 그리고 휴전선이 지나는 전선 지대이기도 하다. 어느 모로 보아도 강원도는 경제발전에서 제일 불리한 지역이었다. 그런 강원도가 달라져 가고 있다. 든든한 뱃심을 갖고 새롭게 발전의 상승궤도를 달리고 있다. 다른 도들에 비해 앞서 달리고 있다. 강원도는 원산군민발전소 완공 이후 자기들에게 필요한 많은 것을 자급자족하고 있다. 시멘트와 철강, 금속 건재와 타일, 위생도기는 물론 송배전망 건설에 필요한 각종 애자에 이르기까지 제힘으로 만들어 내고 있다. 또 주민 생활과 직결돼있는 소금, 샘물 문제를 원만히 해결한 데 이어 원천이 풍부한 약재들로 고려약은 물론 베르베린수소류산염주사약과 같은 항생제까지 생산해 내고 있으며, 농업생산에서도 새로운 재배 방법을 도입해 저수확지에서도 수확량을 늘리고 있다.

발전조건이 다른 도들에 비해 불리한 강원도가 경제발전에서 앞서나가고 있는 비결은 무엇인가? 그들에게는 **강원도 정신**이라는 사상 정신적 무기가 있었기 때문이다. 강원도 정신은 자력갱생의 위력으로 역사의 기적을 창조해 나가는 시대정신이다. 강원도 정신의 진수는 자력갱생, 자급자족이다. 경제발전과 주민 생활에 절실히 필요한 전력 문제를 해결하기 위한 수력발전소를 자기 힘으로 건설하는 것으로부터 시작된 강원도 사람들의 자력갱생의 과감한 대진군은 강원도 땅에 그야말로 경이적인 성과를 안겨 주었다. 조건이 제일 불리한 지역, 토대가 제일 미약한 도가 자급자족의 기치를 들었다는 것, 그 정신으로 무에서 유를 창조하며 힘차게 돌진한다는 사실, 바로 여기에 자력갱생의 위력으로 부딪히는 난관을 과감히 뚫고 나가야 하는 현실에서 강한 견인력과 호소력을 가지면서 이북 사회 전체에 커다란 울림을 던져주고 있다. '강원도 정신을 따라 배울 때 능히 기적을 창조할 수 있다'는 것이 시대의 요구로 되고, 강렬한 민심으로 자리잡혀갔다. 그리하여 강원도 정신이 북 경제발전을 견인해 나가는 강력한 사상 정신적 힘으로 되었다.

강원도 정신의 핵에 대한 김정은 총비서의 다음과 같은 말은 의미심장하다. 김정은 총비서는 당 정책은 무조건 관철하여야 한다는 관점, 당 정책을 관철하기 위한 사업은 누가 대신해 주지 않으며, 자기가 살아갈 길은 자신이 개척해야 한다는 입장이 강원도 정신의 핵이라고 언명하였다. '구슬이 서 말이라도 꿰어야 보배'라는 옛말이 있듯이 아무리 당 정책이 휘황찬란하며 올바르다 하더라도 현실에 구현하지 않으면 무용지물이다. 그러면 그 정책을 구현하는 주체는 누구인가? 인민대중 자신이다. 이 당연한 진리를 깨닫는다는 게 결코 쉽지 않다. 깨닫는다 하더라도 자기의 힘으로 개척해 나가리라고 결심하며, 그것을 신념화한다는 것은 더욱 어렵다. 강원도 사람들은 이 진리를 깨닫고 오롯이 자기의 힘으로 부딪치는 애로와 난관을 뚫고 결사 관철했다. 그리하여 빛나는 현실을 낳았다. 여기에 강원도 정신의 커다란 생활력을 느낄 수 있다.

2016년 강원도 정신이 창조된 후 4년 동안 북에는 역사상 유례없는 시련이 계속되었고, 미국의 대북 제재와 압박도 최고조에 달하였다. 미국은 핵 강국으로 부상하는 북의 내부적 동력을 소멸 약화시키려 모든 수단과 방법을 다 동원했다. 새로운 시련의 광풍이 휘몰아쳤다. 설상가상으로 해마다 자연재해가 발생했다. 하지만 북은 약해진 게 아니라 더욱 강해졌으며, 그 앞장에는 강원도가 서 있었다. 자력갱생, 자급자족의 기치를 높이 들고 줄기차게 전진해 나갔다.

강원도 정신이 창조된 다음 해인 2017년에는 도 안의 180여 개의 공장, 기업이 당창건기념일(10.10) 전에 연간 인민경제계획을 완수했다. 또 원산구두공장, 금강군, 도 과학기술위원회가 시대의 전형 단위로 선정되었다. 2018년에는 강원도 양묘장이 준공되었다. 2016년 김정은 총비서는 조선인민군 122호 양묘장을 현지 지도할 때 각 도에도 122호 양묘장처럼 한 해에 2,000만 그루의 나무모를 생산할 수 있는 현대적인 토지절약형, 노력절약형 양묘장을 건설하며 시범적으로 강원도 양묘장을 도들에 건설하는 양묘장들의 본보기, 표준으로 꾸리라는 과업을 제시했었다. 강원도 사람들은 이 과업을 받고 수십 정보의 면적에 수지경판온실, 야외재배장, 원형 삽목장(나무모 뿌리를 내리게 하는 곳), 경기질 생산장, 종자 선별 및 파종장을 비롯한 나무모 생산구역, 관리청사, 종합편의시설, 살림집 등 57개 건물과 시설물을 갖춘 현대적 양묘장을 건설하였다. 수지경판온실은 통합생산체계에 의해 나무모의 생육에 알맞은 온도와 습도, 빛 세기 등 환경과 영향 조절을 실시간으로 장악하고, 그에 맞게 진행하도록 과학화되어 있다. 또 관리공 한 명이 수십만 그루의 나무모를 작은 면적에서 쉽게 키울 수 있게 공업화, 집약화된 노력절약형 온실이다. 양묘장 건설자재들과 마감 건재들을 기본적으로 도 자체로 생산 보장하였으며 경기질 생산과 종자 선별 및 파종에 필요한 설비들을 국가과학원을 비롯한 국내 해당 기관들에서 제작 설치함으로써 국산화 비중을 만족스럽게 보장했다.

강원도는 2019년에도 자체의 힘으로 도수산사업소, 매봉산샘물공장, 도양로원을 건설했으며, 이천군민발전소 건설을 힘 있게 밀고 나갔다. 2020년 7월 21일 자 로동신문에는 이천군민발전소 건설이 완공됨으로써 도의 경제발전과 인민생활향상에 이바지할 수 있게 되었다는 기사가 사진과 함께 실렸다. 이천군민발전소는 2016년 원산군민발전소를 방문한 김정은 총비서가 제기하고, 강원도 도당위원회가 결심하여 이천, 고성, 평강, 세포, 회양, 문천 등 6개 발전소 건설을 추진해왔는데, 그 첫 번째 결실이다. 이어서 2020년 11월 문천군민발전소가 완공되었다. 나머지 세포, 평강, 회양, 고성 발전소 건설도 힘있게 추진되고 있으며, 세포군민발전소는 완공을 눈앞에 두고 있다. 강원도는 이와 함께 현대적인 원산양어사업소를 건설한 데 이어, 원산온실농장, 평강가죽이김공장, 송도원통졸임공장, 매봉산 의료용소모품공장, 원산기초식품공장, 갈마바다가양식사업소를 건설 중에 있다.

로동신문 2020년 7월21일자에는 이천군민발전소 완공 소식이 보도되었다. 그리고 2020년 11월에는 문천군민발전소 완공소식도 보도되었다. 사진은 이천군민발전소의 모습

로동신문 2019년 12월 30일자에는 강원도에서 자력갱생전시관을 새로 개관하였다는 기사가 실렸다. 기사에서는 "강원도안의 전력, 금속, 건재, 화학공업, 농업, 경공업, 수산, 산림부문 등의 많은 단위에서 자력갱생기지를 꾸려놓고 생산과 건설에 적극 이용하고 있는 670여 종에 수천 점의 제품들이 여러 관에 전시되어 있다"고 소개하였다.

또 로동신문 2021년 12월 12일 자에는 강원도 정신 창조 5주년 특집기사가 실렸는데, 강원도 과학기술위원회 김금철 부위원장의 다음과 같은 술회가 주목된다.

《과학기술로 발전의 지름길을! 강한 정신력과 과학기술력은 자강력의 정수이다.

우리 강원도가 지난 5년간 자력갱생, 자급자족의 커다란 잠

재력을 가지고 힘차게 내달릴 수 있은 것도 자체의 튼튼한 인재 역량과 과학기술에 의거하였기 때문이다. 우리 강원도를 거듭 찾으시여 과학기술의 중요성에 대해 그처럼 강조하시며 과학기술을 틀어쥐고 나가도록 손잡아 이끌어 주신 우리의 총비서동지이시다. 경애하는 그이의 크나큰 믿음과 숭고한 뜻을 언제나 심장 깊이 새겨 안고 우리는 도안의 인민 경제 여러 부문에서 제기되는 과학기술적 문제들을 원만히 해결하기 위한 투쟁을 힘있게 벌여 그동안 많은 성과를 이룩하였다.

원산영예군인수지일용품공장에 수지창형재생산공정 완비, 원산철제일용품공장에 금속금구류생산공정 확립…

우리는 그 과정에 실 체험을 통하여 과학기술을 떠나서는 지역 경제발전과 인민 생활 향상에 대하여 생각할 수 없다는 것을 더욱 깊이 새기였다. 우리는 자신들의 어깨에 지워진 무거운 책임감을 항상 자각하고 가치 있는 과학기술 성과로 발전의 지름길을 열어나감으로써 강원도가 자력갱생의 선구자도, 기수도로서의 영예를 계속 빛내이는 데 적극 이바지하겠다.

강원도과학기술위원회 부위원장 김금철》

자력갱생전시관

2019년 12월 30일 로동신문에는 다음과 같은 기사가 실렸다.

강원도 자력갱생전시관 내부 전경

《강원도자력갱생전시관 개관

강원도자력갱생전시관이 새로 일떠서 개관되었다.
…

강원도안의 전력, 금속, 건재, 화학공업, 농업, 경공업, 수산, 산림 부문 등의 많은 단위에서 자력갱생 기지를 꾸려놓고 생산과 건설에 적극 이용하고 있는 670여 종에 수천 점의 제품들이 여러 관에 전시되어 있다. 전시관이 번듯하게 꾸려짐으로써 참관자들에게 영원한 투쟁의 기치이며 번영의 보검인 자력갱생의 혁명정신을 깊이 심어주고 그들을 새로운 기적과 위훈 창조에로 고무 추동할 수 있는 대중 교양 기지가 마련되었다.…》
(2019년 12월 30일 로동신문 발췌)

강원도에서 2019년에 건립한 자력갱생전시관에는 도안의 일군들과 과학자, 기술자, 근로자들이 그동안 자력갱생의 불길 높이 제 힘으로, 제 손으로 이룩해놓은 창조물들이 다 전시되어 있다. 이곳을 방문한 사람들의 말에 따르면 이곳에 와서 보면 강원도 정신의 실체가 어떤 것인가를 잘 알 수 있다고 한다. 예를 들어 이곳에 들어가면 가장 먼저 눈에 띄는 것은 련두평수력발전건설사업소에서 자체 제작한 시추기인데, 이 시추기는 다루기 쉽고, 현장 조건에 합리적이어서 강원도 안 수력발전소 건설에서 큰 몫을 담당하고 있다고 한다. 이 시추기 하나에서도 노동자들의 굽힐 줄 모르는 자력갱생 정신을 느낄 수 있다고 말한다. 지금 강원도 사람들은 몇 해 안에 전기가 남아도는 고장으로 만들겠다는 대담한 목표를 세우고 그 실현을 향한 돌격전을 벌이고 있다. 강원도 군민발전소를 건설한 데 이어, 2019년 이천발전소를 완공한 후 2020년 문천발전소를 완공했다. 그리고 지금은 세포발전소 완공을 앞두고 있으며, 계속해서 평강, 회양, 고성 발전소 건설을 동시적으로 밀고 나가고 있다. 이처럼 방대한 수력발전소 건설을 오직 강원도 자체의 힘으로 추진해 나가고 있는데, 그들이 믿은 것은 오로지 자기의 힘, 과학기술의 힘이었다. 이 시추기가 바로 그러한 강원도 사람들의 자력갱생의 정신력의 산물이며, 상징이다. 그들은 자력갱생과 과학기술이야말로 필승의 무기이며, 이것을 더욱 튼튼히 틀어쥐고 나갈 때 그 어떤 난관도 무서울 것도 없고, 불가능도 가능으로 바꿔낼 수 있다는 것, 이것이 바로 강원도 정신 창조자들의 신념, 배짱이라고 한다.

이곳에는 자체 생산한 각종 규격의 애자들이 가지런히 진열되어 있다. 강원도에는 그전에는 자체의 애자 생산기지가 없어 자체 전력 공사를 할 때마다 애를 먹곤 했다고 한다. 그런데 지금은 도에 흔한 원료를 이용해서 여러 가지 애자를 많이 생산할 수 있는 생산기지를 자체로 꾸려 도안 여러 현장에서 요구되는 애자를 생산 보장하고 있다고 한다. 또 이곳에는 문천강철공장에서 자체로 꾸린 환원철생산공정에서 생산한 환원철과 그것을 이용해 만든 각종 규격의 환강과 용접봉심선, 흑연전극 등도 진열되어 있다. 그런가 하면 자기 지방에 흔한 원료를 기본으로 하는 알루미나 생산공정을 꾸리고 알루미늄을 생산할 수 있는 토대를 마련했다는 결과물들도 전시되어 있다고 한다. 이 모든 것들은 조건이 어렵고 토대도 미약했던 강원도가 자력갱생, 자급자족의 기치 높이 어떻게 기세 좋게 전진의 활로를 열어나가고 있는가를 뚜렷이 보여준다고 한다.

조선로동당 제7차 대회가 열리다

1절 _ 36년 만에 열린 당 대회

2015년 10월 31일 로동신문 1면에는 무려 36년 만에 조선로동당 제7차 대회를 소집한다는 조선로동당 중앙위원회 정치국 결정서가 보도되었다. 보도에 따르면 "주체혁명의 위업, 사회주의 강성국가 건설 위업 수행에서 세기적인 변혁이 일어나고 있는 우리 당과 혁명발전의 요구를 반영하여 조선로동당 제7차 대회를 주체 108(2016)년 5월 초에 소집할 것을 결정한다"고 밝혔다.

2015년 10월 31일 로동신문 1면

전 세계 언론들은 이를 특종으로 보도하였다. 그리고 그 배경을 둘러싸고 수없이 많은 억측과 보도가 이어졌다. 일부에서는 김정은식 개혁개방 노선이 제시될 것이라는 기대 섞인 전망을 하기도 했다.

조선로동당 규약에 따르면 당 대회는 당의 최고 지도기관으로 △중앙위원회 사업 총화 △당의 강령과 규약의 수정·보충 △당의 노선과 정책, 전략 전술의 기본문제 토의 결정 △당중앙위원회 선거 △당 총비서를 선거 하도록 되어 있다.

당 대회 개최 결정은 보통 당 대회가 열리기 6개월 전에 하는 게 상례였다. 6개월 전에 소집 결정을 하는 이유는 무엇일까? 당 대회를 준비하는 데 그만큼 시간이 필요하기 때문이다. 당 대회의 핵심 의제는 중앙위원회 사업 총화인데, 이것은 당 사업과 활동 전반을 다 포괄한다. 중앙위원회 사업을 총화하려면, 말단 당세포에서부터, 시 군당위원회, 각 도당위원회 사업을 아래로부터 순차적으로 총화해야 하는데, 여기에 몇 개월의 시간이 소요된다. 그리고 이에 기초하여 아래로부터 각급 단위 당 조직을 새롭게 세우고, 당 대회에 파견할 대표자를 새롭게 선출한다.

조선로동당 제7차 대회 개최 이전의 당 대회 현황은 다음과 같다.

표1) 역대 조선로동당 대회 현황

차수	개최날짜	주요내용	참가대표수
창당	1945. 10.10 ~13	● 북조선공산당 중앙조직위 창건 ● 『우리나라에서 맑스-레닌주의 당 건설과 당의 당면 과업에 대하여』(김일성보고) 　- 정치노선: 민주주의 인민공화국 창건 　- 4대 당면과제: 민주주의 민족통일전선 형성, 일제잔재청산과 친일파 척결, 인민위원회 건설과 민주개혁실시, 공산당 강화	70여명

차수	개최날짜	주요내용	참가대표수

1차	1946. 8.28 ~30	• 공산당과 신민당을 합당하여 로동당 창립
		• 북조선로동당 창립대회
		• 『근로대중의 통일적 당의 창건을 위하여』 (김일성보고)
		  - 로동당은 조선근로대중의 이익을 대표하고 옹호하는 당. 부강한 민주주의 자주독립국가 건설을 목적으로 하는 당
		  - 현 단계 당의 기본임무는 반제반봉건민주주의 혁명을 전국적으로 철저 수행해 민주주의 인민공화국을 수립하는 것
		• 북조선 로동당 창립선포, 북조선로동당 기관지 『로동신문』 발간과 이론지 『근로자』 발간 결정
			801명

2차	1948. 3.27 ~30	• 당 중앙위원회 사업총화와 규약개정
		• 중앙위 사업보고(김일성)
		  - 국내외 정세와 당 사업보고
		  - 자주적 평화통일방침, 민주기지 강화 방침, 당강화 방침 제시
		• 자주적 통일방침 토의
		  - 전 조선 민주 선거, 민주헌법 채택, 민주주의 인민정권 수립(통일정부) 방침 제시
		• 남북 제 정당 사회단체 연석회의 소집토의
		• 경제건설에 대한 당적 지도 강화 논의
			1086명 (결의권 대표 990명, 발언권 대표 96명)

3차	1956. 4.23 ~29	• 소련공산당 20차 대회(소련공산당은이 대회에서 기회주의 노선과 스탈린 격하운동 채택) 직후 열린 당 대회
		• 당 중앙위 사업총화 보고
		  - 당의 노정 총화
		  - 사회주의 기초건설, 자주적 평화통일, 당 강화를 위한 강령적 과업 제시
			914명 (당원 116만 4945명)

차수	개최날짜	주요내용	참가대표수
3차	1956. 4.23 ~29	● 소련당 대표는 평화적 공존과 개인미신(수령 숭배를 개인미신으로 규정한 것)문제를 토의할 것을 강요했으나, 단호히 배격 ● 제1차 5개년 계획 발표 　- 생산관계의 사회주의적 개조 완료 　- 사회주의적 공업화 기초 구축 　- 인민들의 의식주 문제 해결 ● 자주적 통일 방침 토의 　- '자주적 평화통일을 위하여' 채택 ● 새 규약 채택 ● 북의 자체 평가: 주체의 기치, 통일단결의 기치를 높이 추켜든 역사적 대회	914명 (당원 116만 4945명)
4차	1961. 9.11 ~18	● 중앙위 사업총화 보고(김일성) 　- 1차 5개년 계획 성과 보고 　- 당면 투쟁과업 제시, 이남혁명, 조국통일, 당건설, 국제관계 분야 방침제시 ● 인민경제발전 1차 7개년 계획 토의 결정 　- 승리한 사회주의 제도에 의거해, 전면적 기술개건과 문화혁명을 수행하고, 사회주의 공업화를 실현해 사회주의 공업국가로 전변시키며, 인민생활을 획기적으로 높이기 위한 웅대한 계획 　- 중공업의 우선적 성장을 보장하면서, 경공업과 농업을 동시에 발전시키는 노선 확고 견지 　- 각 부문별 과제 제시 ● 조국통일 투쟁 방침 토의 결정 　- 이남에서 독자적 당건설 필요성 제시 　- 이남에서 통일전선 형성 필요성 제시	1230명 (결의권 대표 1157명, 발언권 대표 73명)

차수	개최날짜	주요내용	참가대표수
5차	1970. 11.02 ~13	● 중앙위 사업총화 보고(김일성) 　- 강력한 사회주의 공업국가로 전변 성공 　- 각 분야의 성과 총화 　- 사상, 기술, 문화 3대 혁명을 가속화해 사회주의 완전 승리를 앞당기며 조국통일 실현을 위한 전투적 과업 제시 ● 인민경제발전 6개년 계획 토의 결정 　- 기본과업: 공업화 성과 공고 발전, 기술혁명 높은 단계로 진전시켜 물질적 토대 강화, 근로자들을 힘든 노동에서 해방 　- 인민경제 부문별 과업 확정 ● 3대 기술혁명 과업 토의 　- 중노동과 경노동의 차이, 공업노동과 농업노동의 차이를 훨씬 줄이며, 여성들로 하여금 가정일의 무거운 부담으로부터 벗어나게 하는 것 ● 교육부문에서 기술자, 전문가 대오를 100만명으로 늘이는 것 ● 사상혁명을 앞세워 모든 근로자를 혁명화 노동계급화 하는 과업논의 ● 조국통일 방침논의 ● 북 자체의 평가: 주체사상의 전면적 승리, 사회주의 공업화의 위대한 승리를 총화한 승리자의 대회, 김일성동지를 중심으로 전 당과 인민대중의 통일단결을 과시한 단결의 대회, 사회주의 완전 승리의 전망을 제시한 역사적 대회	1871명 (결의권 대표 1734명, 발언권 대표 137명)
		● 중앙위 사업총화 보고, 중앙검사위 사업총화 보고, 규약개정, 중앙지도기관 선거 순서로 진행 ● 중앙위 사업총화 보고(김일성) 　- 빛나는 성과와 귀중한 경험 총화	

차수	개최날짜	주요내용	참가대표수

6차	1980. 10.10 ~14	- 온 사회의 주체사상화, 조국의 자주적 평화통일, 반제자주역량과의 단결을 이룩하며 당사업을 더욱 강화하기 위한 과업 제시
		● 온 사회의 주체사상화를 혁명의 총적 임무로 규정
		  - 근본원칙: 자주적 입장과 창조적 입장에서 우리 식으로 풀어나가는 것.
		  - 근본방도: 사상, 기술, 문화의 3대 혁명노선을 철저히 관철하는 것.
		  - 당면과업: 사회주의 완전 승리
		● 온 사회의 주체사상화를 위하여
		  - 사회의 모든 성원의 혁명화, 노동계급화, 인텔리화하며
		  - 경제건설을 촉진하고, 인민경제를 주체화, 현대화, 과학화할 데에 대한 과업 제시
		● 1980년대 경제건설의 기본 과업 제시
		● 새로운 통일방안 제시: 고려민주연방공화국 창립방안
		  - 북과 남이 상대방의 제도를 인정하고 존중하는 기초위에서 남과 북이 동등하게 참여하는 민족통일정부를 설립하고, 남과 북은 같은 권한과 의무를 지니고 각 지역 자치제를 실시하는 연방국가
		  - 명칭: 고려민주연방공화국
		  - 연방국가의 10대 시정 방침 제시
		● 김정일비서를 정치국 상무위원회 위원, 당중앙위 비서로 추대
		● 북 자체의 평가
		  - 수령의 혁명 위업 계승 문제가 빛나게 해결되고, 주체혁명위업의 확고한 담보가 마련되었음을 내외에 과시한 대회
		  - 주체사상의 전면적 승리와 당의 불패의 위력을 널리 과시한 대회
		  - 온사회의 김일성주의화에서 결정적 전환이 이룩됨
			3220명 (결의권 대표 3062명 발언권 대표 158명)

조선로동당은 당 대회를 5년마다 열기로 되어 있었다. 하지만 통상 전기 당 대회에서 제시한 정치사상적, 경제적, 군사적 목표를 달성하고, 새로운 단계의 목표와 과제를 제시할 필요가 있을 때 열렸다. 그래서 도표에서처럼 당 대회 개최 시기가 매우 불규칙하였다. 4차 당 대회는 5년 만에 열렸지만, 5차 당 대회는 9년 만에 열렸고, 6차 당 대회는 10년 만에 열렸다. 6차 당 대회 이후 36년 동안 당 대회가 열리지 못했다.

왜 36년 동안 당 대회를 열지 못했는가?

6차 당 대회 이후 조선로동당은 당 대회 결정 관철 투쟁을 벌여나갔다. 온 사회의 주체사상화를 향한 다방면적인 활동과 투쟁을 펼쳤다. 주체사상의 기치 아래 사상, 기술, 문화의 3대 혁명이 힘차게 추진되었으며, 1980년대 10대 전망 목표를 달성하기 위한 투쟁이 완강하게 벌어졌다. 인민대학습당의 완공(1981년), 주체사상탑 완공(1982년), 개선문 완공(1982년), 검덕광업종합기업소 제3선광장의 건설(1983년), 서해갑문완공(1986년), 1만톤 프레스와 대형산소분리기 제작 등 80년대 속도창조운동이 매우 활발하게 벌어졌다. 이 과정에 제2차 7개년 계획(1978년~1984년)이 성과적으로 수행되었다. 조선로동당은 1985년과 1986년을 조절기로 정하고 이 기간에 2차 7개년 계획 수행에서 이룩한 성과를 공고히 하고 사회주의 경제건설의 더 높은 목표를 점령하기 위한 준비를 갖추었다. 이러한 준비 끝에 1986년 12월 30일 김일성 주석은 최고인민회의 8기 1차 회의 시정연설을 통해 사회주의 경제건설을 사회주의 완전 승리를 향한 중요 과업으로 규정하고, 제3차 7개년 계획(1987년~1994년)의 과업을 제시했다.

3차 7개년 계획의 수행과정은 순탄하지 못했다. 1980년대 후반에 접어들면서 기존과는 차원이 다른 새로운 광풍이 휘몰아쳤다. 세계 사회주의 체제의 우두머리로 자처하던 소비에트연방공산당이 제국주의의 압력에 굴복하여, 사회주의 원칙을 포기하는 방향으로 나갔다. 이것은 온 사회의 주체사상화의 기치를 높이 들고 힘차게 전진해 나가는 북에게 커다란 장애로 되었다. 조선로동당은 매우 불리한 환경과 조건을 타파하고 제3차 7개년 계획을 완수하기 위해 두 차례의 200일 전투를 벌였다.

200일 전투의 빛나는 성과

첫 번째 200일 전투는 1988년 2월 21일부터 시작하여, 1988년 9월 7일에 끝났다. 이 기간 공업생산은 전해 같은 기간에 비하여 122%로 장성하였고, 기본 건설조립액은 전해 실적의 1.8배나 높아졌으며, 전력생산, 석탄생산도 최고 수준에 이르렀다. 그리하여 제3차 7개년 계획을 성과적으로 수행할 수 있는 확고한 전망이 열렸다. 두 번째 200일 전투는 9월 초에 열린 전국영웅대회에서 전국 인민들에게 보내는 호소문에서 발기되었다. 새로운 200일 전투 기간 인민경제의 주체화, 현대화, 과학화 수준을 높이는 데 이바지할 수백 개의 대상 건설이 완공되었으며, 인민경제의 모든 부문에서 높이 세운 전투과제들이 성과적으로 수행되었다. 두 차례의 200일 전투를 통해 생산과 건설에서 재차 앙양이 일어나고 3차 7개년 계획이 성과적으로 추진되었다. 이 시기에 안주지구탄광련합기업소, 무산광산련합기업소, 김책제철련합기업소 등 많은 공장 기업소들이 개건 확장되었고, 천리마제강련합기업소, 5월18일대형단조공장을 비롯한 현대적인 공장 기업소 건설이 성과적으로 진행되었으며, 숫자조종공작기계와 로봇을 비롯한 여러 가지 전자요소와 자동화 기계, 기구의 생산에서 커다란 전진이 이룩되었다.

하지만 1980년대 말~1990년대 초 소련과 동구 사회주의 체제가 붕괴하고 자본주의 체제가 복귀되었다. 이러한 급변사태는 이북 사회주의 경제발전에 암초를 뛰어넘어 결정적 타격을 주고 말았다. 연이어 계속된 자연재해, 김일성 주석의 서거라는 악재로 3차 7개년 계획 달성이 어려워졌을 뿐 아니라, 급기야는 나라의 경제 전체가 휘청이는 최악의 상황으로 치달아 갔다. 설상가상으로 미국은 북 체제를 무너뜨리기 위해 모든 수단을 다 동원했다. 사회주의를 지킬 것인가 아니면 포기할 것인가 하는 선택의 고비에 서게 됐다. 당시 북에게 불어 닥친 위기는 한두 측면의 위기가 아니라 전 방위적 위기였다.

△사상과 이념의 위기

- 소비에트 사회주의 체제의 붕괴는 마르크스-레닌주의 파산으로 다가왔다. 자본주의와 사회주의 대결에서 사회주의 패배로 인식되었다.
- 사회주의를 지키느냐, 버리느냐, 수정하느냐의 선택에 직면했다.

△경제적 위기
- 경제협력관계, 무역관계를 맺고 있던 소련과 동구사회주의 나라들이 자본주의로 복귀하면서 경제무역 관계가 파탄 났다. 공장의 부품 하나를 구입하려 해도 구입할 대상이 사라져 버렸다. 또한 모든 무역결제는 현금으로, 그것도 달러로 해야 했다. 달러가 없었던 북은 원료와 연료, 기계 부품을 구입할 수 있는 길이 막혔다.

△미국의 대북붕괴전략으로 인한 체제 생존의 위기
- 미국은 마지막 남은 사회주의 보루였던 이북 사회주의 체제를 눈엣가시로 여겨 무슨 수단을 다 쓰더라도 기어이 붕괴시키겠다고 덤벼들었다. 게다가 김일성 주석의 서거와 연이은 자연재해가 계속되었으니, 상식적으로는 버틸 수 없는 상황이었다.

나라의 생사존망을 좌우하는 위기에 직면한 북은 고난의 행군을 해야만 했고, 새로운 환경과 조건에서 6차 당 대회에서 제시한 과제와 목표 달성을 향한 새로운 역사적 투쟁을 전개해야 했다. 새로운 당 대회를 개최하려면 미국의 체제 붕괴전략에 맞서 사회주의 체제를 수호하는 것, 사회주의 이념의 정당성을 옹호 고수하는 것, 세계 사회주의 경제무역 협력체제가 무너진 조건에서 새로운 경제발전과 성장의 토대와 구조를 확립하는 것, 조국 통일의 새로운 국면을 열어나가는 것 등의 과제를 완수해야 했다. 이러한 이유로 36년 동안 당 대회를 개최할 수 없었다. 조선로동당은 이러한 역사적 과제를 완수하기 위한 결연하고도 공격적인 투쟁을 펼쳐 나갔다.

7차 당 대회가 개최되었다

조선로동당이 제7차 대회를 개최하기로 했다는 것은 이러한 역사적 과제를 수행함으로써, 사회주의 수호전에서 승리하고, 경제의 상승 발전을 모색할 수 있게 되었다는 것을 뜻한다.

조선로동당은 2015년 10월 30일 제7차 대회 개최를 결정한 이후, 2016년 2월 24일 정치국 회의를 열어 7차대회를 즈음한 조선로동당 중앙위원회, 중앙군사위원회 공동구호를 제시하고, 전체 당원들에게 보내는 당중앙위 편지를 발표하였다. 또한 대회를 성공적으로 치르기 위해 70일 전투를 진행하여, 전투계획을 144%로 초과 달성하였다. 그 결과 공업생산은 그 전해 같은 기간에 비해 1.6배로 높아졌다.

7차 당대회 개막 노동신문

이러한 환경 속에서 2016년 4월 13일 시, 군당 대표회들이 진행되었다. 이어 4월 14일~25일까지 조선로동당 조선인민군 대표회의와 각 도당 대표회, 내각, 조선인민군, 내무군, 철도성, 문화성 대표회가 진행되었다. 대표회에서는 김정은 총비서를 제7차 대회 대표로 추대하는 결정서가 채택되었다. 그리고 각 도당 대표회에서는 당 6차 대회 이후 당 사업과 사회주의 건설에서 이룩한 성과를 총화하고 해당 당 지도기관을 새로 선거하였으며, 7차 대회 대표자, 방청자를 선출, 추천하였다.

조선로동당 제7차 대회가 2016년 5월 6일~9일 평양 모란봉구역에 위치한 4.25 문화회관에서 열렸다. 대회에는 각급 당대표회에서 선출된 3,467명의 결의권 대표자와 200명의 발언권 대표자, 1,387명의 방청자들이 참가하였다.

대회에서는 김정은 총비서가 중앙위원회 사업총화 보고를 하였다. 김정은 총비서는 보고에서 총결기간 준엄한 역사의 풍파 속에서 주체사상, 선군혁명노선의 기치 밑에 혁명과 건설에서 이룩한 성과와 경험을 전면적으로 분석 평가하고, 김일성-김정일주의 기치 높이 주체의 사회주의 위업을 완성하고, 자주적 통일과 세계 자주화 위업을 실현하며, 당의 강화 발전과 새로운 전환을 이룩하기 위한 과업을 제시하였다. 김정은 총비서가 이틀간에 걸쳐 장장 6시간동안 진행한 사업총화보고서는『1. 주체사상, 선군정치의 위대한 승리, 2. 사회주의 위업의 완성을 위하여, 3. 조국의 자주적 통일을 위하여, 4. 세계의 자주화를 위하여, 5. 당의 강화발전을 위하여』의 체계로 되어 있다.『1.주체사상, 선군정치의 위대한 승리』는 6차 대회이후 36년 동안 조선로동당의 투쟁과 활동에 대한 평가에 관한 부분이고,『2. 사회주의 위업의 완성을 위하여』는 향후 조선로동당의 사업계획에 관한 부분이다. 나머지 부분은 제목 그대로, 조국통일방침, 대외방침, 당 활동 방침에 관한 부분이다.

표2) 조선로동당 제7차 대회 일정

일자	주요현황
2016년 5월 6일	● 개회사(김정은) ● 집행부, 서기부 선거 및 대회 의정 승인 　▶ 의정 　① 당중앙위 사업총화, ② 당중앙검사위 사업총화, 　③ 당규약 개정, ④ 조선로동당 위원장 추대, 　⑤ 당중앙지도기관 선거 ● 당중앙위 사업 총화 보고(김정은)
2016년 5월 7일	● 당중앙위 사업총화 보고(김정은) ● 당중앙위 사업총화에 대한 토론(40명)
2016년 5월 8일	● 당중앙위 사업총화 보고 결론(김정은) ● 당중앙검사위 사업총화 보고 ● 당중앙위 사업총화 보고에 대한 학습 ● 당중앙위 사업총호 보고 결정서 채택
2016년 5월 9일	● 당규약 개정 토의와 결정서 채택 ● 김정은 조선로동당 위원장 추대, 선포 ● 당중앙지도기관 선거 　- 당중앙위 위원 (129명), 후보위원(106명), 　　당중앙검사위 위원(15명) 선거 ● 당중앙위 7기 1차 전원회의 개최 ● 폐회사(김정은)
2016년 5월 10일	● 군중대회 및 시위 ● 청년학생 야회 및 청년전위 횃불행진

2절 _ 사회주의 수호전의 승리를 선언하다

김정은 총비서의 사업총화 보고는 5월 6일~8일까지 3일동안 진행되었다. 사진은 제7차 당 대회에서 사업 보고 하는 김정은 총비서의 모습

김정은 총비서는 사업총화 보고의 서두를 다음과 같이 시작했다.

『동지들!

조선로동당 제6차 대회가 진행된 때로부터 오늘에 이르는 기간은 우리 당의 오랜 역사에서 더없이 엄준한 투쟁의 시기였으며 위대한 전변이 이룩된 영광스러운 승리의 연대였습니다.

총결기간 조선로동당은 유례없이 엄혹한 환경 속에서 혁명 발전의 매 단계마다 주체적인 노선과 정책을 제시하고 위대한 우리 인민에게 의거하여 혁명과 건설을 줄기차게 전진시킴으로써 사회주의위업 수행에서 빛나는 승리를 이룩하고 조국 번영의 새 시대를 펼쳐놓았습니다.

역사상 그 어느 당과 인민도 겪어보지 못한 간고하고도 험난한 혁명의 길을 헤쳐 오는 과정에 우리 당은 자기 사상과 위업의 정당성과 불패성에 대하여 깊이 확신하게 되었으며 당을 따라 영원히 주체의 한길로 나아가려는 우리 인민의 각오와 의지는 더욱 굳세어졌습니다.

오늘 우리의 전체 당원들과 인민들은 불굴의 정신력과 영웅적인 투쟁으로 자랑찬 위훈을 새겨온 잊을 수 없는 추억과 가슴 벅찬 승리자의 자부심을 안고 당 제7차 대회를 뜻깊게 맞이하고 있습니다.

조선로동당 제7차 대회는 온 사회의 김일성-김정일주의화의 기치 높이 우리 당을 더욱 강화하고 사회주의 강국 건설과 주체혁명의 최후승리를 앞당겨나가는 데서 역사의 분수령으로 될 것입니다.』 (조선로동당 제7차 대회 사업보고 중에서 인용)

사업 보고의 서두를 보면 '준엄한 투쟁', '위대한 전변', '영광스러운 승리의 연대'라는 세 구절이 눈에 띈다.

북은 80년대 말~90년대 중반에 걸쳐 세계사적 대 동란, 미국의 체제 붕괴 책동, 극심한 자연재해에 부딪혀 국가의 생사존망이 위태로운 상황에 직면하였다. 북에 우호적이든 적대적이든 세계의 모든 관찰자는 북이 이 형세에서 사회주의를 지키면서 살아남을 방도는 전무하다고 단언하였다. 북에 우호적인 관찰자들은 살아남기 위해서는 타협의 길로 나가야 한다는 점잖은 충고를 하기도 했다. 생사를 건 투쟁, 이것을 어찌 준엄한 투쟁이라는 말로 다 담아낼 수 있겠으랴!

살아남기만 해도 천행이라고 말 할 수 있다. 하지만 북은 단순히 살아남는 데 그치지 않았다. 더 나가 사회주의 강국으로 솟구쳐 올랐으니, 이것을 '위대한 전변'이라는 말로 표현하기에는 너무 부족하지 않았을까? 그저 기적이라고 밖에 볼 수 없다. 그러므로 6차 당 대회이후 36년간의 투쟁 기간을 '영광스러운 승리의 연대'로 부르는 것이다.

주체사상, 선군정치의 위대한 승리

김정은 총비서는 보고에서 6차 당 대회 이후 36년 동안 조선로동당의 투쟁을 『주체사상, 선군정치의 위대한 승리』로 평가하였다. 그는 다음과 같이 말하였다.

《총결기간 조선로동당은 위대한 주체사상의 기치, 선군혁명 노선을 틀어쥐고 주체혁명 위업 수행에로 전체 당원들과 인민들을 조직 동원하였습니다.

주체사상은 세계적인 대 정치 풍파와 겹쌓인 난관 속에서 우리 혁명을 주체의 한길로 향도해 온 백승의 기치였으며 선군정치는 우리 당과 인민이 준엄한 난국을 뚫고 역사의 기적을 창조하게 한 승리의 보검이었습니다.

조선로동당의 위대한 주체사상과 선군정치, 당에 끝없이 충실한 우리 군대와 인민의 헌신적 투쟁에 의하여 사회주의 건설에서 자랑찬 승리가 이룩되고 주체혁명 위업의 완성을 위한 만년토대가 마련되었습니다.》(김정은, 7차 당 대회 보고에서 인용)

사회주의 위업의 승리적 전진을 위한 투쟁

보고에서는 지난 36년의 당 활동을 총괄 평가하면서 사회주의를 지키고, 전진시키기 위한 투쟁을 맨 앞자리에 내세웠다. 보고자는 다음과 같이 천명했다.

『사회주의 위업은 인민대중의 자주적 요구와 이상을 실현하기 위한 성스러운 위업이며 제국주의를 비롯한 온갖 반혁명세력과의 치열한 투쟁 속에서 전진하는 혁명 위업입니다. 총결기간 조선로동당은 전대미문의 엄혹한 시련과 난관 속에서 사회주의 위업을 전진시키기 위한 투쟁을 벌였습니다.』(김정은, 7차 당 대회 보고 중에서 인용)

앞에서 살펴봤듯이 6차 당 대회 이후 1980년대 중후반까지는 이북 사회주의는 6차 당 대회가 제시한 온 사회의 주체사상화 강령을 달성하기 위한 투쟁에서 커다란 성과를 거두면서 순탄한 발전의 길을 걸었다. 하지만 1980년 말부터 불어 닥친 세계적인 대정치 풍파가 이북 사회를 강타했다. 이에 대해 보고에서는 다음과 같이 설명하고 있다.

『온 사회의 주체사상화의 기치 밑에 사회주의 완전 승리를 이룩하기 위한 우리 당과 인민의 투쟁은 지난 세기말 세계적인 반사회주의, 반혁명의 역풍 속에서 엄중한 도전에 부딪히게 되었습니다. 국제무대에서 제국주의자들과 사회주의 배신자들의 책동으로 여러 나라들에서 사회주의가 연이어 무너지는 비극적인 사태가 빚어졌으며 이를 기회로 제국주의자들의 반사회주의 공세는 사회주의의 보루인 우리나라에 집중되게 되었습니다.』(김정은, 7차 당 대회 보고 중에서 인용)

이러한 엄중한 사태에 어떻게 대응할 것인가? 조선로동당 앞에는 항복의 길, 타협의 길, 비타협적 투쟁의 길이라는 세 갈래 길이 놓여 있었다. 항복(사회주의 포기)은 불가능하지만, 타협의 길(베트남의 개혁개방 노선)을 걸어야 하지 않겠냐는 유혹도 있었다. 단독으로 세계와 맞서 싸워야 승산이 없다는 패배주의도 있었다. 하지만 북은 세 번째 길, 비타협적 투쟁의 길을 선택했다. 보고에서는 이를 다음과 같이 말했다.

『조선로동당은 조성된 준엄한 정세에 대처하여 제국주의자들의 반혁명적 공세를 혁명적 공세로 짓부셔 버릴 단호한 의지로 사회주의 위업을 옹호 고수하고 전진시키기 위한 과감한 투쟁을 조직 전개하였습니다. 우리 당은 혁명적인 사상 공세로 제국주의자들의 공격과 비난으로부터 사회주의 사상과 이념을 옹호 고수하고 우리의 정치사상 진지를 굳건히 다졌습니다.

우리 당은 변화된 국제적 환경과 사회주의 건설의 역사적 교훈으로부터 정치사상 진지를 백방으로 강화하는 것과 함께 사회주의 건설과 사회생활의 모든 분야에서 사회주의의 본태를 고수하고 우리 식 사회주의의 우월성을 높이 발양시켜 나갔습니다.

주체의 사회주의 위업의 정당성과 그 승리에 대한 굳은 신념, 변함없이 당을 따르는 우리 인민에 대한 확고한 믿음에 기초하여 우리 당은 주체사상의 기치, 사회주의의 기치를 계속 높이 추켜들고 사회주의 위업을 줄기차게 전진시켜 나갔습니다.』
(김정은, 7차 당 대회 보고에서 인용)

이처럼 반혁명적 공세를 분쇄하기 위해 사회주의 이념의 과학성과 승리의 필연성을 논증하고, 사회주의를 지키면 승리이고, 버리면 죽음이라는 신념을 확산시키면서, 주체사상의 기치, 사회주의의 기치를 계속 높이 들고 승리의 길을 열어나갔다. 그런데 이러한 국면에서 김일성 주석이 서거하는 비상한 사태가 발생했다. 이때다 하고 미국은 북조선 붕괴를 목표로 한 군사적 압박, 경제제재에 열을 올렸으며, 설상가상으로 혹심한 자연재해가 몰아닥쳐 이북 경제는 헤어날 수 없는 최악의 상황으로 치닫게 되어, 이북 주민들은 고난의 행군을 하지 않을 수 없게 되었다. 실제로 북 사회주의 체제는 붕괴 일보 직전의 백척간두에 서게 되었다. 미국 언론들은 '3일, 3달, 3년 설'을 떠들었다. 도저히 헤어날 수 없는 상황에 빠져 들었다는 것이 전 세계 사람들의 분석이었다. 이러한 상황에서 김정일 국방위원장은 '선군의 기치'를 높이 들고 고난의 행군을 돌파해 나갔다. 김정은 총비서는 보고에서 이를 다음과 같이 말하였다.

『우리 조국의 안전과 사회주의의 운명은 위험에 처하게 되었으며 우리 인민은 역사에 유례없는 고난의 행군, 강행군을 하지 않으면 안 되었습니다. 세계가 조선의 운명에 대하여 우려하고 제국주의 반동들이 어리석게도 우리의《노선변화》와《체제붕괴》에 대하여 떠들던 시기 김정일동지께서는 혁명의 길이 아무리 험난하다 해도 수령님께서 개척하신 주체혁명위업을 변함없이 고수하고 끝까지 계승 완성해나갈 철석의 의지를 단호히 선언하시었으며 혁명과 건설을 오로지 수령님의 뜻대로, 수령님식대로 현명하게 영도하시었습니다.

조선로동당은 김정일 동지의 현명한 영도 밑에 위대한 수령님의 위업을 계승하여 조선혁명의 백승의 진로인 선군혁명노선을 확고히 견지하고 선군정치를 전면적으로 실시하였습니다. 선군정치는 총대중시, 군사선행의 원칙에서 군사를 모든 사업에 앞세우며 인민군대를 핵심으로, 주력군으로 하여 혁명의 주체를 강화하고 그에 의거하여 사회주의 위업을 승리적으로 전진시켜나가는 김정일동지식 사회주의 기본정치방식입니다.

선군정치에는 혁명의 총대우에 나라와 민족의 존엄도, 혁명의 승리도 있다는 선군혁명의 원리가 구현되어있으며 혁명은 오직 자기 힘을 강화하고 자체의 힘으로 하여야 한다는 자력자강의 정신과 우리 당의 드팀없는 반제 자주적 입장, 혁명적 원칙이 집대성되어 있습니다.』(김정은, 당 7차 대회 보고 중에서 인용)

북은 장기간에 걸친 치열한 북미 대결전에서 연전연승을 이룩하고 고난의 행군, 강행군을 승리로 결속하였으며, 사회주의를 견결하게 수호했다. 이에 대해 김정은 총비서를 다음과 같이 보고했다.

『우리 당은 선군시대의 요구에 맞게 국방공업을 우선적으로 발전시키면서 경공업과 농업을 동시에 발전시킬 데 대한 새로운 경제건설 노선을 제시하고 사회주의 강국 건설을 위한 총진군에로 전체 군대와 인민을 조직 동원하였습니다. 인민군대를 선군혁명의 주력군, 인민의 행복의 창조자로 내세우고 인민군대에서 발휘된 혁명적 군인정신을 온 사회가 따라 배우도록 한 우리 당의 선군영도에 의하여 혁명적 군인정신을 구현한 강계정신이 창조되고 성강의 봉화가 타올랐으며 사회주의 건설의 모든 전선에서 끊임없는 기적과 위훈이 창조되었습니다.

선군혁명영도로 사회주의 강국건설에서 일대 전환을 일으켜 나감으로써 우리 당은 총대를 틀어줘면 어떤 역경 속에서도 세계적인 강국을 일떠 세울 수 있다는 진리를 확증하고 민족의 자주적 발전과 사회주의 위업 수행의 새로운 높은 단계를 열어놓았습니다. 조선로동당의 영도 밑에 우리 군대와 인민이 미제를 우두머리로 하는 제국주의 연합세력과 단독으로 맞서 사회주의를 수호하고 사회주의 위업을 승리적으로 전진시켜 온 것은 역사의 기적이며 이것은 주체사상, 선군정치의 위대한 승리입니다.』(김정은, 당 7차대회 보고 중에서)

사회주의 수호전에서 승리하고, 북 사회주의 경제발전의 새로운 국면이 열리고 있던 때에 뜻밖에도 김정일국방위원장이 서거했다. 조선로동당은 슬픔을 힘과 용기로 바꾸어 김정일국방위원장의 사상과 뜻을 받들어 사회주의위업 수행에서 새로운 전환적 국면을 열기 위한 투쟁을 벌여 나갔다. 조선로동당은 2012년 4월 11일 4차 대표자회를 개최하고, 김일성주석과 김정일국방위원장을 영원한 수령으로 모시기로 했으며, 김일성-김정일주의를 당의 지도사상으로 확정하고, 김정은 총비서를 조선로동당 중앙위 제1비서(최고지도자)로 추대함으로써 새로운 김정은 시대가 공식 개막되었다.

김정은 총비서는 당을 조직 사상적으로 강화하고 세도와 관료주의, 부정부패를 뿌리 뽑기 위해 전당적 투쟁을 벌이는 한편 당 안에 강철 같은 기강과 규율을 확립해 당의 전투력과 위력을 높였다. 특히 조성된 정세를 고려해 경제건설과 핵무력 건설을 병진시킬 데 대한 전략노선을 채택하고 그를 관철해 나갔다. 김정은 총비서는 보고에서 이에 대한 다음과 같이 말했다.

『조선로동당은 조성된 정세와 혁명 발전의 요구에 따라 경제건설과 핵무력 건설을 병진시킬 데 대한 전략적 노선을 제시하고 그 관철을 위하여 적극 투쟁하였습니다. 우리 당의 새로운 병진노선은 급변하는 정세에 대처하기 위한 일시적인 대응책이 아니라 우리 혁명의 최고이익으로부터 항구적으로 틀어쥐고 나가야 할 전략적 노선이며 핵무력을 중추로 하는 나라의 방위력을 철벽으로 다지면서 경제건설에 더욱 박차를 가하여 번영하는 사회주의 강국을 하루빨리 건설하기 위한 가장 정당하고 혁명적인 노선입니다. 당의 전략적 노선을 관철하기 위한 우리 군대와 인민의 힘찬 투쟁에 의하여 반제반미대결전을 총결산하고 우리 위업의 최후승리를 앞당길 수 있는 위력한 담보가 마련되게 되었습니다.』(김정은, 7차 당 대회 보고 중에서 인용)

그리고 그는 다음과 같이 이 부문을 마무리했다.

『오늘 우리 조국 땅에 펼쳐지고 있는 경이적인 현실은 전체 당원들과 인민들에게 위대한 수령님들께서 그토록 염원하시던 사회주의 강국을 우리의 힘으로 반드시 일떠세울 수 있으며 주체혁명 위업의 최후승리의 날이 멀지 않았다는 굳은 신심을 안겨주고 있습니다.

주체의 사회주의 위업은 과학이며 위대한 수령님들께서 견지해 오신 자주적인 혁명노선과 혁명방식을 변함없이 고수하고 철저히 구현해 나가는 길에 우리 혁명의 승리가 있고 민족 만대의 번영이 있다는 바로 이것이 총결 기간 사회주의 위업을 전진시키기 위한 우리 당과 인민의 투쟁의 주되는 총화입니다.

전대미문의 험로역경 속에서 주체의 기치, 선군의 기치를 높이 추켜들고 사회주의 위업을 승리적으로 전진시켜온 조선로동당과 조선인민의 영웅적 투쟁은 성스러운 우리 당 역사와 자주성을 위한 인민대중의 투쟁사에 영원히 기록될 것입니다.』
(김정은, 7차 당 대회 보고 중에서 인용)

강성국가 건설에서 이룩한 자랑찬 성과

북에서 사회주의 강성국가는 국력이 강하고, 모든 것이 흥하며, 인민들이 세상에 부럼없이 사는 나라를 가리킨다. 다시 말해 그 누구도 건드릴 수 없는 높은 존엄과 위력을 지닌 강대한 나라, 정치와 군사, 경제와 문화 등 모든 분야에서 끊임없는 발전과 번영을 이룩해나가는 나라, 인민들이 자주적이며 창조적인 생활을 마음껏 향유하는 나라가 바로 북에서 말하는 사회주의 강국이다. 사회주의 강성국가 건설 사상은 1999년 신년 공동사설에서 처음 제시되었다. 김정일 국방위원장은 단순히 고난의 행군을 끝내는 데 그치지 않고, 사회주의 강성국가 건설이라는 매우 공세적이고 공격적인 국가 발전 목표를 제시했다.

김정은 총비서는 7차 당 대회 보고에서 강성국가 건설에서 거둔 성과를 다음과 같이 정리하였다.

	사회주의 강성국가 건설에서 이룩한 자랑찬 성과
정치사상 강국 건설	● 주체의 사상론과 일심단결의 혁명철학, 자주의 정치노선을 구현하여 우리나라를 존엄 높은 사회주의 정치사상 강국 건설 ● 우리나라는 온 사회가 주체사상, 선군사상으로 일색화되고 천만군민이 투철한 혁명 보위 정신, 견결한 사회주의 수호 정신을 지니고 김일성 민족의 위대한 정신력으로 거창한 변혁의 역사를 창조해나가는 불패의 사상 강국 ● 전당과 전체 인민이 수령을 중심으로 사상의지적으로, 도덕의리적으로 굳게 뭉친 온 사회의 일심단결을 실현한 것은 총결기간 우리 당이 이룩한 커다란 성과이며 업적. 수령, 당, 대중의 일심단결은 김정일동지의 혁명사상임 ● 주체사상을 구현한 자주 정치로 세계 정치무대에서 존엄 높은 정치 강국으로서의 권위와 영향력을 당당히 행사함 ● 청년중시를 전략적 노선으로 틀어쥐고 청년들을 주체의 혈통을 이어나가는 혁명의 계승자로 튼튼히 키움으로써 세상에 둘도 없는 청년 강국 건설함. 청년 문제를 빛나게 해결한 유일한 나라
군사 강국 건설	● 총결기간 조선로동당이 이룩한 특출한 성과는 선군혁명노선, 자위의 군사노선을 관철하여 우리 조국을 불패의 군사 강국으로 강화 발전시킨 것 ● 인민군대를 최고사령관의 유일적 영군체계가 철저히 서고 당 중앙 결사옹위 정신, 총폭탄 정신으로 튼튼히 무장한 혁명강군으로, 주체혁명 위업 수행의 주력군으로 준비시킴

군사 강국 건설	● 나라의 자주권과 존엄을 침해하는 그 어떤 제국주의 침략 세력도 일격에 격멸 소탕할 수 있는 우리 식의 현대적인 공격수단과 방어 수단을 다 갖춘 무적필승의 혁명무력으로 강화 발전시킴
	● 국방공업과 국방과학기술 부문에서 세상을 놀래우는 비약적 발전 이룩함
	   - 국방공업발전에서 최첨단 돌파 전망 열림
	   - 정밀화, 경량화, 무인화, 지능화된 우리 식의 첨단 무장 장비들을 마음먹은 대로 만들어내고 있음
	   - 세 차례의 지하 핵시험과 첫 수소탄 시험을 성공적으로 진행함
	● 세계가 경탄하는 불패의 군사 강국을 건설한 것은 크나큰 자랑이고 긍지

경제 강국 건설	● 자립적 민족경제의 물질기술적 토대를 튼튼히 다지고 경제 강국 건설의 도약대를 마련함
	● 인민 경제의 주체화, 현대화, 과학화 적극 추진; 자립경제의 원료, 연료, 동력기지가 강화, 중요부문들에 주체적인 생산공정 구축, 공업의 부문 구조 개선
	   - 안변청년발전소와 희천발전소, 백두산영웅청년발전소를 비롯한 대규모, 중소규모의 발전소 건설, 전망 좋은 탄광, 광산 개발
	   - 주체철 생산체계 확립, 주체비료, 주체 비날론생산공정 구축, 새로운 생산기지 건설
	   - 새 세기 산업혁명의 불길 속에 설비와 생산공정의 현대화 적극 추진, 인민경제 전반적 기술 장비 수준 향상
	   - 현대적인 기계제작 기지들과 전자, 자동화 요소와 기구생산기지들이 꾸려져 첨단설비들을 자체로 만들어내는 높은 수준에 도달
	● 인민생활 향상

경제 강국 건설	△ 농업부문
	  - 알곡증산 토대 구축; 종자혁명과 감자농사혁명, 두벌농사와 과학농사열풍, 32만 정보 토지정리, 1만여 km의 자연흐름식 물길 건설로 알곡 증산 토대구축
	  - 현대적인 축산기지들과 양어장, 남새온실과 버섯생산기지, 드넓은 청춘 과원들은 인민생활향상을 위한 귀중한 밑천
	△ 수산부문
	  - 황금해의 새 역사 창조로 수산업 발전의 돌파구 열림
	△ 경공업부문
	  - 기술개건과 원료, 자재의 국산화 사업 적극 추진으로 질 좋은 인민소비품 더 많이 생산 보장할 수 있는 토대 구축
	△ 건설부문
	  - 주체적 건축사상 구현된 기념비적 창조물들이 수많이 건설되어 사회주의 경제건설과 인민생활 향상을 위한 토대 확대

문화 강국 건설	● 과학기술 중시 노선의 관철
	  - 과학기술력량 성장, 과학연구부문의 물질기술적 토대 강화, 과학기술의 획기적 발전
	  - 핵심기초 기술과 우주기술을 비롯한 첨단과학기술 분야에서 기적적 성과 이룩
	  - 광명성 4호 발사의 대성공
	● 교육 중시 노선의 관철
	  - 전반적 12년제의 의무교육시행, 원격교육체계의 확립, 정보산업시대의요구에 맞게 교육사업의 새로운 발전
	  - 과학기술전당 준공, 전국에 과학기술보급실 구축
	● 의료분야
	  - 평양산원 유선종양연구소, 옥류아동병원, 류경치과병원 건설
	  - 먼거리 의료봉사체계 구축

문화 강국 건설	• 체육분야 　- 체육중시정책, 체육열풍, 체육시설 개건 • 문화분야 　- 인민군대에서 선군문화의 본보기 창조, 《민족과 운명》, 　　《아리랑》성공

혁명위업의 빛나는 계승

김정은 총비서는 사회주의 수호전 승리의 요인에 대해 다음과 같이 설명하고 있다.

> 『총결기간 우리 당과 인민이 주체혁명위업수행에서 이룩한 모든 승리와 성과의 근본비결은 위대한 김일성동지와 김정일동지를 수령으로 높이 모시고 수령님들의 현명한 영도 밑에 투쟁해온 데 있으며 수령의 혁명위업을 대를 이어 빛나게 계승해 온 데 있습니다.』(김정은, 7차 당 대회 보고에서 인용)

북에서는 혁명의 승패, 민족의 전도는 수령의 위업을 계승해 나가는가, 그렇지 못한가에 달려 있다고 본다. 소련과 동구 사회주의가 몰락하게 된 가장 핵심적인 이유도 여기에 있다고 평가하고 있다. 따라서 수령의 혁명영도와 그 위업의 계승문제를 사활적으로 평가하는 것은 너무도 자명하다. 그런데 여기에서 김정은 총비서의 김일성 주석과 김정일 국방위원장에 대한 역사적 평가를 살펴볼 만하다.

김일성 주석에 대해서는 다음과 같이 평가하고 있다.

『김일성 동지는 영생불멸의 주체사상을 창시하시고 주체혁명 위업을 백승의 한길로 이끌어오신 우리 당과 인민의 위대한 수령이십니다.

김일성동지께서는 일찍이 혁명의 길에 나서신 때로부터 장구한 기간 전인미답의 간고하고 시련에 찬 조선혁명을 승리에로 이끄시여 민족의 존엄과 영예를 빛내이고 이 땅 위에 자주, 자립, 자위의 사회주의국가를 일떠세워 주체혁명 위업의 승리를 위한 만년기틀을 마련하시었습니다.

위대한 수령님께서는 백두의 밀림 속에서 조국의 광복을 위하여 싸우시던 역사의 그날로부터 생애의 마지막 시기까지 만고풍상을 다 겪으시며 오로지 인민의 행복과 조국의 부강번영, 나라의 통일과 세계자주화 위업을 위하여 정력적으로 투쟁하시였으며 조국과 인민, 민족을 위하여 하실 수 있는 모든 것을 다하시였습니다.』(김정은, 7차 당 대회 보고 중에서 인용)

김정일 국방위원장에 대해서는 다음과 같이 평가하고 있다.

『김정일 동지는 김일성 동지의 사상과 위업을 충직하게 계승하여 조선로동당을 주체의 혁명적 당으로 강화 발전시키고 주체혁명 위업을 승리의 한길로 이끌어 오신 탁월한 수령이십니다.

김정일 동지께서는 백두에서 개척된 혁명 위업을 끝까지 완성하는 것을 필생의 사명으로 내세우시고 우리 당과 국가, 군대와 인민을 현명하게 이끄시여 혁명과 건설의 모든 분야에서 기적과 변혁의 새 역사를 창조하시었으며 우리 혁명이 유례없이 준엄하였던 시기에 독창적인 선군혁명영도로 혁명의 운명, 조국과 인민의 운명을 위기에서 구원하고 민족번영의 새 시대, 주체혁명위업수행의 새로운 전성기를 열어놓으시었습니다.

김정일 동지의 혁명 생애는 혁명의 붉은 기를 높이 들고 험난한 길을 헤치며 시대와 혁명, 조국과 인민 앞에 불멸의 업적을 쌓아 올리신 위대한 혁명가의 촛불처럼 태우신 절세의 애국자, 위대한 인간의 가장 고결한 한생이었습니다.』(김정은, 7차 당 대회 보고 중에서 인용)

또한 그는 김정일 국방위원장 서거 이후 혁명 위업 계승 문제를 어떻게 풀어갔는가를 다음과 같이 설명하였다.

『총결기간 김일성 동지와 김정일 동지를 혁명의 수령으로 높이 모시고 수령님들의 현명한 영도 밑에 투쟁함으로써 우리 인민은 가장 자주적이고 존엄 높은 인민으로 될 수 있었고 우리 조국은 주체의 사회주의 강국으로 위용 떨칠 수 있었으며 우리 혁명은 역사의 폭풍우를 뚫고 승리와 영광의 한길을 걸어올 수 있었습니다.

김일성 동지와 김정일 동지를 수령으로 높이 모시고 승리의 한길을 걸어온 조선로동당은 혁명위업 계승에서 나서는 이론 실천적 문제들을 빛나게 해결하고 수령님들의 사상과 위업을 충직하게 계승 발전시켜왔습니다.

조선로동당은 혁명 위업 계승 문제를 원만히 해결하여 수령의 혁명 위업을 대를 이어 고수하고 빛내어나가는 세계적 모범을 창조하였습니다.』(김정은, 7차 당 대회 보고 중에서 인용)

3절 _ 자강력 제일주의와 국가경제발전 5개년 전략

김정은 총비서의 보고 중에서 『2.사회주의 위업의 완성을 위하여』는 북 사회주의 건설의 사상과 전략, 노선과 정책, 구체적 방침을 상세하게 밝힌 부분으로 사업총화보고에서 가장 핵심적인 내용에 해당한다. 전체적으로 평가해 보면, 스스로 《휘황한 설계도》라고 밝혔듯이, 웅대한 비전과 전략을 담고 있으며, 매우 방대하며 상세하다. 그 체계를 살펴보면, 『1) 온 사회의 김일성-김정일주의화』, 『2) 과학기술 강국 건설』, 『3) 경제강국 건설, 인민경제발전 전략』, 『4) 문명강국 건설』, 『5) 정치군사적 위력 강화』로 돼 있다. 체계를 통해서도 김정은 총비서의 구상과 전략을 잘 파악할 수 있다. 그 내용을 아주 간단히 요약하면 다음과 같다.

사회주의 위업의 완성을 위하여

1) 온 사회의 김일성-김정일주의화
- 온 사회의 김일성- 김정일주의화는 당의 최고강령
  - 온 사회의 김일성주의화의 혁명적 계승이며 새로운 높은 단계에로의 심화 발전
  - 김일성-김정일주의를 유일한 지도적 지침으로 하여 혁명을 전진시키며 김일성-김정일주의에 기초하여 인민의 이상사회를 건설하고 완성해나간다는 것
- 기본투쟁 과업은 사회주의 강국 건설 위업을 완성하는 것
  - 사회주의 강국은 국력이 강하고 끝없이 융성 번영하며 인민들이 세상에 부럼 없는 행복한 생활을 마음껏 누리는 천하제일강국
  - 사회주의 강국 건설은 온 사회를 김일성-김정일주의화하기 위한 투쟁의 역사적 단계이며 그것은 사회주의의 기초를 다지고 사회주의 완전 승리를 이룩해나가는 과정
- 사회주의 강국 건설 방도는 인민정권+ 3대혁명(사상, 기술, 문화혁명)
  - 인민정권은 강국 건설의 위력한 무기
  - 3대혁명은 사회주의 혁명의 전 기간 수행하여야 할 계속혁명의 과업이며 인민대중의 자주성을 실현하기 위한 가장 높은 단계의 혁명
- 자강력 제일주의를 높이 들고 나가야
  - 자강력 제일주의는 자체의 힘과 기술, 자원에 의거하여 주체적 역량을 강화하고 자기의 앞길을 개척해나가는 혁명정신
  - 조선 혁명의 역사는 자강력으로 개척되고 승리하여온 역사
  - 자강력 제일주의의 기반은 자기 나라 혁명은 자체의 힘으로 해야 한다는 위대한 수령님들의 혁명사상이며 자강력 제일주의를 구현하기 위한 투쟁방식은 자력갱생, 간고분투
  - 우리가 믿을 것은 오직 자기의 힘. 자력자강의 정신을 가져야
  - 사대와 외세의존 배격, 우리의 힘과 기술, 자원에 의거하여 자력갱생, 간고분투의 혁명정신으로 밀고 나가야
- 『우리는 사회주의건설의 총노선과 자강력제일주의를 항구적인 전략적 노선으로 틀어쥐고 사회주의강국건설에서 위대한 승리를 이룩하며 온 사회를 김일성-김정일주의화하는 역사적 위업을 빛나게 실현하여야 하겠습니다.』(김정은, 7차 당 대회 보고 중에서 인용)

2) 과학기술 강국 건설

- 과학기술 강국은 선차적으로 점령하여야 할 중요한 목표
  - 현시대는 과학기술 시대이며 과학기술 발전 수준은 나라의 종합적 국력과 지위를 규정하는 징표. 과학기술력은 국가의 가장 중요한 전략적 자원이며 사회발전의 강력한 추동력
  - 과학기술 강국은 나라의 전반적인 과학기술이 세계 첨단수준에 올라선 나라, 과학기술의 주도적 역할에 의하여 경제와 국방, 문화를 비롯한 모든 부문이 급속히 발전하는 나라
- 목표는 가까운 앞날에 종합적 과학기술력에서 세계적으로 앞선 나라들의 대열에 당당히 들어서는 것
  - 과학기술 부문에서 첨단 돌파전을 힘차게 벌여야. 정보기술, 나노기술, 생물공학을 비롯한 핵심 기초기술과 새 재료기술, 새 에너지기술, 우주기술, 핵기술과 같은 중심적이고 견인력이 강한 과학기술 분야를 주타격 방향으로 정하고 힘을 집중하여야
- 과학기술이 경제강국 건설에서 기관차의 역할을 하도록 하여야
  『과학연구부문에서는 과학기술로 경제발전의 길을 열고 과학기술로 경제를 이끌어나가야 한다는 관점과 입장을 가지고 우리 경제의 자립성과 주체성을 강화하며 인민생활을 향상시키기 위한 과학기술적 방안과 실행대책을 명확히 세우고 집행해 나가야 합니다.』(김정은, 7차 당 대회 보고 중에서 인용)
- 인재중시, 전민과학기술인재화 실현
  - 인재가 모든 것을 결정
  - 전민과학기술인재화는 사회의 모든 성원들을 대학 졸업 정도의 지식을 소유한 지식형 근로자로, 과학기술 발전의 담당자로 준비시키기 위한 중요한 사업
- 과학기술 부문에 대한 국가적 투자를 늘여야
- 전 사회적으로 과학기술 중시 기풍을 세워야

3) 경제강국건설, 인민경제발전전략

- 경제강국건설은 현시기 총력을 집중하여야 할 기본전선
  - 경제 부문은 아직 응당한 높이에 이르지 못하고 있음

- 인민경제 부문 사이의 불균형, 선행부문이 앞서나가지 못함
- 우리가 건설하는 경제강국은 자립성과 주체성이 강하고 과학기술을 기본생산력으로 하여 발전하는 나라
- 국방건설과 경제건설, 인민생활에 필요한 물질적 수단들을 자체로 생산 보장하며 과학기술과 생산이 일체화되고 첨단기술산업이 경제 성장에서 주도적 역할을 하는 자립경제강국, 지식경제강국이 바로 사회주의 경제강국

● 경제강국건설의 전략노선
- 자력자강의 정신과 과학기술을 틀어쥐고
- 인민경제의 주체화, 현대화, 과학화를 높은 수준에서 실현
- 인민들에게 유족하고 문명한 생활 조건을 마련하여주는 것

● 인민경제의 자립성과 주체성 강화
- 중핵적인 문제는 원료와 연료, 설비의 국산화를 실현하는 것
- 에너지, 동력, 식량 문제는 자립적 지속적 발전을 모색하는 데서 관건적 의의
- 동력기지 건설 문제: 수력을 위주로 하면서 화력에 의한 전력 생산을 합리적으로 배합하고 원자력발전의 비중을 높이며 다양한 자연에너지원천을 적극 이용하여 국가적인 에너지 수요를 자체로 충족
- 식량의 자급자족의 실현

● 인민경제의 현대화, 정보화를 가속화해 지식경제로 전환
- 현대화, 정보화 실현의 전략적 목표는 모든 생산공정을 자동화, 지능화하고 공장, 기업소들을 무인화하는 것
- 새 세기 산업혁명을 힘있게 다그쳐 인민경제 전반을 현대적 기술로 개건하고 모든 부문을 첨단수준에 올려 세움
- 통합생산체계와 무인 조종체계 확립, 녹색 생산방식을 비롯한 앞선 생산방법 도입, 주요 경제지표의 세계 선진 수준으로 도약 발전
- 과학기술과 생산의 일체화 실현
- 첨단기술산업은 지식경제의 기둥

● 나라의 경제발전을 인민들이 유족하고 문명한 생활을 누리도록 하는 데로 지향
- 경제건설에서 나서는 모든 문제를 인민대중의 자주적 요구와 이익을 기준으로 하여 풀어 나가야

- 국가경제발전 5개년 전략(2016년~2020년)
  △ 목표
    - 인민경제 전반의 활성화
    - 경제 부문 사이의 균형 보장
    - 지속발전의 토대 구축
  △ 전략
    - 새 병진 노선 견지
    - 에너지 문제 해결
    - 선행 부문, 기초 공업 부문의 정상궤도화
    - 농업과 경공업 생산 증대를 통한 인민생활 획기적 향상
  △ 주요 내용
    - 전력문제 해결에 국가적 힘 집중; 전력생산목표 반드시 달성
    - 석탄공업과 금속공업, 철도운수부문을 획기적으로 발전
    - 기계공업, 화학공업, 건설 부문과 건재공업 부문에서 전환을 일으킴; 전략수행기간 석탄가스화에 의한 탄소하나화학 공업 창설, 갈탄을 이용하는 석탄건류 공정 건설, 회망초를 출발원료로 하는 탄산소다 공업 완비⇒ 메타놀과 합성연유, 합성수지를 비롯한 화학 제품생산의 주체화를 높은 수준에서 실현
    - 건축 부문에서 선 편리성, 선 미학성 원칙이 구현된 기념비적 건축물을 최상의 수준에서 최고의 속도로 건설
    - 농업과 수산업, 경공업 부문에서 생산 돌격전을 힘있게 벌려 인민생활향상의 돌파구를 열어 놓아야
- 국가의 경제조직자적 기능 강화, 우리 식 경제관리방법 전면적 확립
  △ 경제사업에 대한 국가의 통일적 지도와 전략적 관리 구현
    - 내각책임제, 내각중심제의 요구대로 나라의 전반적 경제사업을 내각에 집중시키고 모든 경제 부문과 단위들이 내각의 통일적인 작전과 지휘에 따라 움직이는 규율과 질서 엄격히 확립
  △ 사회주의기업책임관리제 바로 실시

4) 문명강국건설
- 문명강국 건설은 사회주의 강국 건설의 중요 목표 중의 하나

- 문명강국: 사회주의 문화가 전면적으로 개화 발전하는 나라, 인민들이 높은 창조력과 문화 수준을 지니고 최상의 문명을 최고의 수준에서 창조하며 향유하는 나라
- 교육사업을 발전시켜 교육의 나라, 인재의 나라로!
  - 나라의 문명은 교육 수준에 의해 담보, 국가의 미래는 교육사업에 좌우됨
  - 인재강국화, 전민과학기술인재화를 실현할 수 있도록 교육체계 완비
  - 중등교육 강화, 직업기술교육체계 완비, 일하면서 배우는 교육체계 발전
  - 교육내용과 방법 개선
  - 교육 부문의 물질기술적 토대를 세계적 수준으로 개선
- 사회주의 보건사업 발전
  - 예방의학적 방침 철저 관철
  - 의사담당구역제 강화
  - 의료봉사의 질 개선: 선진 진단, 치료 방법 적극 도입, 신의학과 고려의학 밀접 결합, 원거리 의료봉사체계 완비
  - 의학과학기술 발전
  - 제약공장과 의료기구공장의 현대화;효능높은 의약품과 첨단의료설비, 기구, 의료용 소모품들을 원만히 생산보장
- 체육강국 건설
  - 체육의 과학화 실현
- 사회주의 문학 예술의 전면적 개화기를 열어 나가야!
  - 문학예술의 근본 사명은 전체 인민에게 당의 사상과 의도를 심어주고 대중을 불러일으켜 주체혁명위업을 추동해나가는 것

5) 정치군사적 위력 강화

- 김정은 총비서는 이 부분에 대한 보고에서 다음과 같이 시작하였다
  『사회주의 강국 건설을 다그쳐 우리의 위업을 완성하기 위하여서는 정치사상강국, 군사 강국의 위력을 더욱 튼튼히 다져나가야 합니다. 강력한 정치군사력은 나라의 존엄과 힘의 상징이며 반제대결전과 사회주의 건설의 승리를 위한 결정적 담보입니다. 정치군사적 위력을 끊임없이 강화해나가야 국가의 전략적 지위를 공고히 하고 경제문화건설에서 비약적인 발전을 이룩하며 조국통일위업도 앞당겨 실현할 수 있습니다.

우리는 나라의 정치군사력을 강화하는 것을 사회주의 건설의 중심 과업으로 계속 확고히 틀어쥐고 나가야 합니다.(김정은, 7차 당 대회 보고 중에서 인용함)

- 정치사상강국의 위력 강화
  △ 사회주의국가 정치제도의 공고화와 위력 발휘
    - 인민정권기관의 활동이 인민대중의 요구와 이익을 옹호하고 실현하는 사업으로 일관되도록 함
    - 인민정권기관들은 인민들이 사회주의헌법을 비롯한 국가의 법규범과 규정들을 자각적으로 지키도록 준법 교양과 법적통제를 강화하여야 함
  △ 당과 인민대중의 혼연일체 공고화
    - 혼연일체는 당의 생명력의 원천, 사회주의 불패성의 담보
    - 김일성-김정일주의로 무장, 당의 두리에 사상의지적, 도덕의리적으로 굳게 단결, 오직 우리당밖에 모른다는 투철한 신념을 갖고 당을 따라 영원히 한길을 가도록 해야
    - 청년들이 일심단결의 전통을 굳건히 계승하도록 해야 함
    - 당, 근로단체 조직, 정권기관들은 모든 사업을 일심단결을 강화하는 데 지향시키고 복종시켜 나가야 함
    - 인민대중의 요구와 이익을 첫 자리에 놓고 인민을 위하여 멸사복무하며 인민을 믿고 인민에게 의거하여 모든 문제를 풀어나가는 원칙 견지
- 군사 강국의 위력 강화
  △ 혁명무력, 국방력 강화에 계속 큰 힘을 넣어야 함
    - 혁명무력, 국방력 강화발전이자 당의 강화발전이며, 나라의 존엄과 인민의 운명은 혁명무력, 국방력에 의해 담보됨
    - 인민군대는 조선로동당의 군대이며, 사회주의 수호전의 결사대, 사회주의 강국건설의 돌격대
  △ 전군 김일성-김정일주의화는 항구적으로 틀어쥐고 나가야 할 군 건설의 총적 임무
    - 당의 영도는 인민군대의 생명이며 인민군대 안에는 오직 당의 사상과 숨결만이 맥박쳐야 함
    - 인민군대 안에는 명령 하에 하나와 같이 움직이며 당의 명령 지시를 무조건 결사관철하는 혁명적 군풍을 철저히 세워야 함

> △ 훈련의 실전화, 과학화, 현대화를 기본 종자로 틀어쥐고, 백두산
> 훈련열풍을 일으켜 모든 군인들을 당의 군사전략사상과 전법으로
> 무장하고 일당백의 싸움꾼으로 준비시켜야 함
> △ 항일유격대식 부대 지휘관리방법 구현
>   - 오증흡7연대칭호 쟁취운동, 근위부대운동 전개
> △ 인민군대는 사회주의 강국건설의 주력군, 돌격대의 위력을 계속 높이
> 떨쳐야 함
> △ 국방공업 발전
>   - 국방과학 부문에서는 국방공업의 주체성과 자립성을 강화하고, 현대화,
> 과학화 수준을 높이며, 그에 토대하여 조국통일대전의 진군길을
> 열어제낄 정밀화, 경량화, 무인화, 지능화된 주체형의 현대적이고
> 위력한 주체무기들을 더 많이 연구 개발해야 함
>   - 국가반항공방어체계를 보다 높은 전략적 수준으로 끌어올려야 함;
> 반항공체계의 현대화 실현, 각종 대공화력수단으로 영공의 요새화 실현
> △ 군사중시기풍 확립, 전민항쟁 준비 완성

아주 방대한 내용을 매우 짧고 불충분하게 요약해 놓았다. 여기에는 향후 5년 동안 이북 사회주의 강국 건설의 설계도가 응축되어 있다. 이 설계도가 시사하는 바가 무엇인가를 살펴보도록 하자.

첫째, 「온 사회의 김일성-김정일주의화」강령을 전면에 내세웠다.

북에서는 이것을 6차 당 대회에서 제시한 온 사회의 주체사상화(김일성주의화)의 혁명적 계승이며, 새로운 높은 단계로 심화발전된 것으로 평가하고 있다. 이것은 6차 당 대회 때까지 걸어왔던 기본 노선에서 한 치도 벗어나지 않겠다는 것을 내외에 선언한 것이라고 평가할 수 있다. 이미 전에 여러 자리에서 이를 천명한 바 있

지만, 김정은 시대에 열린 첫 당 대회에서 이를 명확히 공식화했다는 점에서 의의가 있다.

그런데 온 사회의 김일성- 김정일주의화를 실현하기 위한 당면 기본투쟁 과업에서는 6차 당 대회와 달라졌다. 6차 당 대회에서는 온 사회의 주체사상화를 실현하기 위한 당면과업은 사회주의 완전승리로 제시해 놓았지만, 7차 당 대회에서는 사회주의 강국건설위업을 완성하는 것이라고 밝혔다. 여기에서 「사회주의 완전 승리」와 「사회주의 강국건설」의 상호 간에는 어떤 관계에 있는가를 살펴볼 필요가 있다.

북에서 말하는 완전히 승리한 사회주의 사회는 적대계급의 준동과 낡은 사상의 부식 작용이 없으며, 도시와 농촌의 차이, 노동계급과 농민의 계급적 차이가 없고, 사회주의 물질기술적 토대가 튼튼히 마련되어, 지난날 중산층까지도 사회주의 제도를 진심으로 지지하는 사회이다. 사회주의의 발전과정은 자본주의로부터 사회주의로의 과도기를 거쳐 사회주의 완전 승리를 이룩하고, 완전히 승리한 사회주의 사회가 더욱 공고 발전되어 공산주의 높은 단계로 이행해 나간다. 이러한 점에서 자본주의로부터 사회주의에로의 과도기→사회주의 완전 승리(낮은 단계의 공산주의)→공산주의 높은 단계라는 도식이 성립한다.

이렇게 볼 때 사회주의 강국은 그 자체가 완전히 승리한 사회주의 사회와 같은 개념이 아니다. 사회주의 강국은 국력이 강하고, 모든 것이 흥하며, 인민이 세상에 부럼 없이 사는 나라를 말한다. 비유적으로 말하면 사회주의 강국은 사회주의 원칙을 견지하는 선진국, 강대국이라고 할 수 있다. 그러므로 사회주의 강국이 된다고 해서 사회주의 완전 승리가 이룩되었다고 말하기 어렵다. 왜냐하면 노동계급과 농민의 계급적 차이가 사라졌다고 볼 수 없기 때문이다.

하지만 사회주의 강국 건설과 사회주의 완전 승리는 밀접한 관계가 있다. 그것은 사회주의 강국을 건설하는 투쟁 속에서 사회주의 완전 승리가 이룩되기 때문이다. 이에 대해 김정은 총비서는 다음과 같이 설명했다.

> 『제국주의와의 치열한 대결 속에서 나라와 민족을 단위로 하여 수행되는 사회주의 위업은 정치와 군사, 경제와 과학기술, 문화의 모든 분야에서 강국의 징표를 갖춘 국가건설을 통해서만 승리적으로 완성될 수 있습니다. 사회주의 강국 건설은 온 사회를 김일성-김정일주의화하기 위한 투쟁의 역사적 단계이며 그것은 사회주의의 기초를 다지고 사회주의 완전 승리를 이룩해나가는 과정으로 됩니다. 사회주의 강국 건설의 높은 목표를 실현해나가는 투쟁 속에서 사회주의 완전 승리를 담보하는 정치군사적 역량과 경제 기술적, 문화적 기초가 튼튼히 마련되고 우리나라 사회주의제도의 우월성이 전면적으로 발휘되게 됩니다.』(김정은, 7차 당 대회 보고 중에서 인용)

사회주의 강국 건설의 방도는 무엇인가? 그것은 6차 당 대회에서 사회주의 완전 승리를 이룩하기 위한 근본방도로 인민정권 강화+3대혁명(사상혁명, 기술혁명, 문화혁명)을 제시한 것과 같다. 인민정권을 강화하고, 사상, 기술, 문화 3대혁명을 수행하는 것을 근본 방도로 내세웠다.

둘째, 자강력 제일주의 기치를 높이 들었다.

제7차 당 대회에서 가장 인상적인 부분을 들라 하면 단연코 「자강력 제일주의」를 전략노선으로 채택했다는 점이다. 물론 북의 혁명역사는 자강력으로 개척되고 승리해온 역사라고 할 수 있다. 항일무장투쟁 시기에서부터 자력갱생과 간고분투의 혁명정신을 전면에 내걸고 혁명과 투쟁을 벌여왔으므로, 자강력 제일주의 기치를 높이든 게 새삼스럽다고 할 수 없다. 특별한 시기의 특별한 전략이 아닌 모든 시기의 일반 방침이라고도 할 수 있다. 하지만 국가경제발전 5개년 전략이 제기된 시점에서 자강력 제일주의를 높이 들었다는 것은 특별한 의미를 갖지 않을 수 없다. 그것은 국가경제발전 5개년 전략을 수행하기 위한 기본 전략을 어떻게 세울 것인가 하는 문제이다. 일반적으로 경제개발에는 외자 도입형 경제개발과 국산화(국내 자본과 기술)와 내수에 기초한 경제개발, 두 가지 방식이 존재한다. 이 두 가지 방식 중에서 철두철미 자체의 자원과 기술, 수요에 기초해서 경제개발방식을 선택한 것이다.

새로운 인민경제발전 전략을 어떻게 수행해나갈 것인가? 이에 대한 올바른 해답을 찾지 못하면 인민경제발전 전략은 중도 반단될 수밖에 없으며, 실패를 면치 못할 것이다. 경제를 비약적으로 발전시켜 나가려면 수많은 자금과 기술을 필요로 한다는 것은 움직일 수 없는 철칙이다. 그런데 경제발전을 꿈꾸는 대다수의 나라들에서는 필요로 하는 자금과 기술이 부족하다. 이러한 현실에서 이것을 어떻게 해결할 것인가? 가장 쉽게 생각되는 게, 외부로부터 끌어오는 것이다. 그리고 이것이 전 세계적으로 보편화된 방법이다. 그런데 북에서는 이러한 방식이 아닌, 인민대중의 자강력에서 해답을 찾았다. 이것은 감히 그 누구도 꿈꾸어 볼 수 없는 대담한 발상이며, 인민대중의 힘에 대한 무한한 신뢰의 산물이다.

자강력 제일주의는 자체의 힘과 기술, 자원에 의거해 주체 역량을 강화하고, 자기의 앞길을 개척해 나가는 혁명정신이며, 노선이다. 이에 대해 김정은 총비서는 보고에서 다음과 같이 말하였다.

『오늘 우리가 믿을 것은 오직 자기의 힘밖에 없습니다. 누구도 우리를 도와주려고 하지 않으며 우리나라가 통일되고 강대해지며 잘살고 흥하는 것을 바라지 않습니다. 자력자강의 정신을 가져야 그 어떤 시련과 난관도 뚫고 나갈 수 있으며 최악의 조건에서도 최상의 성과를 이룩할 수 있습니다. 우리는 사대와 외세의존을 배격하고 사회주의 강국건설을 우리의 힘과 기술, 자원에 의거하여 자력갱생, 간고분투의 혁명정신으로 밀고 나가야 하며 민족의 숙원인 조국통일도 주체적역량을 강화하여 우리의 힘으로 이룩하여야 합니다.

우리는 사회주의 건설의 총노선과 자강력제일주의를 항구적인 전략적 노선으로 틀어쥐고 사회주의 강국건설에서 위대한 승리를 이룩하며 온 사회를 김일성-김정일주의화하는 역사적 위업을 빛나게 실현하여야 하겠습니다』(김정은 7차 당 대회 보고중에서 인용)

셋째, 과학기술제일주의 노선을 중심 전략으로 삼고 있다.

7차 당 대회 사업총화보고의 특징은 사회주의 강국건설 과업에서 과학기술 강국 건설을 맨 앞자리에 배치했다는 점이다. 보고에서는 과학기술 강국 건설을 『가장 선차적으로 점령해야 할 중요 목표』로 규정했다. 여기에는 과학기술로 경제발전의 길을 열고, 과학기술로 경제를 이끌어 가야 한다는 김정은 총비서의 전략적 구상이 담겨 있다. 21세기는 과학기술의 시대이며, 과학기술력 이야말로 국가의 가장 중요한 전략 자원이며 사회발전의 강력한 추동력이다. 이러한 오늘의 현실에서 자력갱생도 20세기식 자력갱생으로는 성공할 수 없다. 21세기의 자력갱생은 과학기술에 기초한 자력갱생이어야 한다. 그러므로 과학기술제일주의 노선을 앞세워, 과학기술의 발전을 앞세워 나가야 인민경제발전전략을 성공적으로 추진할 수 있다고 본 것이다.

넷째, 인민경제발전전략을 제기했다.

북에서는 보통 인민경제발전계획이라고 하는데, 7차 당 대회에서는 특이하게 인민경제발전전략이라는 표현을 썼다. 이것 역시 일정한 의미가 있다. 북에서 인민경제발전계획은 법적 성격을 띤다. 이것은 반드시 관철해야할 법적 의무가 주어진다는 뜻이며, 관철하지 못한다는 것은 법을 위반하는 행위로 된다. 이점이 자본주의사회의 경제발전계획과의 차이이다. 이러한 점으로 봤을 때 인민경제발전계획과 인민경제발전전략은 내용상으로 같되, 법적 성격 부여 여부에 융통성을 주기 위해 전략이라고 표현했다고 봐야 할 것이다.

국가의 활동에서 계획이 없을 수 없다. 따라서 북은 고난의 행군 때조차 자체로 세운 경제발전계획이 존재했을 것은 분명하다. 하지만 이들은 모두 내부적 계획이었으며, 일정 기간(5개년계획 또는 7개년계획)을 정해 국가적 차원에서 전 부문과 지역에 걸친 종합적인 경제발전계획을 수립 집행해 나가지는 못했다. 조선로동당은 1993년 3차 7개년 경제발전계획이 끝난 후, 1993년 12월 조선로동당 6기 21차 전원회의를 열어 1994년부터 1996년까지 3년 동안 사회주의 경제건설의 완충기로 정했다. 그리고 이 기간에 농업제일주의, 경공업제일주의, 무역제일주의로 나가며, 인민 경제의 선행 부문인 석탄, 전력, 철도운수를 확고히 앞세우고, 금속공업을 계속 발전시키자는 혁명적 경제전략을 제시했다. 그리고 그 이후 대외적으로 경제발전계획을 제출하지는 않았다.

비록 '계획'이 아닌 '전략'이라는 표현을 사용했으나, 5개년 경제발전 전략을 수립하고 이를 공개적으로 제시했다는 것은 매우 특별한 의미를 갖는다. 그것은 나라 경제를 전 부분과 지역을 아울러 체계적으로 발전시켜 나갈 수 있는 안정적 토대와 시스템이 구축되었다는 것을 의미한다. 5년이라는 중장기 발전의 수치적 목표를 정할 수 있을 정도로 각 지역과 부문의 연계 구조가 확립되었으며, 각 지역과 부문의 생산 활동이 정상화되었으며, 경제의 안정적 발전추세가 확고하게 자리 잡혔다는 것을 뜻하기도 한다. 계획은 곧 수치화이다. 5개년 경제발전전략이란 5년 동안의 경제발전의 목표치를 수치화할 수 있을 정도로 예측 가능한 경제시스템이 확립되었다는 것을 말해준다. 자립적 민족경제이자, 사회주의 계획경제 체제인 북은 이것이 매우 중대한 의미를 갖는다. 북은 이제 외부적 환경과 조건이 어떻게 바뀌든지 자체의 힘으로 경제를 안정적으로 성장 발전할 수 있는 새로운 고도성장 시대가 도래했음을 말해준다.

4절 _ 조국 통일의 대통로

자주통일 분야 당 대회 총화 보고는 다음과 같다.

평가	● 총결 기간(1980년10월10일~2016년 5월 6일), 조선로동당은 조국통일 위업을 성취하기 위해 적극 투쟁 △ 김일성주석이 제시한 조국통일 노선; 주체적 조국통일노선 - 우리나라가 분열되어서는 안되며 반드시 민족공동의 의사와 요구에 맞게 우리 민족 자체의 힘에 의하여 하나의 조선으로 통일되어야 한다는 것

평가	- 성과: 조국통일범민족연합, 통일운동이 전민족적 운동으로 확대 발전 △ 김정일국방위원장: 조국통일 3대헌장 정립(조국통일 3대 원칙, 고려민주연방공화국 창립방안, 전민족대단결 10대 강령) - 자주통일 평화번영의 6.15 통일시대 개척 - 두 차례의 남북정상회담과 자주통일 이정표 마련(6.15 공동선언, 10.4선언) △ 총결 기간 모든 성과는 탁월한 자주통일사상과 노선, 공명정대한 조국통일방안의 빛나는 승리, 수령님들의 불면 불휴의 정력적인 영도가 안아온 자랑찬 결실
방침	● 분열의 장벽을 허물고, 조국통일의 대통로를 열어 나가야! △ 정세인식: 분열의 지속은 피해와 재난의 확대, 조선반도 전쟁위험 증대, 민족적 참화 불가피, 외세에 어부지리를 주는 자멸행위 △ 기본 방침: 자주통일은 확고부동한 결심이며 의지 - 조국통일노선: 주체적 통일노선, 3대헌장에 전면적으로 구현되어 있음 - 3대 헌장을 일관되게 틀어쥐고 통일의 앞길 개척 - 민족자주의 기치, 민족대단결의 기치를 들고 나가야! - 조선 반도의 평화와 안전을 보장하며 연방제 방식의 통일을 실현하기 위하여 노력하여야 △ 현시기 절박하게 나서는 문제는 남북관계를 근본적으로 개선하는 것 - 상대방을 인정하고 존중하는 것은 북과 남이 화해하고 신뢰하기 위한 출발점이며 전제 - 상대방을 자극하는 적대행위 중지 - 화해와 단합에 저촉되는 각종 법률적, 제도적 장치들 제거와 관계 발전에 유익한 실천적 조치 - 군사적 긴장 상태를 완화하며 모든 문제를 대화와 협상의 방법으로 해결해 나가야 - 민족공동의 합의들을 존중하고 일관하게 이행해나가야

자주통일 분야에 대한 보고에서 잘 드러났듯이, 김정은 시대의 자주통일운동의 기본 방침은 화해 협력의 단계에 머물지 말고, 남북관계의 근본적 개선을 지향해야 한다는 것이다. 앞으로 나가지 못하고 제자리에 머무는 것은 퇴보이며, 후퇴이다. 남북 교류협력 사업을 10년, 100년을 해 나간다고 해서, 남북관계의 근본적 발전을 가로막는 장애 요소들을 목적의식적으로 제거해버리지 못한다면 조국 통일의 대통로를 열지 못한다. 조국 통일의 대통로를 열어나가려면, 남북관계를 근본적으로 개선해야 한다.

남북관계를 근본적으로 개선해 나가려면 △상대방을 인정하고 존중하며, △상대방을 자극하는 적대행위를 중단하며(삐라 살포 행위 등), △화해와 단합에 저촉되는 각종 법률적 제도적 장치를 제거하며, 관계 발전에 유익한 실천적 조치를 취하고, △통일애국인사 탄압을 중단하고, △군사적 긴장 상태를 완화하며, 모든 문제를 대화와 협상의 방법으로 풀어나가며, △민족공동의 합의를 존중하고 이행해 나가야 한다. 이것은 한마디로 기능주의적 접근론에서 벗어나 정치 군사적 근본 문제 해결로 나가야 한다는 것을 말해준다.

5절 _ 조선로동당 체제의 정비, 역할의 확대 강화

조선로동당 제7차 대회 4일째인 5월 9일 김정은 총비서를 조선로동당 위원장으로 추대하였다. 김정은 총비서는 7차 당 대회 폐회사에서 자신의 심경과 각오, 결심을 다음과 같이 밝혔다.

『나는 대표자동지들과 전체 당원들, 인민군장병들과 인민들이 나에게 높은 신임을 표시하여준데 대하여 충심으로 되는 사의를 표합니다.

나는 존엄 높은 조선로동당의 위원장이라는 무거운 중임을 맡겨준 대표자 동지들과 전체 당원들, 인민군 장병들과 인민들의 최대의 신임과 기대를 심장으로 받아 안고 백두에서 개척된 주체혁명 위업의 최후승리를 앞당겨오기 위한 성스러운 투쟁의 길에서 이 한 몸을 아낌없이 내대고 굴함 없이 싸워나갈 것이며 설사 몸이 찢기고 쓰러진다 해도 언제 어디서나, 어떤 순간에나 변함없이, 사심 없이 우리 인민을 높이 받들어 혁명 앞에 충실할 것을 맹약합니다.
…
우리 당은 위대한 수령님들의 이민위천의 숭고한 뜻을 정히 받들어 지난날과 마찬가지로 앞으로도 언제나 《모든 것을 인민을 위하여, 모든 것을 인민대중에게 의거하여!》라는 구호를 높이 들고 인민을 위하여 충실히 복무할 것이며 조국의 부강번영과 인민의 행복을 위하여 끝까지 투쟁해나갈 것입니다.』
(김정은, 조선로동당 제7차 대회 폐회사에서 인용)

조선로동당은 당 대회 폐막 직후 조선로동당 제7기 1차 중앙위원회 전원회의를 개최하고, 중앙지도기관 선거를 실시했다. 이날 발표된 선거 결과는 다음과 같다.

- 당중앙위원회 정치국 상무위원회: 김정은, 김영남, 황병서, 박봉주, 최룡해
- 당중앙위원회 정치국 위원: 김정은, 김영남, 황병서, 박봉주, 최룡해, 김기남, 최태복, 리수용, 김평해, 오수용, 곽범기, 김영철, 리만건, 양형섭, 로두철, 박영식, 리명수, 김원홍, 최부일
- 당중앙위원회 정치국 후보위원: 김수길, 김능오, 박태성, 리용호, 임철웅, 조연준, 리병철, 노광철, 리영길
- 당중앙위원회 정무국 위원장 :김정은
  부위원장: 최룡해, 김기남, 최태복, 리수용, 김평해, 오수용, 곽범기, 김영철, 리만건
- 당중앙군사위원회 위원장: 김정은
  위원: 황병서, 박봉주, 박영식, 리명수, 김영철, 리만건, 김원홍, 최부일, 김경옥, 리영길, 서홍찬
- 당중앙위원회 부장: 김기남, 리수용, 김평해, 오수용, 김영철, 리만건, 리일환, 안정수, 리철만, 최상건, 리영래, 김정임, 김중협, 김만성, 김용수
- 당중앙위원회기관지 《로동신문》 책임주필: 리영식
- 당중앙위원회 검열위원회 위원장: 홍인범, 1부위원장: 정명학 부위원장: 리득남
  위원: 김영환, 김금철, 김용선, 김명철

조선로동당 제7기 지도체제 정비가 완료됨에 따라 조선로동당 제7차 대회는 성황리에 마무리되었다. 36년 만에 열린 당 대회가 갖는 정치적 역사적 의미는 무엇일까? 이에 관해 김정은 총비서는 폐회사에서 다음과 같이 언급했다.

『우리는 이번 당 대회를 통하여 위대한 김일성-김정일주의당
  의 불패의 위력을 힘있게 시위하였으며 김일성-김정일주의 기

치를 높이 들고 사회주의 위업, 주체혁명 위업을 끝까지 완성할 드팀없는 신념과 의지를 만천하에 과시하였습니다.

조선로동당 제7차 대회는 주체혁명 위업 수행에서 천만년 드놀지 않을 기틀을 마련하고 사회주의 위업을 완성하기 위한 새로운 이정표를 세운 승리자의 대회, 영광의 대회로 우리 당 역사에 길이 빛날 것입니다.』(김정은, 당 7차 대회 폐회사에서 인용)

<핵무력 완성>을 선언하다

2017년 11월 29일 로동신문 1면

2017년 11월 29일 로동신문 1면에는 김정은 총비서의 사진과 함께 다음과 같은 조선민주주의인민공화국 정부 성명이 발표되었다.

『새형의 대륙간탄도로케트시험발사 성공

조선로동당의 정치적결단과 전략적 결심에 따라 새로 개발한 대륙간탄도로케트《화성-15》형 시험발사가 성공적으로 진행되었다.

대륙간탄도로케트《화성-15》형 무기체계는 미국 본토 전역을 타격할 수 있는 초대형 중량급 핵탄두 장착이 가능한 대륙간탄도로케트로서 지난 7월에 시험 발사한《화성-14》형보다 전술기술적 제원과 기술적 특성이 훨씬 우월한 무기체계이며 우리가 목표한 로케트 무기체계 개발의 완결단계에 도달한 가장 위력한 대륙간탄도로케트이다.

조선로동당과 공화국 정부의 위임에 따라 김정은 동지가 지도하는 속에 대륙간탄도로케트《화성-15》형은 주체106(2017)년 11월 29일 2시 48분 수도 평양의 교외에서 발사되었다.

로케트는 예정된 비행 궤도를 따라 53분간 비행하여 조선 동해 공해상의 설정된 목표 수역에 정확히 탄착되었다. 시험발사는 최대고각발사체제로 진행되었으며 주변 국가들의 안전에 그 어떤 부정적 영향도 주지 않았다. 대륙간탄도로케트는 정점고도 4,475km까지 상승하여 950km의 거리를 비행하였다.

김정은 동지는 새형의 대륙간탄도로케트《화성-15》형의 성공적 발사를 지켜보시면서 오늘 비로소 국가 핵무력 완성의 역사적 대업, 로케트강국 위업이 실현되었다고 긍지 높이 선포하시었다.

대륙간탄도로케트《화성-15》형 시험발사의 대성공은 미제와 그 추종 세력들의 악랄한 도전과 겹쌓이는 시련 속에서도 추호의 흔들림 없이 우리 당의 병진노선을 충실하게 받들어온 위대하고 영웅적인 조선 인민이 쟁취한 값비싼 승리이다.…
주체106(2017)년 11월 29일 평양』(2017년 11월 30일자 로동신문에서 발체)

1절 _ 첫 수소탄 시험에 성공하다

2016년 새날이 밝았다. 북에 있어 2016년은 아주 특별한 해였다. 36년 만에 조선로동당 제7차 대회가 예정되어 있었기 때문이다. 북녘 겨레들은 새로운 기대와 희망을 안고 새해를 맞이했다. 새해 첫날 김정은 총비서는 과학기술전당 준공식에 참석했다는 소식이 1월 2일 로동신문에 실렸다. 이날 로동신문에는 또 새로 만든 지하전동차 운행 시작 소식도 실렸다. 새로운 기대와 희망 분위기가 이 북 사회 전체에 흘러넘쳤다.

1월 7일 로동신문에는 「조선로동당 중앙위원회 첫 수소탄 시험을 진행할 데 대한 역사적인 명령 하달」이라는 제하의 기사가 일면에 대서특필되었다. 기사에는 김정은 총비서가 수소탄 시험을 승인하는 사진과 함께 친필 서명 사진이 편집되어 있으며, 그 아래에 조선민주주의인민공화국 정부 성명 전문이 실려 있었다.

김정은 총비서가 수소탄 시험을 승인하고 있는 모습과 친필 서명 사진

조선 정부 성명의 주요 내용은 다음과 같다.

> 『조선정부 첫 수소탄 시험 완전 성공
>
> …
>
> 조선로동당의 전략적 결심에 따라 2016년 1월 6일 주체 조선의 첫 수소탄 시험이 성공적으로 진행되었다. 우리의 지혜, 우리의 기술, 우리의 힘에 100%의 우리의 지혜, 우리의 기술, 우리의 힘에 100% 의거한 이번 시험을 통하여 우리는 새롭게 개발된 시험용 수소탄의 기술적 제원들이 정확하다는 것을 완전히 확증하였으며 소형화된 수소탄의 위력을 과학적으로 해명하였다.
>
> …
>
> 이번 수소탄시험은 우리 핵무력 발전의 보다 높은 단계이다. 역사에 특기할 수소탄 시험이 가장 완벽하게 성공함으로써 조선민주주의인민공화국은 수소탄까지 보유한 핵보유국의 전열에 당당히 올라서게 되었으며 우리 인민은 최강의 핵 억제력을 갖춘 존엄 높은 민족의 기개를 떨치게 되었다.
>
> … 2016년 1월 6일』(로동신문 2016년 1월 6일 자에서 인용)

위의 인용문에서 핵 문제에 대한 북의 원칙적 입장이 명확히 천명되었다. 핵무기로 나라의 안전을 위협하고 있는 미국과 맞서고 있는 조건에서 〈핵 보유는 주권국가의 합법적 자위적 권리이며 그 누구도 시비할 수 없는 정정당당한 조치〉라고 본다. 이것은 '주인이냐, 노예냐'의 선택의 문제에서 주인의 길을 선택하였다는 것을 뜻다. 불공정하고 불평등한 국제적 조약이나 협약을 무비판적으로 수용하는 것은 주인의 길을 포기하고 노예의 길을 선택한 것이다. 노예의 길을 가고 싶은 나라는 없겠지만, 주인의 길을 간다는 것은 말처럼 쉽지 않다. 불공정하고 불평등한 세계질서를 강요하는 미국을 비롯한 제국주의 세력들이 그들이 강요하는 길을 걷지 않는 나라에 대해 정치 외교적 압력, 경제제재, 군사적 협박을 통해 정상적인 국가 발전을 가로막으려는 것이 오늘의 현실이다. 이러한 외부적 압력을 극복할 수 있는 힘과 능력을 갖출 때에만 주인의 길을 걸을 수 있다. 북은 이러한 길을 선택한 것이다.

표3) 북의 핵 시험 일지   자료: 기상청

	1차(2006.10.9)	2차(2009.5.25)	3차(2013.2.12)	4차(2016.1.6)
발생시각 (오전)	10시35분33초	9시54분43초	11시57분54초	10시30분께
발생위치 (북위, 동경)	함북 길주 인근 (41.28, 129.10)	함북 길주 인근 (41.28, 129.06)	함북 길주 인근 (41.28, 129.06)	함북 길주 인근 (41.30, 129.09)
규모	3.9	4.5	4.9	4.8

북의 발표에 대해 남측 언론은 "인공지진파의 강도로 볼 때 수소탄이라고 볼 수 없다"라고 분석하고 있다. 기껏해야 증폭분열탄(원자탄과 수소탄의 중간단계)이라는 것이다. 이것은 하나는 알고 둘은 모르는 분석이다. 북은 분명히 '소형화된 수소탄'이라고 밝혔다. 북의 핵 기술이 초보적인 단계를 지난 지는 훨씬 오래이며, 이미 세계 최첨단의 수준에 올라와 있었다. 따라서 핵무기의 폭발력

을 자유자재로 조절할 수 있는 능력을 갖추었다고 평가함이 옳다. 이러한 현실에서 인공지진파의 강도로 수소폭탄 여부를 판정하려는 것은 무의미한 행위이다. 북 정부 성명에서도 나와 있듯이, 북은 수소탄 시험 성공으로 핵무력 발전의 높은 단계로 도약했다. 수소탄은 지금까지 인류가 발명한 최고로 높은 단계의 무기체계이며, 소형화된 수소탄을 제조할 수 있는 능력을 갖추었다는 것은 세계 최첨단 핵 기술을 갖추었다는 것을 뜻한다.

수소탄 시험 성공으로 북 사회가 흥분의 도가니에 빠져있을 때, 김정은 총비서는 인민무력부(현재는 국방성)를 축하 방문하였다. 그 자리에서 조선로동당 제7차 대회가 열리는 새해 벽두에 수소탄 시험을 단행한 것은 "제국주의자들의 핵전쟁 위험으로부터 나라의 자주권과 민족의 생존권을 철저히 수호하며 조선 반도의 평화와 지역의 안전을 믿음직하게 담보하기 위한 자위적 조치"라고 그 정당성을 밝혔다. 그리고 첫 수소탄 시험 성공에 기여한 핵 과학자와 기술자, 군인건설자, 노동자, 일군들을 당중앙위원회 청사로 초대하여 기념사진을 찍고, 그들을 격려하였다.

2절 _ 광명성 4호 발사 성공

북은 2016년 2월 6일 인공위성《광명성-4》호 발사에 성공하였다. 이를 기념한 기념우표가 발행되었다.

새해 벽두에 세계를 강타한 북의 수소탄 시험으로 국제사회와 언론들이 아우성치고 있을 때 2016년 2월 7일 광명성 4호 발사 소식이 전 세계로 타전되었다. 북의 조선중앙통신은 이날『우리 당과 국가, 군대의 최고영도자 김정은동지께서 주체105(2016)년 2월 6일 지구관측위성《광명성-4》호를 발사할 데 대하여 친필명령하시었다.』라는 보도를 내보내고, 곧바로 이어서『조선국가우주개발국 지구관측위성《광명성-4》호 발사, 완전 성공』이라는 제목으로 다음과 같이 광명성 4호 발사 소식을 전했다.

> 『조선민주주의인민공화국 국가우주개발국은 7일 다음과 같은 내용의 보도를 발표하였다.
> 조선민주주의인민공화국 국가우주개발국 과학자, 기술자들은

국가우주개발 5개년계획 2016년 계획에 따라 새로 연구 개발한 지구관측위성《광명성-4》호를 궤도에 진입시키는 데 완전 성공하였다.

운반로케트《광명성》호는 주체105(2016)년 2월 7일 9시에 평안북도 철산군 서해위성발사장에서 발사되어 9분 46초만인 9시 09분 46초에 지구관측위성《광명성-4》호를 자기 궤도에 정확히 진입시켰다.《광명성-4》호는 97.4°궤도경사각으로 근지점고도 494.6km, 원지점고도 500km인 극궤도를 돌고 있으며 주기는 94분 24초이다.《광명성-4》호에는 지구관측에 필요한 측정 기재와 통신 기재들이 설치되어있다.《광명성-4》호 발사의 완전 성공은 위대한 조선로동당의 과학기술 중시 정책의 자랑찬 결실이며 자주적인 평화적 우주 이용 권리를 당당히 행사하여 나라의 과학기술과 경제, 국방력을 발전시켜 나가는 데서 획기적인 사변으로 된다.』(로동신문 2016년 2월 8일 보도에서 인용함)

북은 2월 8일 광명성 4호 발사 성공을 경축하는 평양시 군민경축대회를 개최하고, 이를 열렬히 축하했다. 경축대회장에서 연설자들은 발사 성공을 열렬히 환영하였다. 김기남 조선로동당 비서는 "주체의 위성《광명성-4》호가 대지를 박차고 성과적으로 발사된 오늘의 민족사적 대경사는 백두산 대국의 자주적 권리와 무진막강한 국력을 다시 한 번 힘 있게 과시하고 전체 조선 인민에게 최후승리에 대한 무한한 신심과 낙관을 안겨주고 있다"고 말했다. 이날 밤에는 대동강변에서 환영 축포가 발사되어 경축의 불보라가 강가를 물들였다. 2월 10일 로동신문은 《주체 조선의 위성을 성과적으로 발사한 기세로 더 높이 비약하자》라는 제목의 사설을 발표했다. 사설에서는 다음과 같이 호소했다.

『《최첨단을 돌파하라!》, 이것은 위대한 김정일 동지의 강령적 유훈이며 과학기술을 최대로 중시하는 우리 당의 전략적 구호이다. 지구관측위성《광명성-4》호는 김정일애국주의로 빛나고 과학기술강국으로 위용 떨치는 조선의 억센 힘이다.《광명성-4》호 발사의 완전 성공은 평화적 우주이용권리를 행사하는 우리의 앞길을 가로막을 자 이 세상에 없다는 것을 다시 한 번 힘 있게 선언한 역사적 장거이다.

우리 공화국의 국가우주개발국 과학자, 기술자들이 국가우주개발 5개년계획 2016년 계획에 따라 새로 연구 개발한 지구관측위성《광명성-4》호를 궤도에 진입시킨 것은 그 누구도 막을 수 없는 우리의 신성한 권리이다. 주체위성을 성과적으로 발사한 그 기세로 강성국가건설에서 대비약, 대혁신을 일으키자, 이것이 오늘 우리 군대와 인민의 한결같은 의지이다. 모두다 존엄 높은 백두산대국에서 살며 투쟁하는 크나큰 긍지와 자부심을 안고 총돌격, 총 매진하여 김일성, 김정일조선의 위용을 더 높이 떨치고 조선로동당 제7차 대회를 승리자의 대회, 영광의 대회로 빛내이자.』(2016년 2월 10일자 로동신문에서 인용)

전 세계 언론들도 북 인공위성 발사 성공 소식을 재빠르게 보도하였다. 미국의 소리 방송은 '북한이 쏘아 올린 인공위성 광명성 4호가 빠른 속도로 지구를 돌고 있는 것으로 확인 됐습니다'라고 발사 성공을 인정했다. 이 방송은 실시간 위성 추적 웹사이트인 엔투요 (www.n2yo.com)가 미 우주사령부와 북미항공우주사령부의 정보를 토대로 공개한 지도에 따르면 KMS4로 명명된 광명성 4호는 고도 508km상공에서 긴 타원형 궤도를 그리며 이동하고 있다고 보도했다. 그리고 이 인공위성은 지구와 가장 가까운 지역인 근지점 고도는 490.6 km, 적도를 기준으로 기울기를 나타내는 경사각은 97.5도라고 밝혔다. 또한 2016년 3월 14일자 미국의 소리 방송은 미 우주전문가의 말을 인용해 '광명성 4호가 안정적 단계로 접어들었다'고 보도했다. 그 전문가는 "북한 위성은 단순히 우주를 떠도는 고철 덩어리가 아니라 부분적으로나마 작동하고 있으며, 완전히 가동 중일 가능성도 배제할 수 없다. 또 카메라가 장착됐을 위성 하단이 줄곧 지구를 향한 채 궤도를 돌도록 한 점으로 미루어 지구관측용이라는 북한의 주장에 어느 정도 신빙성이 있다"고 밝혔다.

미국 하버드-스미소니언 천체물리학센터의 조너선 맥도웰 박사는 북이 지난 2월 7일 발사한 '광명성 4호 위성'이 현재 안정적으로 각도를 유지하고 있고 이는 안정성 면에서 개선이 이루어진 것으로 볼 수 있다고 미국의 소리 방송의 질문에 답했다. 그는 미국의 소리와의 전화인터뷰에서 "미국의 레이더망과 민간의 사진 자료를 검토한 결과 북한이 지난달 쏘아 올린 위성이 소위 '중력경도법 (gravity gradient)'을 이용해 궤도를 뒹굴며 도는 현상을 멈추고, 위성 하단이 일관되게 지구를 향하도록 자리를 잡은 것 같다"고 밝혔다.

남측의 국방부도 광명성 4호의 궤도 진입을 인정했다. 국방부는 2

월 9일 북이 지난 7일 발사한 광명성호는 1~3단 추진체가 정상적으로 분리됐고, 탑재체인 '광명성 4호'가 위성궤도에 진입한 것으로 확인됐다고 발표했다.

2016년 5월 27일자 조선중앙통신에 의하면 2016년 2월 7일 지구관측위성《광명성-4》호가 성과적으로 발사된 것과 관련하여 북은《우주공간으로 쏘아 올린 물체들의 등록과 관련한 협약》체약국으로서 위성등록을 위한 문건을 유엔에 제출하였다. 최근 유엔우주사무소가《광명성-4》호의 등록과 관련한 유엔공식문건(ST/SG/SER.E/768)을 작성하여 유엔우주사무소웹사이트 위성 등록부와 유엔전자문서고 웹사이트에 각각 게재하였다. 이로써 해당 국제법들에 따라 합법적 절차를 거쳐 진행된 조선의 위성등록사업이 완결되었다.

3절 _ 높아가는 북미 핵대결

1. 유엔안보리 제재결의 2270호

1월 6일 북 수소탄 시험으로 대북 제재 결의를 주도하던 미국은 광명성 4호 발사에 놀라 허겁지겁 유엔안보리 회의를 소집하고, 대북 제재를 밀어붙였다. 유엔안보리는 3월 2일(미국 시각) 북의 4차 핵시험과 광명성 4호 발사에 대한 대응조치로「유엔안보리, 대북 제재 결의 2270호」를 만장일치로 채택했다. 이 제제결의는 유엔 70년 역사상 '비군사적 조치로는 가장 강력한 제재'였다. 과거 대북 제재결의(1718, 1874, 2087, 2094호)가 북의 핵과 미사일(WMD)에 초점을 맞추었던 데 비해, 이 제재결의(2270호)는 WMD 차원을 넘어 북 체제 전반(경제발전과 민생분야를 포함)에 심대한 영향을 줄 수 있는 제재 조치들이 포함되어 있다. 가히 북 체제 붕괴를 목표로 한 제재결의라 할 만하다.

군사적 대응조치가 아닌 비군사적 조치로서는 가장 강력한 제재! 이것은 사실상 북에 대한 선전포고나 다름없다. 미국은 단순히 대량살상무기 확산을 저지하려는 데에 그 목적이 있는 것이 아니라, 북 체제 붕괴에 목적이 있었다. 미국은 악랄하게도 유엔안보리 제재조치에 만족하지 않고, 독자적 제재를 끊임없이 강화해 나갔다. 전선은 제재와 자강력의 대결전으로 발전해갔다. 북은 미국의 강경 제재에 대해 초강경 대응으로 맞서, 핵무력 완성의 길을 거침없이 달려갔다. 미국 역시 경제제재를 멈추지 않고 한미합동 군사훈련을 통한 대북 군사 압박을 강화했다.

2016년 한미합동군사훈련에 참가한 미국의 첨단 무기들

미군 17,000명과 30만 명의 한미연합군이 참가한 가운데 3월 7일부터 2016년 키리졸브/ 폴 이글 훈련을 강행하였다. 이 훈련에는 F-18 전투기와 헬기 등 90여 대를 탑재할 수 있는 존 스테니스호 핵 추진 항공모함을 비롯하여, 적 레이더망을 회피하는 최고의 스텔스 성능을 보유한 F-22 랩터 폭격기, 최고 속도 시속 957km 최대 비행 거리는 만7,000km에 폭탄 탑재량만 31톤에 달하는 하늘의 요새 B-52폭격기와 B-2 스텔스 폭격기, 토마호크 순항미사일 등, 적 지도부와 심장부를 순식간에 초토화시키고 마비시킬 수 있는 최첨단 전략 장비 등이 대거 참가하여 훈련에 임하였다.

2016년 한미연합훈련의 특징은 유사시 북의 핵과 미사일, 적 지휘부를 선제 타격할 수 있는 '작전계획 5015'를 처음으로 적용하였다는 데 있다. 작전계획 5015는 전면적 북침 공격을 상정한 작전계획 5027의 후속 작전계획인데, 작전계획 5027이 전면전 대응 전략만 있는 데 반해 작전계획 5015는 전면전 대응 전략과 함께 적 지도부 제거 작전, 적 대량살상무기 선제 타격작전이 포함된 작전계획이다. 2016년 키리졸브 훈련도 북의 핵미사일을 비롯한 대량살상무기를 정밀 파괴하는 훈련과 함께 북 최고지도부를 제거하고 정권을 붕괴하려는 '참수작전'이 포함되었다.

북은 3월 7일 조선로동당 국방위원회 명의의 성명에서 "우리의 생존 공간을 핵 참화 속에 몰아넣으려는 미국과 그 추종 세력들의 핵전쟁 도발 광기에 전면 대응하기 위한 총공세에 진입할 것"이라고 강도 높은 반응을 보였다. 특히 한미연합군의 '북 지도부 참수 작전' 수행에 대해 '최고 존엄'을 겨냥한 훈련이라고 강력하게 성토하면서 "적들이 특수작전(참수작전)의 사소한 기미라도 보인다면 즉시적인 선제 타격전에 돌입할 것"이라고 밝혔다.

김정은 총비서가 핵무기 병기화 작업 현장을 방문

북은 성명발표에 그치지 않고 핵무력 강화 행동 조치를 통해 한미합동군사훈련에 맞대응했다. 3월 9일 조선중앙통신은 『김정은제1비서 핵무기연구부문의 핵무기병기화사업 지도』라는 제목으로 김정은 총비서가 핵무기 병기화 작업 현장을 방문한 기사를 보도했다. 여기서 핵무기의 실물 사진을 싣고, "우리 식의 혼합장약구조로 설계 제작된 위력이 세고 소형화된 핵탄두의 구조작용 원리를 요해하시였다"고 보도했다. 이 자리에서 김정은 비서는 북이 핵무기의 소형화, 경량화, 규격화를 완성했음을 밝혔다. 그의 말을 직접 들어보자.

『우리 당의 미더운《핵 전투원》들인 핵 과학자, 기술자들이 당의 병진노선을 높이 받들고 나라의 방위력을 강화하고 자위적 억제력을 억척같이 다지기 위한 국방과학연구사업에서 커다

3장 <핵무력 완성>을 선언하다 109

란 성과를 이룩했습니다. 우리 식의 혼합장약구조로서 열핵반응이 순간적으로 급속히 전개될 수 있는 합리적인 구조로 설계 제작된 핵탄두가 정말 대단합니다, 핵탄을 경량화하여 탄도로케트에 맞게 표준화, 규격화를 실현했는데 이것이 진짜 핵 억제력입니다, 조선 사람이 마음만 먹으면 못해내는 일이 없습니다.』(3월 9일 조선중앙통신에서 구어체로 바꿔 인용함)

그는 이 자리에서 또 "우리가 보유한 핵무력이 상대해야 할 진짜 《적》은 핵전쟁 그 자체"라고 하면서 "핵 타격 능력이 크고 강할수록 침략과 핵전쟁을 억제하는 힘은 그만큼 더 크다"라는 의미심장한 말을 남겼다.

이어 3월 10일에는 전략군 탄도로케트 발사훈련을 했으며, 김정은 총비서가 직접 참가해 지도하였다. 북의 발표에 따르면 이날 있었던 발사훈련은 '해외 침략 무력이 투입되는 적 지역의 항구들을 타격하는 것으로 가상하여 목표지역의 설정된 고도에서 핵 전투부를 폭발시키는 사격방법'으로 진행되었다고 한다. 이것은 미군이 해외 증원군으로 이남의 항구에 들어올 때 공중에서 핵탄을 투하하는 놀라운 훈련이 아닐 수 없다. 3월 11일에는 조선인민군 총참모부의 성명이 발표되었다. 그 내용의 일부를 다음과 같이 소개한다.

『 … 우리 혁명무력의 작전 전반을 총괄하는 조선인민군 총참모부는 존엄 높은 최고사령부의 위임에 따라 다음과 같은 군사적 대응조치를 취하게 된다는 것을 공식 선포한다. 지금 이 시각부터 전선 동부, 중부, 서부에 위치한 1차 연합타격 부대들은《쌍룡》훈련에 투입된 적 집단들에 대한 선제적인 보복타격작전 수행에로 이행할 것이다.

우리의 자주권이 행사되는 신성한 영토, 영공, 영해에 대한 침략 기도가 판단되는 즉시 작전에 투입된 병력과 수단들이 기동하기 전에 군사적으로 단호히 제압 소탕해버리는 것은 우리 군대의 주체적인 대응작전방식이다. 우리 군대는 적들의《평양진격》을 노린 반공화국상륙훈련에는 서울을 비롯한 '남조선 전 지역 해방작전'으로,《족집게식타격》전술에는 우리 식의 전격적인 초정밀 기습타격으로 대응할 것이다.《평양진격작전》에 투입된 자들도, 이를 고안해낸 음모의 소굴들도 가차 없이 불마당질 해버리려는 우리 군대의 보복 의지는 드팀없다.
…

침략자들을 향한 보복의 뇌성이 터지면 그것은 조국통일의 축포성으로 이어질 것이다.… 주체105(2016)년 3월 12일. 조선인민군 총참모부(끝)』(조선중앙통신 보도 부분인용)

2016년 3월 15일자 로동신문에는『김정은 제1비서 탄도로케트 대기권재돌입환경시험 지도』라는 제하에 탄도미사일 대기권 재돌입기술 시험 소식이 보도되었다. 미사일이 대기권 밖으로 날다가 다시 대기권으로 진입하는 재돌입기술은 가장 어려운 난기술에 속한다. 이 기술을 성공하게 되면 대륙간 탄도미사일(ICBM) 개발은 성공단계에 진입했다고 평가할 수 있다. 대기권 재돌입기술 시험 결과에 대한 로동신문 보도를 보자.

『이번 탄도로케트 전투부 첨두의 대기권 재돌입 환경 모의시험은 탄도로케트의 대기권 재돌입시 공기역학적 가열로 생기는 높은 압력과 열흐름 환경 속에서 첨두의 침식 깊이와 내면 온도를 측정하여 개발된 열보호 재료들의 열역학적 구조안전성을 확증하는 방법으로 진행하였으며 시험 결과는 모든 기술적 지표들을 만족시켰다. 이번 시험을 통하여 탄도로케트의 대기권 재돌입시 조성되는 실지 환경과 유사한 압력 조건과 근 5배나 되는 열흐름 속에서도 첨두의 열역학적 구조안전성이 확증됨으로써 대륙간탄도로케트 전투부의 재돌입 믿음성을 확고히 담보할 수 있게 되었다.』(2016년 3월 15일자 로동신문 보도에서 인용)

2016년 3월 15일자 로동신문에는 『김정은 제1비서 탄도로케트 대기권 재돌입 환경시험 지도』라는 제하에 탄도미사일 대기권 재돌입기술 시험 소식이 보도되었다. 사진은 재돌입 시험 모습과 시험 후의 탄두 모습

이 시험 장소에 직접 참석한 김정은 총비서는 시험 결과에 매우 만족하면서 "군사대국들이라고 자처하는 몇 개 나라에서만 보유하고 있는 대기권 재돌입 기술을 자력자강의 힘으로 당당히 확보함으로써 탄도로케트 기술에서 커다란 전진이 이룩되었다"고 밝혔다. 그리고 앞으로 '핵탄두 폭발시험과 핵탄두 장착 가능한 여러 종류 탄도로케트 발사시험'을 할 것임을 예고했다.

북의 공세는 계속되었다. 2016년 3월 24일 로동신문에는 '대출력 고체로케트발동기 지상분출 및 계단분리시험'을 성공하였다는 소식이 보도되었다. 이 시험은 "새로 설계 제작한 발동기의 구조안정성과 추진력을 평가하고, 이와 함께 열분리체계 및 타추종체계의 동작 특성에 대한 평가를 진행하는 데 목적을 두고 진행되었다"고 밝혔다.

유엔안보리 제재에 이어 북을 최강도로 압박하기 위한 준비된 2016년 키리졸브/폴 이글 한미합동군사훈련은 북의 강력한 핵무력 강화 행동 조치로 빛이 바랬다. 아니 그에 그치지 않고 북의 핵무력 강화 속도에 놀라 미국은 허둥지둥하지 않을 수 없었다. 본전도 찾지 못한 한미합동군사훈련이었다. 이때부터 연례적인 한미합동군사훈련의 성격이 서서히 변화한다. 북에 대한 군사적 최대 압박 효과를 노리기 위한 준비된 훈련이 이제는 북에 대한 압박 효과는 없어지고, 역으로 북의 강력한 반격으로 미국 스스로가 군사적 압박을 받으면서 벌벌 떨어야 하는 상황이 발생하기 시작했다.

미국의 군사적 압박 조치에 강력한 타격을 가한 북은 2016년 6월 10일 조선민주주의인민공화국 정부, 정당, 사회단체 연석회의를 열고 미합중국 대통령에게 보내는 공개서한을 발표했다. 공개서한에서는 △대조선적대시정책을 철폐할 것, △한반도에 대한 무력증강책동과 북침전쟁연습을 당장 중지할 것, △대결을 조장하고 자주통일을 가로막는 행동을 당장 중지할 것을 점잖게 요구했다. 이 성명에서 북은 미국을 향해 "세계의 면전에서 단호한 징벌을 당하고 치욕스럽게 쫓겨나겠는가 아니면 조선 문제에서 손을 떼고 '아메리카 신사'답게 제 발로 물러가겠는가, 미국은 우리 민족의 엄숙한 물음 앞에 명백한 대답을 해야 한다"라는 천둥 같은 물음을 던졌다.

핵 문제를 둘러싼 북미대결은 더욱 격화되어 갔다. 앞에서 살펴본 바와 같이 미국은 50여일 간에 걸친 '키리졸브', '독수리16' 한미합동군사훈련 때《스테니스》호 핵항공모함과《B-52》,《B-2》핵전략폭격기,《F-22A》스텔스전투기 등 방대한 전략핵타격수단들을 총동원하여 일촉즉발의 전쟁위험을 조성했었다. 하지만 그들은 여기에 그치지 않고 한미합동군사훈련이 끝난 후에도 한반도 주변 아시아 태평양 지역에 미 항공모함 2척을 항시 배치해 놓았으며, 북의 핵 시설과 핵무력에 대한 정밀타격 작전을 공공연하게 준비하고 있었다. 설상가상으로 6월 13일에는 미 핵 잠수함《미시시피》호가 아시아 태평양 지역에서는 처음으로 부산항에 입항하였다. 2012년에 취역한《미시시피》호는 수많은 어뢰 및 순항미사일 발사 장치를 갖추고 상대측 함선들에 대한 공격과 특수작전 보장

임무를 수행하는 미 해군의 최신예 공격형 핵 잠수함이다. 이처럼 미국이 한반도와 그 주변에 각종 전략자산을 계속 끌어들임으로써 가뜩이나 불안정한 한반도정세는 더욱 통제 불능 상태에 빠져들었다.

북은 2016년 6월 16일 외무성 대변인 성명을 통해 미국의 핵 위협을 폭로 규탄했다. 그 내용의 일부는 다음과 같다.

『역사적인 조선로동당 제7차 대회에서 제시된 사회주의 강국 건설의 웅대한 목표들과 과업을 수행하기 위한 총공격전에 매진하고 있는 우리에게 있어서 평화적 환경은 더없이 귀중하다. 그러나 우리 인민에게 가장 소중한 평화는 그 누가 마련해 주는 것도, 그 무엇을 팔아 살 수 있는 것도 아니며 오직 자기 힘이 강할 때에만 지켜지고 자기의 힘에 의하여서만 담보된다는 것이 우리나라의 준엄한 현실이 보여주는 진리이다. 미국의 끊임없는 새 전쟁 도발 책동으로 하여 핵전쟁 위험이 항시적으로 떠돌고 있는 세계 최대의 열점 지역인 조선 반도에서 전쟁을 방지하고 평화를 수호하는 가장 최선의 방도는 우리의 자위적 핵 억제력을 백방으로 강화하는 것이다.

…

미국이 우리에 대한 끊임없는 핵공갈 책동과 우리를 겨냥한 핵전쟁 연습에 계속 매어 달리면서 아직도 비핵화가 우선순위라고 우기는 것은 파렴치한 궤변이다. 미국은 핵 강국의 전열에 들어선 우리 공화국의 전략적 지위와 대세의 흐름을 똑바로 보고 시대착오적인 대조선 적대시 정책을 철회하며 남조선에서 침략군대와 전쟁장비들을 철수시킬 정책적 결단을 내려야 할 것이다. 미국이 우리의 요구를 한사코 외면하고 우리에 대한 핵 위협과 전횡을 일삼는다면 차례질 것은 쓰라린 실패와 후회뿐일 것이다.』(2016. 6.17, 로동신문보도)

2. 핵무력 완성을 향하여

1) 《화성-10》형 시험발사

6월 16일 외무성 대변인 성명을 통해 미국의 대북 핵 공갈 정책에 대해 강도 높게 비판한 북은 곧바로 행동에 들어갔다. 6월 23일 조선중앙통신은 김정은 총비서가 직접 참석한 가운데 중장거리 전략미사일 《화성-10》형 시험발사 소식을 전 세계에 타전했다.

통신에 따르면 이날 발사한 탄도로케트(탄도미사일) 《화성-10》형의 시험발사는 고각발사체제로 진행되었으며, 예정 비행 궤도를 따라 최대 정점고도 1,413.6km, 사거리 400km를 기록하고 예정된 목표 수역에 정확히 낙탄됐다. 이 시험에 대해 북은 "현대화한 우리식 탄도로케트의 비행동력학적 특성과 안정성 및 조종성, 새로 설계된 구조와 동력계통에 대한 기술적 특성이 확증되었으며, 재돌입구간에서의 전투부 열견딤 특성과 비행안정성도 검증되었다"고 평가하였다. 여기에서 주목할 것은 중장거리 탄도미사일 발사에서 가장 어려운 난제였던 대기권 재돌입기술을 시험으로 검증했다는 점이다.

북은 2017년 6월 23일 화성 10형 미사일을 시험발사했다. 사진은 중장거리 탄도로케트 《화성-10》시험발사를 현지에서 지도하는 김정은 총비서

그런데 이남 언론은 여전히 대기권 재돌입기술을 완성하지 못했다는 식으로 왜곡하고 있다. 북은 이 시험발사를 통해 전략 무기체계 개발을 위한 모든 기술적 난제를 해결하였다고 선언했다.

김정은 총비서를 발사성과를 축하하면서 "전 세계가 이번 탄도 로케트 비행궤적만 보고도 중장거리 전략탄도로케트의 능력을 바로 평가할 수 있을 것"이라고 하며, 이어서 "태평양 작전지대 안의 미국놈들을 전면적이고 현실적으로 공격할 수 있는 확실한 능력을 갖게 되었다"고 평가했다. 탄도로케트(탄도미사일)《화성-10》형은 하와이와 괌에 있는 미군기지를 타격할 수 있는 ICBM으로 보인다.

2) 전략잠수함 탄도탄(SLBM) 수중 시험발사 성공

2016년 8월 25일 로동신문은 하루 전날 시행된 전략잠수함 탄도탄 수중발사 시험 성공 소식을 보도했다. 김정은 총비서가 이 시험발사를 현지에서 지도했다. 사진은 SLBM 수중 시험발사를 현지 지도하는 김정은 총비서의 모습과 SLBM발사 모습

8월 25일은 북의 선군절이다. 선군절은 김정일 국방위원장이 군부대를 첫 현지 지도한 날을 기념해 제정되었다. 김정일 국방위원장의 정치는 한마디로 선군정치라 할 수 있는데, 선군정치의 출발점이 되는 날이라는 의미이다. 이날 조선중앙통신은 김정은 총비서가 SLBM 수중 발사시험을 현지에서 지도한 소식을 타전했다.

북이 SLBM 수중 발사를 처음으로 성공한 날은 일 년 전인 2015년 5월 초이다. 2015년 5월 9일 조선중앙통신은《김정은 동지의 직접적인 발기와 세심한 지도 속에 개발 완성된 우리 식의 위력한 전략잠수함 탄도탄 수중 시험발사가 진행됐다.》제목으로 SLBM 수중 발사 성공 소식을 여러 장의 사진과 함께 보도했다. 이날 보도에서는《시험발사를 통하여 함내소음준위, 발사반충력, 탄도탄의 수면 출수 속도, 자세각 등 전략잠수함에서의 탄도탄 수중 발사가 최신

군사 과학기술적 요구에 완전히 도달하였다는 것이 검증 확인되었다.》라고 보도하였다. 이 보도로 볼 때 이날 시험발사는 수중사출 능력을 시험하는 것이 주목적이었으며, 이 목표에 정확히 도달한 것으로 보인다.

이어서 2016년 4월 24일 조선중앙통신은 《김정은제1비서 전략잠수함 탄도탄수중시험발사 지도》제하로 SLBM 수중 발사 성공 소식을 보도했다. 그 보도 내용 일부를 소개하면 다음과 같다.

『경애하는 원수님의 발사명령이 하달된 즉시 잠수함에는 전투경보가 울리고 함은 최대발사 심도까지 신속히 침하하여 섬멸의 탄도탄을 쏘아올렸다. 잠수함에서 솟구친 탄도탄은 거대한 불줄기를 토하며 창공 높이 날아올랐다.
최대발사 심도에서의 탄도탄 냉발사체계 안정성과 새로 개발한 대출력 고체발동기를 이용한 탄도탄의 수직 비행체제에서의 비행동력학적 특성, 계단열분리의 믿음성, 설정된 고도에서 전투부 핵기폭장치의 동작 정확성을 확증하는 데 목적을 두고 진행된 이번 시험발사를 통하여 우리식 수중 발사체계의 믿음성이 완전히 확증, 공고화되었으며 모든 기술적 지표들이 주체적인 수중 공격작전 실현을 위한 요구조건을 충분히 만족시켰다.』(2016년 4월 24일자 로동신문에서 인용)

이 보도로 볼 때 이날 시험은 수중사출 능력 시험과 함께 물 위로 솟구쳐 오른 이후 비행능력과 핵 탄두부 폭발능력을 시험한 것으로 보인다. 이날 시험으로 해저 깊숙이 내려간 잠수함에서 SLBM을 수면 위로 안정적으로 쏴 올릴 수 있었을 뿐 아니라, 수면 위 공중에서 목표지점까지 정확하게 비행할 수 있게 되었으며, 목표지점에서 의도한 바대로 핵폭탄을 폭파할 수 있게 되었다고 평가했다.

이처럼 두 차례의 SLBM 수중 발사시험의 성공으로 가장 강력한 핵 공격 수단을 확보한 북은 2016년 8월 24일 또다시 SLBM 수중 발사시험을 진행하였다. 조선중앙통신은 8월 25일 자에서 SLBM 수중 발사시험 사실을 전하면서 "지난해 5월 전략잠수함 탄도탄 수중사출시험을 성공시키고 불과 1년도 못되는 기간에 비행시험 단계에 진입하는 빠른 개발 속도를 과시한 데 이어 오늘 또다시 보다 높은 단계의 탄도탄 수중시험발사에서 성공함으로써 우리의 핵무력 고도화에서 커다란 군사적 진보를 이룩하였다"고 보도하였다. 이 시험발사에도 김정은 총비서가 직접 참석하여 지도하였다. 조선중앙통신의 보도에 따르면 김정은 총비서는 만리대공을 꿰지르며 장쾌한 비행운을 끝없이 새겨가는 《북극성》탄도탄을 바라보며 '전략잠수함 탄도탄 수중시험발사는 성공 중의 성공, 승리 중의 승리'라고 평가했다. 그리고 다음과 같이 말하였다.

『오늘 발사한 탄도탄의 시험 결과를 통하여 우리가 핵 공격 능력을 완벽하게 보유한 군사대국의 전열에 당당히 들어섰다는 것이 현실로 증명되었습니다. 미국이 아무리 부인해도 미 본토와 태평양지대는 이제 우리의 손아귀에 확실하게 쥐어져 있습니다. 우리가 미국의 핵 패권에 맞설 수 있는 실질적 수단을 갖춘 조건에서 일단 기회만 조성되면 우리 인민은 정의의 핵마치로 폭제의 핵을 무자비하게 내려쳐 부정의의 못이 다시는 솟아나지 못하게 할 것입니다.』(2016년 8월 25일 보도내용을 구어체로 바꿈)

3) 핵탄두 폭파시험: 핵의 소형화, 경량화, 다종화 실현

2016년 9월 9일 조선중앙통신은 조선민주주의인민공화국 핵무기연구소 성명을 전 세계에 타전했다. 이날 핵시험은 지금까지와 달리 새로 연구 제작한 핵탄두의 위력을 판정하기 위한 핵탄두 폭발시험이었다. 북은 5번의 핵시험을 했지만 실제 핵탄두 폭파는 이번이 처음이었다.

핵탄두폭발시험과 관련한 공화국의 핵무기연구소 성명

이 시험은 2016년 3월 김정은 총비서가 이미 예고한 바 있었다. 핵탄두 폭발시험과 관련한 핵무기연구소의 성명 중 일부를 인용하면 다음과 같다.

『이번 핵시험에서는 조선인민군 전략군 화성포병부대들이 장비한 전략탄도로케트들에 장착할 수 있게 표준화, 규격화된 핵탄두의 구조와 동작 특성, 성능과 위력을 최종적으로 검토 확인하였다. 시험분석 결과 폭발위력과 핵물질이용곁수 등 측정값들이 계산값들과 일치하다는 것이 확증되었으며 이번 시험에서 방사성물질 누출 현상이 전혀 없었고 주위 생태환경에 그 어떤 부정적 영향도 주지 않았다는 것이 확인되었다. 핵탄두가 표준화, 규격화됨으로써 우리는 여러 가지 분열 물질에 대한 생산과 그 이용 기술을 확고히 틀어쥐고 소형화, 경량화, 다종화된 보다 타격력이 높은 각종 핵탄두들을 마음먹은 대로 필요한 만큼 생산할 수 있게 되었으며 우리의 핵무기병기화는 보다 높은 수준에 확고히 올라서게 되었다.』(2016년 9월 9일 조선중앙통신 보도 중에서 인용)

이 성명에서 눈여겨볼 대목은 소형화, 경량화, 다종화된 보다 타격력이 높은 각종 핵탄두를 마음먹은 대로 생산할 수 있게 되었다는 부분이다. 북은 이때 이미 핵실험 단계에서 벗어나 소형화, 경량화, 다종화를 실현해 공업적 방식으로 다종다양한 각종 핵무기를 생산할 수 있는 높은 단계로 접어들었다.

북의 핵병기폭발시험에 대한 대응으로 미국은 유엔안보리를 동원해 또 다시 제재 놀음을 벌였다. 유엔안보리는 지리한 논란 끝에 2016년 11월 30일 북의 5차 핵시험에 대해 대북제재결의 2321호를 채택하였다. 제재결의 2321호는 대북 제재결의 2270호의 틈새를 보완하고 북에 실질적 영향을 줄 수 있는 새로운 제재조치를 추가하며, 제재 대상 개인 및 단체를 확대하는 등의 조치들이 포함되어 있으며, 특히 북의 석탄 수출 상한제를 도입하였다. 북 경제를 압박해 북의 굴복을 이끌어 내겠다는 계산이다.

4) 정지위성 운반로케트용 발동기(엔진) 지상분출시험 성공

2016년 9월 20일 로동신문은 정지위성용 운반로케트 엔진 지상분출시험에 성공했다는 소식을 보도했다. 이날 시험한 엔진의 추진력은 80tf라고 한다. 사진은 지상분출시험 모습과 이를 지도하고 있는 김정은 총비서의 모습

김정은 총비서는 2016년 9월 19일 정지위성 운반로케트용 발동기 지상분출시험을 직접 지도했다. 9월 20일 로동신문 보도에 따르면 새로 개발한 대출력발동기는 단일발동기로서 추진력은 80tf라고 한다. 이 시험의 목적은 발동기 연소실의 연소 특성, 각종 변들과 조종계통들의 동작정확성, 구조믿음성을 최종 확증하는 데 있

었다. 시험 결과 추진력을 비롯한 발동기의 기술적 지표들이 예정 값에 정확히 도달했으며, 작업 전 기간 모든 계통들의 특성 값들이 안정적으로 유지되었음을 확인했다. 이 시험 성공으로 북은 정지위성 운반로케트를 개발 완성할 수 있는 과학기술적 능력을 갖추었으며, 각종 위성을 세계적 수준으로 발사할 수 있는 운반 능력을 확보했다.

4절 _ 핵무력 완성을 선언하다

핵무력 완성을 향한 북의 완강한 투쟁은 2017년에도 계속되었다. 2017년 1월 1일 신년사에서 김정은 총비서는 대륙간탄도로케트(ICBM) 시험발사 준비 작업이 마감 단계에 이르렀다고 밝힘으로써 대격변의 2017년을 예고했다.

《북극성-2》형 시험발사

2017년 2월 13일 로동신문에는 조선중앙통신발《북극성-2》형 시험발사 소식이 일면 톱을 장식했다. 그리고 이 시험발사 현장에는 항상 그러하듯이 김정은 총비서가 직접 참석했다. 한 나라의 최고지도자가 중요한 전략무기 발사 시험장에 한두 번도 아니고 매번 참석해 직접 지도한다는 얘기는 들어본 적이 없다. 최고지도자의 이러한 불타는 열정과 지대한 관심 속에 한발 한발 핵무력 완성을 향한 길로 나갔다.

2017년 2월 13일자 로동신문에는 《북극성-2》형 시험발사 소식이 보도되었다. 이 시험발사에도 예외없이 김정은 총비서가 직접 참석 지도하였다. 사진은 시험발사장면과 김정은 총비서의 모습

《북극성-2형》개발은 2016년 전략잠수함 탄도탄 발사 성공에서부터 시작되었다. 보도에 따르면 김정은 총비서는 2016년 8월 SLBM 발사 당시 이번 성공을 발전시켜 바닷속이 아닌 육상에서 발사할 수 있도록 사거리를 연장한 지대지 장거리 전략미사일 개발 과업을 주었다. 이 개발 과업을 부여받은 국방과학기술자들은 불과 6개월도 안된 짧은 기간 안에 이 과업을 수행했다. 이것이 지대지 중장거리 전략미사일(지상대 지상 중장거리 탄도로케트)《**북극성-2형**》이다.

《북극성-2형》시험발사에 관한 보도 내용의 일부를 직접 보도록 하자.

『 …경애하는 최고영도자동지께서는 새로 개발한 지상대지상 중장거리전략탄도탄《북극성-2》형은 작전 이용에 편리하면서도 타격의 신속성을 보장할 수 있는 우리 식의 우월한 무기체계이며 발사대 차와 탄도탄의 설계와 제작, 발사에 이르기까지 모든 것이 100% 우리의 지혜, 우리의 힘, 우리의 기술에 의하여 개발된 명실공히 주체탄, 주체무기라고 하시면서 우리 조국의 강대한 힘을 더해주는 우리의 위력한 핵 공격 수단이 또 하나 탄생한 데 대하여 더없는 만족을 표시하시었다. 경애하는 최고영도자동지께서는 이번 시험발사는 나라의 로케트공업 발전에서 의의 깊은 사변으로 된다고 하시면서 이제는 우리의 로케트 공업이 액체로케트 발동기로부터 대출력 고체로케트 발동기에로 확고히 전환되었으며 견본모방형이 아니라 개발창조형 공업으로 비상히 강화 발전되었다고 신심에 넘쳐 말씀하시었다.』(2017년 2월 13일자 로동신문에서 발췌 인용함)

《북극성-2형》시험발사는 북 미사일 개발 역사에서 중요한 의미를 갖고 있다. 그것은 이번 시험발사의 특징에서 잘 나타난다. 그 특징을 살펴보면 다음과 같다.

첫째, 발사차량이 달라졌다. 이번 발사에서는 처음으로 궤도식이동발사차량이 사용되었다. 이전에 발사차량은 바퀴식이었는데, 이것을 궤도식으로 바꾸었다. 바퀴식은 차량 이동이 가능한 도로 위만 달릴 수 있지만, 궤도식은 바퀴 차량이 다닐 수 없는 논과 밭, 비탈진 산길 등 길이 없는 지형도 달릴 수 있다. 이동식 발사차량을 바퀴식에서 궤도식으로 바꿈으로써 원하는 곳 어디에나 갈 수 있어 적들이 예상치 못한 장소에서 발사할 수 있는 장점이 생겨났다.

둘째, 냉 발사방식를 통해 발사되었다. 미사일의 발사방식은 열 발사방식과 냉 발사방식이 있는데, 냉 발사방식은 미사일 발사대 안의 장치로 미사일을 밖으로 밀어낸 다음, 공중으로 일정 거리 튕겨 나간 이후 미사일 엔진이 점화되는 발사방식이다. 냉발사방식은 미사일이 발사관 밖으로 튕겨 나간 이후에 점화되기 때문에, 미사일 발사차량이 화염에 휩싸이지 않게 되어 발사대가 잘 보호될 수 있을 뿐 아니라, 결정적으로는 발사지점이 화염, 열, 흙먼지 등에 휩싸이지 않아, 적에게 노출될 위험이 거의 없게 된다.

셋째 대용량 고체엔진을 사용했다. 김정은 총비서도 언급했듯이 이 발사를 통해 북의 미사일 발전의 역사는 액체 엔진의 시대로부터 고체 엔진의 시대로 전환되었다. 이미 다 아는 것처럼 고체 엔진은 보관성과 이동성이 좋으며, 발사 시간을 단축할 수 있어 액체 엔진보다 적에게 노출될 위험이 적고 신속 발사할 수 있는 장점이 있다.

이러한 까닭으로 《북극성-2형》시험발사는 미국에게 커다란 충격을 던져 주었다. 미국의 38노스라는 인터넷 매체는 존 실링(미국의 저명한 미사일 전문가)의 분석 기사를 실었는데, 여기에서 존 실링은 《북극성-1형》과 비교할 수 없을 만큼 기술적으로 향상되었다고 분석했다. 그는 "이동성, 생존능력 그리고 대응력이 대폭 향상되었다"고 분석한 뒤, 《북극성-2형》은 발견도 훨씬 어려워졌으며, 선제공격을 통한 파괴 역시 훨씬 어려워졌다고 결론지었다. 조선신보는 《북극성-2형》시험발사로 미국의 급소를 찔렀다고 표현했다.

3.18 혁명

2017년 3월 19일 로동신문은 『김정은 위원장, 새로 개발한 대출력 발동기 지상분출시험 지도』라는 제목의 기사를 일면 톱으로 실었다. ICBM용 신형 대출력 로켓엔진 지상 분출 시험은 신년사에서 밝힌 ICBM 시험발사의 첫 출발이라는 점에서 전 세계의 비상한 관심을 불러일으켰다. 이 지상 분출 시험도 김정은 총비서가 직접 참가해 지도했다.

로동신문은 "새형의 대출력발동기 지상분출시험은 연소실의 추진력 특성과 터빈 펌프장치, 조절계통, 각종 변들의 동작 정확성, 구조적 안정성과 믿음성을 비롯한 대출력발동기의 전반적인 기술적 지표들을 확증하는 데 목적을 두고 진행되었다"고 전했다. 시험결과에 대해 로동신문은 다음과 같이 보도했다.

> 『시험 결과 우리의 국방과학자, 기술자들이 자체의 힘과 기술에 의거하여 완전히 우리 식으로 설계 제작한 새형의 대출력 발동기(엔진)의 시동 및 차단 특성, 발동기 동작 전 과정에서 연소실의 추진력 특성과 타빈뽐프장치, 조절계통들을 비

롯한 모든 계통들의 기술적 지표들이 예정 값에 정확히 도달하여 안정하게 유지되었으며 구조적 믿음성도 충분히 보장된다는 것이 확증되었다.』 (로동신문 2017년 3월 19일자 보도에서 인용)

2017년 3월 18일에 대출력 로케트엔진(ICBM용 엔진) 지상분출시험을 진행했다. 이것을 가리켜 3.18혁명이라고 부른다. 사진은 3월 18일 신형 대출력 로켄엔진 지상분출시험 장면이다.

한마디로 대성공이었다. 김정은 총비서는 기뻐 어쩔 줄 몰라 하며, 엔진 연구 제작에 참여한 국방과학자, 기술자들을 얼싸안고, 직접 등에 업어주기까지 하며 그들의 공로를 치하했다. 이날 다음과 같은 의미심장한 발언을 하였다.

『이번 시험에서의 성공은 로케트 공업 부문에 남아있던 교조주의, 보수주의, 형식주의와 다른 나라의 기술을 답습하던 의존성을 완전히 뿌리 뽑고 명실공히 개발창조형 공업으로 확고히 전변된 주체적인 로케트 공업의 새로운 탄생을 선포한 역사적 의의를 가지는 대사변입니다. 오늘 이룩한 거대한 승리가 어떤 사변적 의의를 갖는가를 온 세계가 곧 보게 될 것입니다.

새형의 대출력 발동기(엔진)가 개발 완성됨으로써 우주개발 분야에서도 세계적 수준의 위성운반 능력과 당당히 어깨를 겨룰 수 있는 과학기술적 토대가 더욱 튼튼히 마련되게 되었습니다. 로케트 공업 발전에서 대 비약을 이룩한 오늘은 영원히 잊을 수 없는 날, 《3.18혁명》이라고도 칭할 수 있습니다.』
(2017년 3월 19일자 로동신문에서 인용)

지대지 중장거리 전략탄도미사일《화성-12형》시험발사 성공

김정은 총비서가 맨 선두에서 밀고 나가는 핵무력 완성을 향한 거세찬 진군은 거침이 없었다. 2017년 5월 14일, 새로 개발한 지대지 중장거리 전략탄도미사일 시험발사를 성공적으로 진행했다는 소식이 로동신문에 보도되었다. 이번에도 김정은 총비서가 현지에서 직접 지도했다.

보도에 따르면《화성-12》형 시험발사는 최대고각발사체제로 진행되었다. 최대고각발사체제란 미사일 사거리를 축소하기 위해 정상적 발사각도보다 최대로 높게 설정해 발사하는 방식을 말한다. 시험발사 결과는 성공적이었다. 미 본토에 도달하는 첫 미사일이 탄생한 것이다.

지대지 중장거리 전략탄도미사일 화성12형 시험발사 소식이 로동신문 2017년 5월 15일 로동신문에 실렸다. 사진은 화성12형 시험발사 장면과 기뻐하는 김정은 총비서의 모습

이날 로동신문은 발사 성공에 대해 다음과 같이 보도했다.

『경애하는 최고영도자 동지의 명령에 따라 새벽 4시 58분 새형의 지상대지상중장거리전략탄도로케트《화성-12》형이 발사되었다. 발사된 로케트는 예정된 비행 궤도를 따라 최대정점고도 2,111.5km까지 상승 비행하여 거리 787km 공해상의 설정된 목표 수역을 정확히 타격하였다. 로케트 시험발사를 통하여 우리 국방과학자, 기술자들이 우리 식으로 완전히 새롭게 설계한 중장거리 전략 탄도로케트의 유도 및 안정화 체계, 구조체계, 가압체계, 검열 및 발사체계의 모든 기술적 특성들이 완전히 확증되었으며 새로 개발된 로케트 발동기의 믿음성이 실제적인 비행 환경조건에서 재확인되었다. 또한 가혹한 재돌입 환경 속에서 조종전투부의 말기유도 특성과 핵탄두 폭발체계의 동작 정확성을 확증하였다.』(2017년 5월 15일 자 로동신문 보도중에서 인용)

발사 성공을 확인한 김정은 총비서는 "후손만대에 물려줄 고귀한 국보인 주체탄에는 영도자는 과학자를 믿고, 과학자는 자기 영도자를 절대적으로 신뢰하며 따르는 일심단결의 사상, 혼연일체의 넋이 높뛰고 있으며, 당 앞에 다진 맹세를 끝까지 관철하자는 신념의 구호를 심장으로 외치며 결사전을 벌여온 로케트 연구 부문 일꾼들과 과학자, 기술자의 영웅적 투쟁사가 깃들어 있다"라며, 과학자 기술자들에게 특별감사를 주었다. 또 "미국이 부질없는 경거망동으로 우리 공화국을 섣불리 건드린다면 사상 최대의 재앙을 면치 못할 것이며, 미 본토와 태평양 작전지대가 우리의 타격권안에 들어 있다는 현실, 섬멸적 보복 타격의 온갖 강력한 수단이 우리의 수중에 있다는 현실을 외면해서도 오판해서도 안된다"고 미국에 강력히 경고했다.

이남의 언론의 분석에 따르면 화성 12형 전략탄도미사일은 최대 사거리 6,000km로 하와이, 괌, 알래스카까지 도달할 수 있다고 한다. 북의 언론 보도에 따르면 이 전략탄도미사일《화성-12형》은 하와이와 미국 알래스카를 사정권 안에 두고 있다고 한다. 남과 북의 평가가 거의 같다.

《화성-12》형 중장거리 미사일 실사격 훈련이 8월 29일, 9월 15일 진행되었다. 이는 이미 부대 실전배치가 끝났다는 것을 말해준다.

지대지 중장거리 전략미사일《북극성-2형》 시험발사 또 성공

2017년 5월 21일 고체연료 기반 중장거리 전략미사일《북극성-2형》의 2차 시험발사가 진행되었다. 2차 시험발사에 성공하면 통상적으로 계열생산의 단계로 간다. 사진은 2차 시험발사 장면들

북에서 신무기 개발하는 과정을 분석해 보면, 통상적으로 2회 시험발사를 통해 합격점에 도달하면 대량생산(북에서는 이것을 계열생산이라고 부른다)단계, 실전배치 단계로 간다. 2017년 5월 21일, 고체연료에 기반한 지대지 중장거리 전략미사일《북극성-2형》의 2차 시험발사가 진행되었다. 북의 보도에 따르면 이번 시험발사는 계열생산 준비를 끝내고, 부대 실천 배치를 위한 최종 시험발사이다. 이 시험발사에도 김정은 총비서가 직접 참석하였다. 이 시험발사에 대한 북의 보도를 보자.

『이번 발사는 지상대지상 중장거리전략탄도탄《북극성-2》형 무기체계 전반의 기술적 지표들을 최종확증하고 각이한 전투환경 속에서 적응 가능성을 충분히 검토하여 부대들에 실전배비하자는데 목적을 두고 진행하였다.…

이번 발사를 통하여 리대식자행발사대차(궤도식이동발사차량)에서의 냉발사 체계, 탄도탄의 능동구간 비행시 유도 및 안정화 체계, 계단분리특성, 대출력 고체발동기(고체엔진)들의 시동 및 작업 특성들의 믿음성과 정확성이 완전 확증되었다. 또한 핵조종 전투부의 분리 후 중간구간조종과 말기유도 구간에서의 모든 기술적 지표들이 원격측정 자료에 의하여 재확증되었을 뿐 아니라 전투부에 설치된 촬영기의 영상자료에 근거하여 자세조종체계의 정확성도 더욱 명백히 검토되었다. 이와 함께 탄도탄과 리대식자행발사대차를 비롯한 지상 기재들을 실지 전투환경 속에서 그 적응 가능성을 충분히 검토하였다.
경애하는 최고영도자동지께서는 감시소에서 일군들과 함께 발사 결과를 분석평가하시고 백점, 만점이라고, 흠잡을 데 없이 완벽하다고 대만족을 표시하시였다. 경애하는 최고령도자동지께서는 탄도탄의 명중성이 대단히 정확하다고,《북극성-2》형 탄도탄은 완전히 성공한 전략무기라고 긍지에 넘쳐 말씀하시면서 지상대지상중장거리전략탄도탄《북극성-2》형 무 기체계의 부대 실전배비를 승인하시었다.』(로동신문 2017년 5월 22일 자에서 인용함)

북이 지금까지 시험 발사한 탄도미사일 중에서 중장거리 전략미사일이라고 부른 것은 《화성 10형》, 《화성 12형》, 《북극성 2형》이며, 대륙간탄도미사일(ICBM)이라고 부른 것은 《화성 14형》, 《화성 15형》, 《화성 17형》이다. 이로 볼 때 중장거리 탄도미사일은 태평양 지역에 있는 괌, 하와이, 알래스카 미군 기지를 타격 목표로 하는 미사일로 보이며, ICBM은 미국 본토를 타격 목표로 하는 미사일일 것이다. 그렇다면 《북극성 2형》은 괌과 하와이를 타격 목표로 삼는 고체 엔진 탄도미사일이라고 결론지을 수 있다.

정밀 조종유도 체계를 도입한 탄도미사일 시험발사

2017년 5월의 날들은 김정은 총비서의 군사 관련 현지 지도로 흘러갔다. 5월 군사 관련 현지 지도 일정을 보도 일정을 중심으로 살펴보면 다음과 같다.

2017.5. 5	서남전선수역 최남단에 위치한 장재도방어대와 무도영웅방어대를 시찰
2017.5.13	조선인민군 건설부문 열성자들과 함께 기념사진
2017.5.15	지상대지상중장거리전략탄 《화성-12》형시험발사 지도
2017.5.19	《화성-12》형개발자들과 함께 기념사진
2017.5.22	탄도탄 《북극성-2》형시험발사 또다시 성공-김정은위원장 시찰
2017.5.28	신형반항공요격유도무기체계의 시험사격 시찰
2017.5.30	정밀조종유도체계를 도입한 탄도로케트시험발사 지도

5월 김정은 총비서의 현지 지도를 통해서 북의 핵무력 완성 로드맵을 유추해 볼 수 있다. 대용량 핵무기와 다종다양한 전술핵, 액체엔진기반 화성계열 전략탄도미사일, SLBM과 전략핵잠수함, 고체엔진기반 전략탄도미사일, 반항공 요격무기체계, 정밀조종유기무기체계, 전략순항미사일, 극초음속 미사일 등의 개발 역량을 집중하고 있다. 이를 통해 세계적인 최첨단 무기체계 전반을 포괄하는 방대한 전략무기 현대화 사업을 추진하고 있음을 알 수 있다. 이러한 무기체제가 완성되었을 때 북은 세계에서 3위 이내의 군사대국으로 등장할 것이다.

2017년 북은 이처럼 핵무력 완성을 향해 무섭게 질주해 가고 있었고, 그 맨 선두에 김정은 총비서가 서 있었다. 5월 30일 로동신문에는 정밀 조종 유도체계를 도입한 탄도미사일 시험발사 소식이 실렸다. 이에 관한 로동신문 기사를 잠깐 보도록 하자.

『경애하는 최고영도자동지께서는 이어 지휘소에 오르시어 시험발사 계획에 대하여 청취하시고 탄도로케트 발사 명령을 내리시었다. 임의의 지역의 적 대상물들을 초정밀 타격할 수 있는 새 형의 정밀유도탄도로케트의 기술적 지표들을 확증하며 각이한 전투환경 속에서 새롭게 설계제작한 무한궤도식자행발사대차의 운영 믿음성을 검토하는 데 목적을 둔 이번 시험발사는 조종전투부의 말기유도단계까지의 세밀한 원격 관측을 위하여 중등사거리 사격방식으로 진행하였다.… 탄도로케트는 중등사거리를 비행하여 예정 목표점을 7m의 편차로 정확히 명중하였다.

이번 시험발사를 통하여 능동비행구간에서 조종날개가 있는 전투부를 장착한 탄도로케트의 비행안정성을 검토하였으며 중간비행구간에서 소형열분사발동기에 의한 속도 교정 및 자세안정화계통의 정확성이 재확증되었다. 또한 보다 정밀화된 말기유도체계에 의한 재돌입구간에서의 초정밀유도 정확성을 확증하였으며 각이한 지형 조건에서 새로 개발한 리대식자행발사대차의 주행 특성과 자동화된 발사준비 공정의 특성들을 완전히 확증하였다.』(로동신문 2017년 5월 30일 보도 인용)

북의 기사를 읽는 데 난점은 용어의 상이성 때문에 이해하기 어렵다는 것이다. 게다가 군사 용어는 일반인들이 이해하기 어려운 점도 있다. 이 기사를 살펴보면 이번 시험발사의 목표는 △궤도식이동발사차량(무한궤도식자행발사대차)의 운행 특성과 자동화된 발사 준비 공정 특성을 파악하는 것, △능동비행구간(부스터 단계;부스터 엔진이 추력을 내는 동안의 로켓 비행 단계)에서 조종날개를 부착한 탄도로켓의 비행안정성 점검, △중간비행구간(탄도미사일의 탄두가 연소를 마친 로켓에서 분리돼 관성의 힘으로 정점에 다다른 뒤 중력에 이끌려 서서히 하강해 대기권에 진입하기 이전까지의 단계)에서 소형 열분사엔진을 이용한 속도 교정 및 자세안정화 계통의 정확성 점검, △종말단계(유도탄의 중간 유도가 끝날 때부터 탄착할 때까지의 유도 과정으로 탄도탄이 재진입할 때부터 탄착할 때까지의 선을 그리며 날아가는 부분을 말한다)에서 보다 정밀화된 말기유도체계에 의한 재돌입구간에서의 초정밀유도 정확성 확증, 이 네 가지이다. 발사 결과 이 네가지 측면에서 모두 합격점을 받은 성공이었다고 한다. 특히 이번 발사에서는 말기유도의 정확성을 세밀하게 원격 관측하기 위해 중등사거리 방식(원래 정해진 사거리의 절반 정도의 사거리에 맞춘 발사방식) 으로 발사했다. 오차 범위가 7m 에 불과했다고 한다. 김정은 총비서는 이를 흡족해하면서 '명사수가 저격수 보총으로 목표를 맞히는 것만 같다'고 까지 비유했을 정도로 그야말로 족집게 맞춤형 타격이라고 말할 수 있다. 그런데 북은 그 이후 오차범위를 5m 이내로 좁히는 데 성공했다.

북은 이 무기에 대해 '적 함선을 비롯한 해상과 지상의 임의의 바늘귀 같은 개별적 목표들을 정밀타격할 수 있는 우리 식 탄도로켓트'라고 밝힘으로써 미군 함공모함을 겨냥한 무기임을 숨기지 않았다. 이남 합동참모본부는 이 발사에 대해 '원산 일대에서 동쪽으로 최고고도 120여km, 거리 450여km를 비행했다'고 밝혔는데 그렇다면 대략 1000km 거리의 항공모함을 타격할 수 있는 정밀유도 미사일이라고 볼 수 있다.

7.4혁명 : ICBM(대륙간 탄도미사일) 발사 성공

2017년 7월 5일 로동신문은 온통 전날(7월 4일) 있었던 화성 14형 발사 성공 소식으로 도배되었다. 처음으로 미 본토 중심부를 직접 타격할 수 있는 ICBM(대륙간 탄도미사일) 발사에 성공했으니, 그럴만도 하다. 북의 세기적 숙원이 드디어 실현되었다. 미국과 당당히 겨눌 수 있는 군사적 능력이 확보되었다. 미 본토 타격능력, 그것은 한반도의 군사지형의 근본적 변화를 의미한다. 북미 간의 군사적 역학 구도가 구조적으로 바뀌는 순간! 이것이 7.4혁명의 본질이다.

북의 첫 ICBM 화성 14형 발사 장면들, 발사 성공에 기뻐하는 김정은 총비서의 모습

화성 14호 발사 성공을 보도한 로동신문 기사을 일부 인용해 본다.

『경애하는 최고영도자동지께서는 발사 당일 이른 새벽 또다시 로케트 시험발사장에 나오시어 대륙간 탄도로케트《화성-14》형 시험발사 계획을 요해하시었다. 이번 시험발사는 새로 개발한 대형중량 핵탄두 장착이 가능한 대륙간탄도로케트의 전술기술적 제원과 기술적 특성들을 확증하며 특히 우리가 새로 개발한 탄소복합재료로 만든 대륙간탄도로케트 전투부 첨두의 열견딤 특성과 구조안정성을 비롯한 재돌입 전투부의 모든 기술적 특성들을 최종 확증하는 데 목적을 두고 진행하

였다.

경애하는 최고영도자 동지의 명령에 따라 오전 9시 주체 조선의 대륙간탄도로케트《화성-14》형이 용암 같은 불기둥을 내뿜으며 기운차게 발사되었다. 발사된 로케트는 예정된 비행궤도를 따라 최대정점고도 2,802km까지 상승 비행하여 거리 933km 조선 동해 공해상의 설정된 목표수역을 정확히 타격하였다.

로케트 시험발사를 통하여 대륙간탄도로케트 발사 시 로케트의 발사대 이탈 특성과 능동구간에서 계단별 유도 및 안정화체계, 구조체계의 기술적 특성들을 확증하였다. 또한 1계단 대출력발동기의 시동 및 차단 특성을 재확증하고 실지 비행 조건에서 새로 개발된 비추진력이 훨씬 높은 2계단 발동기의 시동 및 차단 특성과 작업 특성들을 확증하였다. 이와 함께 새로 설계한 계단분리 체계의 동작 정확성과 믿음성을 검토하였으며 전투부 분리 후 중간구간에서 중량전투부의 자세조종 특성을 재확증하고 최대의 가혹한 재돌입 환경조건에서 말기유도 특성과 구조안정성을 확증하였다. 특히 재돌입시 전투부에 작용하는 수천°C의 고온과 가혹한 과부하 및 진동 조건에서도 전투부 첨두 내부 온도는 25~45°C의 범위에서 안정하게 유지되고 핵탄두 폭발 조종장치는 정상 동작하였으며 전투부는 그 어떤 구조적 파괴도 없이 비행하여 목표 수역을 정확히 타격하였다. 대륙간탄도로케트를 장착한 이동식 발사대차의 기동특성과 발사 준비 공정의 모든 기술적 특성들도 무기체계의 전술 기술적 요구에 부합된다는 것을 확증하였다.

경애하는 최고영도자 동지께서는 감시소에서 동행한 일군들과 함께 영상 표시장치에 현시되는 대륙간탄도로케트의 비행상태를 구체적으로 지켜보시었다. 경애하는 최고영도자동지께서 대륙간탄도로케트《화성-14》형의 시험발사 결과를 분석하시고 완전 대성공이라고 선언하시자 발사장은 이름할 수 없는 뜨거운 격정과 환희로 불도가니 마냥 끓어번지었다.』(2017년 7월 5일 로동신문에서 인용)

남쪽에서는 《화성 14》형 ICBM의 성능에 대해 이러저러한 말이 많다. 화성14형이 대륙간탄도로케트인 것은 인정하지만, 사거리가 아직 미국의 심장부를 강타할 정도에 이르지 못했다거나, 탄두 재진입 기술이 확인되지 않았다고들 말한다. 김정은 총비서는 이에 대해 "미국의 심장부를 타격할 수 있는 대륙간탄도로케트《화성-14》형 시험발사까지 단번에 통쾌하게 성공"이라고 직접 밝혔다. 탄두 재진입 기술에 대해서도 "재돌입시 전투부에 작용하는 수천℃의 고온과 가혹한 과부하 및 진동 조건에서도 전투부 첨두 내부 온도는 25∼45℃의 범위에서 안정하게 유지되고 핵탄두 폭발 조종장치는 정상 동작하였으며 전투부는 그 어떤 구조적파괴도 없이 비행하여 목표 수역을 정확히 타격"하였다고 평가했다.
발사지점에서 미국의 뉴욕과 워싱턴은 각각 10,500km, 10,800km이니, 화성 14형의 최대사거리는 최소 13,000km에 달할 것이라고 봐야 한다. 물론 이날 발사는 최대사거리를 목표로 발사한 것은 아니었다. 북은 이러한 점을 고려해 최대사거리를 목표로 한 《화성 14》형 재발사시험을 곧바로 진행했다.

《화성 14》형 재발사는 주간이 아닌 야간에 실시되었다. 7월 28일 밤 김정은 총비서의 발사명령과 함께 대륙간탄도로케트가 또 다시 만리대공으로 날아올랐다. 참고로 인터넷 위키백과에 나와 있는 화성 14형 사거리 관련 기사를 인용한다.

『신원식 전 합참차장은 "탄도미사일의 사거리는 최고 고도에 4를 곱하는 방식으로 추정한다"면서 "이 방식대로라면 1만 km가 넘는다"고 말했다. 방현비행장에서 워싱턴DC까지는 11,000 km, 뉴욕까지는 10,900 km 떨어져 있다. 미국 참여과학자연맹 소속 데이비드 라이트 박사는 북한의 ICBM은 샌프란시스코에 도달하려면 33~34분, 워싱턴 D.C.와 뉴욕까지 날아가려면 38~39분이 걸릴 것이라고 예측했다. 독일 민간 우주기술 및 로켓 상담회사인 ST 어낼리틱스의 마르쿠스 실러 박사는 북한의 ICBM이 30분 정도면 워싱턴 D.C.와 뉴욕에 도달할 수 있으며, 알래스카와 태평양사령부가 있는 미국의 하와이를 타격 목표로 삼을 경우 소요 시간은 25분 정도면 충분할 것이라고 추정했다. 북한은 화성 14형이 39분간 비행했다고 발표했는데, 39분 비행시간은 두 박사의 분석으로는 모두 미국 전역을 핵 공격할 수 있다는 의미로 해석할 수 있다.』(인터넷 위키백과에서 인용함)

격화되는 북미 핵대결

미국은 자기 나라 심장부를 타격할 수 있는 북의 ICBM 발사에 깜짝 놀랐다. 미 본토가 북의 핵 타격권에 포함된 현실에 망연자실하면서도, 개 버릇 남 못준다고 대북적대정책을 포기해 자기 나라 안전을 지키려 하지 않고, 더욱 광포하게 굴었다. 북의 ICBM 발사를 물고 늘어지며 유엔안보리를 앞세워 2017년 8월 6일 안보리 결의 2371호를 강행 통과시켰다. 안보리 결의 2371호는 8번째의 대북제재 결의로서 북의 경제발전을 가로막는 악랄한 조치이다. 당연히 북은 이에 대해 강력 반발했다. 북은 8월 7일 미국에 대해 경고를 보내는 성명을 발표했다. 그 내용 중 일부를 인용한다.

『《세계유일초대국》이라고 자처하는 미국과 그에 못지않게 덩치 큰 우리 주변국들이 우리 국가의 단 두 차례의 대륙간탄도로케트 시험발사에 이렇듯 겁을 먹고 서로 짖어대는 몰골은 오히려 우리 공화국이 지닌 막강한 힘에 대한 자긍심만 더해주고 우리가 살 길, 우리가 갈 길은 오직 이 길 뿐이라는 신념만 굳혀주고 있다.

미국의 주도하에 지난 수십 년간 수차례에 걸쳐 조작된 유엔 《제재결의》에 의하여 세계에서 가장 혹독한 제재를 받고 있는 속에서도 간고한 투쟁을 벌이며 얻을 것은 다 얻고 손에 쥘 것은 다 쥔 우리 공화국이 적대세력들의 새로운 이따위 제재 앞에서 흔들리고 태도를 바꾸리라고 생각하는 것은 터무니없는 망상에 불과하다.』(조선중앙통신 8월 7일자 보도)

그러면서 △제재 결의 전면 배격, △단호한 정의의 행동, △미국의 범죄 대가를 천백배로 결산할 것이라는 입장을 천명했다.

미국은 유엔에서 제재결의안을 강행 통과시킨 데 만족하지 않고, 북에 대한 군사적 압박을 확대해 나갔다. 미국대통령 트럼프는 "고속으로 날아오는 북의 장거리 핵미사일 개발을 속수무책으로 바라보느니 북과의 전쟁을 불사하겠다", "전쟁을 해도 한반도에서 하는 것이고, 수천 명이 죽더라도 거기서 죽는 것이지 미 본토에서 죽지는 않을 것이다"라는 미친 소리를 거리낌 없이 떠벌였다. 미 유엔대사 헤일리는 "미국에는 막강한 힘이 있다", "그것을 포함한 모든 군사적 선택권을 행사할 것"이라고 공공연하게 떠들었다. 백악관 국가안보보좌관 맥 마스터는 "북이 미국을 위협하는 무기를 보유한다면 대통령의 시각에서 참을 수 없는 일이다. 그러므로 북의 핵 공격능력을 제거하기 위한 새로운 예방전쟁을 포함한 모든 군사적 선택을 준비하고 있다"고 선제타격 의지를 내비쳤다. 이러한 호전적인 발언은 군부 지도부까지 이어졌다. 미 국방장관 매티스와 합참 의장 던퍼드, 미 특수전사령관 토마스를 비롯한 펜타곤의 호전적 군부 지도부는 앞다퉈 '참수작전', '대북선제타격', '비밀작전', '내부교란작전', '특수작전'의 필요성을 서슴없이 뇌까렸다.

때를 같이해 미 유일 공중투하 사단인 제82 공수사단은 조선전선 투입을 전제로 한 대규모 실전 공중강습 및 기동전개 훈련에 진입했으며, 25 경보병 사단과 10 산악사단이 한반도 지형에 숙달하기 위해 산악훈련에 돌입했다. 세계 곳곳에서 악명을 떨친 '네이버 씰'

등 테러 전담 특수부대들이 한반도에 긴급 투입되었고,《B-52》,《B-1B》,《B-2A》를 비롯한 미군 전략자산들과《F-22》스텔스전투기 편대들을 한반도에 투입할 계획도 추진하고 있었다. 미 본토 캘리포니아주 에드워드 공군기지에서는《B-52H》전략폭격기 편대들이《PDU-5/B》심리전용 전단 폭탄 투하훈련을 벌였으며, 조선인민군 종심에서 내부 혼란을 조성하기 위한 비밀작전 준비에 여념이 없었다. 해상에서는 2개의 미군 핵 항공모함 타격단과 핵 잠수함을 한반도 수역에 기동 전개시킬 계획을 준비하고 있었다.

지상, 해상, 공중에서 벌어지고 있는 이 모든 군사적 움직임이 의미하는 바는 무엇인가? 그것은 곧 전쟁을 해보자는 것으로 해석할 수밖에 없다. 단순한 엄포를 넘어 실전 행동 단계로 넘어섰다. 바야흐로 전쟁의 먹구름이 한반도 상공으로 몰려오고 있었다. 세계의 언론들은 한반도에서 과연 전쟁의 발화점에 불이 당겨질 것인가에 촉각을 곤두세우고 있었다.

북은 미국의 군사적 압박에 정면 대결을 선언했다. 8월 8일 조선인민군 총참모부는 다음과 같은 성명을 발표하였다.

『조성된 엄중한 사태에 대처하여 조선인민군 총참모부는 미제의 전쟁광들이 준비하고 있는 모든 형태의 군사적 도발을 지금까지 다지고 다져온 무진막강한 백두산 혁명강군의 군사적 위력으로 무자비하게 짓뭉개버릴 단호한 입장을 내외에 천명한다.

1. 아직도 부질없는 미련을 가지고 감히 우리 혁명의 최고수뇌부를 노린《참수작전》을 획책하고 있는 미국의 도발에 대해서는 그 사소한 움직임이라도 포착되는 즉시 비열한 음모집단을 죽탕쳐 버리기 위한 우리 식의 선제적인 보복작전이 개시될 것이다.

미국이 추구하는《참수작전》은 우리 혁명의 수뇌부가 자리 잡고 있는 수도 평양을《석권》하고 핵 및 전략로케트사용을 불허하기 위해 오래전부터 계획된 극히 무엄하고 악랄한 수뇌부《제거》작전이다. 우리는 미국이 일단 무모한 음모 실현을 위해 움쩍하기만 하면 천인공노할 작전을 고안해내고 그에 가담한 모든 범죄자들을 일격에 형체도 없이 쓸어버릴 우리 식의 선제적인 정의의 보복작전에 진입할 것이다. 특별히 훈련되고 준비된 특공대 무리라고 하여도 우리 혁명의 수뇌부 가까이에 접근하기도 전에 우리 주권이 행사되는 해상과 수중, 공중의 봉쇄선 밖에서, 지상의 군사분계선 앞 계선에서 씨도 없이 소멸될 것이다.

우리에게는《팀》이나 소대, 중대, 대대 규모가 아닌 세계 일류급의 특수작전군이 준비되어있다. 혁명의 수뇌부 사수를 수령군, 당군의 최대사명으로, 총대전사들의 제일좌우명으로 간직하고 있는 조선인민군 특수작전군 장병들의 쌓이고 쌓인 대미 대적 분노가 폭발하는 경우《참수작전》으로 미국이 당하게 될 재난의 참혹상은 상상조차 할 수 없을 것이다. 세계는 분분초

초 만전을 기하고 출동 대기상태에 있는 우리의 영용한 특수작전군 집단이 일단 움직이면 《전쟁불사》를 부르짖으며 감히 우리의 최고존엄, 최고수뇌부를 노린 트럼프와 전쟁사환군들의 운명이 어떻게 끝장나는가를 똑똑히 목격하게 될 것이다.

2. 미국이 새롭게 고안해내고 감행하려는 도발적인 《예방전쟁》에는 미국본토를 포함한 적들의 모든 아성을 송두리 채 없애버리는 정의의 전면전쟁으로 대응하게 될 것이다.

트럼프의 그 무슨 안보 보좌진들이 새롭게 고안하고 준비하고 있다는 《예방전쟁》은 미국본토를 사정권 안에 둔 우리의 핵 및 로케트 기지를 임의의 시각에 불시에 타격하여 미국에 대한 있을 수 있는 위험을 미리 막는다는 극히 도발적인 침략전쟁 개념이다. 《예방전쟁》고안자들도 제 놈들의 행위가 국제적 물의를 일으킬 수 있는 날강도적인 군사적 선택임을 스스로 인정하고 있다. 그러면서도 《예방전쟁》마당을 우리의 주권이 행사되는 공화국 북반부 지역으로 정하고 거기에서 죽을 사람들은 조선 사람인 반면에 저들에게는 피해가 없는 《이상적인 선택》일 수 있다고 줴쳐대고 있다. 현실이 어떻게 변화되고 상대가 누구인지, 대세의 흐름이 어떻게 달라지고 있는지 초보적인 감각도 인식도 분별도 없는 어리석고 우매한 망상이 아닐 수 없다. 전쟁은 결코 유희가 아니다.

일단 미국의 《예방전쟁》행위 징조가 나타나면 우리 군대는 그 즉시 우리 공화국의 신성한 영토가 전쟁 마당으로 되기 전에 미국 본토를 우리의 핵전쟁 마당으로 만들어 버리게 된다는 것을 잊지 말아야 한다. 우리에게 이미 미국 본토를 사정권에 둔 다종다양한 전략적 핵 타격 수단들이 믿음직하게 준비되어 있다는 것을 숨기지 않는다.

3. 미국의 군부 호전광들이 입버릇처럼 줴쳐대고 있는《선제타격》기도는 우리 식의 보다 앞선 선제타격으로 무자비하게 짓부셔 버릴 것이다. 선제타격은 더 이상 미국의 독점물이 아니다. 세기를 두고 침략자 미제와의 판가리 대결전을 준비해 온 우리에게는 미국의 그 어떤 군사적 선제타격도 앞질러 짓부실 수 있는 우리 식의 독특한 선제타격방식이 있다. 우리의 핵 및 로케트기지들에 대한 선제타격을 운운하는 그 자체가 가소롭기 그지없다.

우리 식의 앞선 선제타격은 미국의 무모한 선제타격 기도가 드러나는 그 즉시 서울을 포함한 괴뢰 1, 3야전군지역의 모든 대상들을 불바다로 만들고 남반부 전 종심에 대한 동시타격과 함께 태평양작전 전구의 미제침략군 발진 기지들을 제압하는 전면적인 타격으로 이어지게 될 것이다.
우리 식의 앞선 선제 타격에 참가할 모든 타격 수단들도 임의의 시각에 내리는 명령에 따라 정의의 불줄기를 세차게 뿜어낼 대기상태에 있다.

4.우리 내부에 혼란을 조성하고 제도붕괴를 노리고 있는 미국의《비밀작전》은 전민항전으로 보란 듯이 짓뭉개 버릴 것이다.

최근 미국의 정책 작성자들이 운운하고 있는《비밀작전》은 깡패들로 편성된 특공대 무리들을 우리 내부에 침투시켜 살인, 방화, 파괴와 같은 난동으로 혼란을 조성하고 심리전과 배합하여 우리 제도를 붕괴시킨다는 어리석은 흉계이다. 이 흉계를 실현하려고 미국 본토에서는 심리전용 대형전단 폭탄투하훈련까지 벌여놓고 있다.《비밀작전》은 미국이 이라크와 리비아를 비롯한 중근동지역과 아프리카와 유럽의 여러 나라들에서 적용한 특수작전의 한 형태이다. 미국이 우리나라에서 꿈꾸고 있는《비밀작전》은 300만 소년단원들과 500만 청년들을 포함한 전체 인민의 반미항전으로 보란 듯이 짓부셔 버릴 것이다. 상대를 알고 자기도 알고 벌리는 전쟁은 백전백승하지만 상대를 모르고 자기도 모르고 벌리는 전쟁은 백전백패한다고 하였다. 지금 미국은 우리 군대와 인민을 몰라도 너무도 모르고 광기를 부리고 있다. 우리 공화국은 령도자의 두리에 천만군민이 일심으로 뭉친 불패의 사상강국, 전민이 무장하고 전국이 요새화된 금성철벽의 나라이다.

망조가 들어 운명이 기울어질 대로 기울어진 나라가 저들이 사는 아메리카제국이라는 것을 모르는데 미국의 정책 작성자들의 비극이 있다. 결국 미국은 상대도 모르고 자기도 모르고 헤덤비는 것으로 하여 비참한 최후를 면치 못하게 되어있다.

...

미국은 우리에 대한 침략전쟁 기도가 음흉해지고 노골화될수록 우리 군대의 군사적 대응강도도 그만큼 거세어진다는 것을 순간도 잊지 말아야 한다.

만일 미국이 우리 혁명무력의 준엄한 경고를 무시하고 끝끝내 무분별한 군사적 모험에 나선다면 아메리카제국의 비극적 종말은 더욱 빠른 속도로 들이닥치게 될 것이다. 2017년 8월 8일』(조선중앙통신 2017년 8월 9일자에서 인용)

조선인민군의 괌 포위사격 예상도

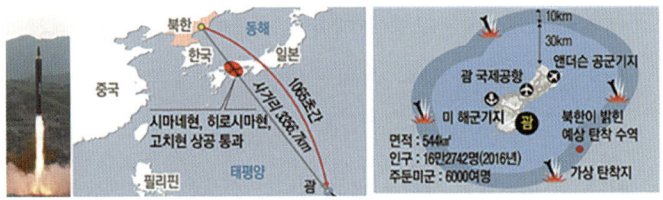

이날 조선중앙통신은 조선인민군 총참모부의 성명과 함께 전략군사령부의 괌도 포위사격 검토 성명도 동시에 보도하였다. 성명에는 조선인민군 전략군은 미 핵전략폭격기들이 틀어 앉아 있는 앤더슨 공군기지를 포함한 괌도 주요 군사 기지들을 제압 견제하고 미국에 엄중한 경고신호를 보내기 위해 중장거리 전략탄도미사일《화성-12》형으로 괌도 주변 포위사격을 위한 작전방안을 심중히 검토하고 있다는 내용이 담겨 있었다. 괌도 포위사격방안은 충분히 보고 작성되어 곧 최고사령부에 보고하게 되며, 최고사령관이 결단을 내리게 되면 임의의 시각에 동시다발적으로 연발적으로 실행될 것이라고 했다. 이어서 다음 날 8월 9일 보도된 총참모부 성명에서는 괌도 포위사격의 구체적 방도까지 밝혔다. 괌도 포위사격 방안으로는 중장거리 탄도미사일《화성-12》형 4발 동시발사 방안을 검토하고 있으며, 일본의 시네마현, 히로시마현, 고치현 상공을 통과하게 되며 사거리 3,356.7km를 1,065s간 비행한 후 괌도 주변 30~40km 해상 수역에 탄착하게 될 것이라는 구체적 경로까지 제시하였다. 그리고 조선인민군 전략군은 8월 중순까지 괌도 포위사격 방안을 최종 완성해 총사령관에게 보고하고 발사대기 상태에서 발사 명령을 기다릴 것이라고 밝혔다.

2017년 8월 14일 김정은 총사령관이 조선인민군 전략군사령부를 방문했다. 김정은 총사령관은 사령부 지휘소에서 전략군이 준비하고 있는 괌도 포위사격 방안을 청취하고, 오랜 시간 작전을 검토하고 토론했다. 작전방안이 당의 구상과 의도에 맞게 매우 치밀하고 용의주도하게 작성되었다고 평가한 후 사격 준비상태를 검열했다. 김정은 총비서는 미국은 지금 제 목에 올가미를 거는 셈이 되고 말았다고 조소하며, 미국 놈들의 행태를 좀 더 지켜볼 것이라고 밝혔다. 만약 미국 놈들이 한반도 주변에서 위험천만한 망동을 계속 부려대면 이미 천명한 대로 중대한 결단을 내릴 것이라고 천명했다.

ICBM 장착용 수소탄 시험

2017년 9월 3일 조선로동당 중앙위원회 정치국 상무위원회가 개최되었다. 회의에서는 국가핵무력 완성의 완결단계 목표를 달성하기 위한 일환으로 ICBM 장착용 수소탄 시험을 진행하는 문제를 토의하였다. 정치국 상무위원회에서는 조선로동당 중앙위원회 정치국 상무위원회 결정서《국가핵무력 완성의 완결단계 목표를 달성하기 위한 일환으로 대륙간탄도로케트장착용 수소탄 시험을 진행할 데 대하여》가 채택되고, 김정은 총비서가 시험 단행 명령서에 서명했다.

이보다 하루 전날 김정은 총비서는 핵무기 병기화 연구소를 방문했다. 이날 김정은 총비서는 새로 제작한 ICBM 장착용 수소탄 실물을 직접 살펴보았다. 로동신문 지면에 나와 있는 사진이 바로 그것이다. 이날 로동신문에는 북에서 제작한 수소탄의 성능과 효과에 대해 자세히 밝혀 놓았다. 로동신문에서 밝힌 바에 따르면 첫 수소탄 시험(2016년 1월 6일)에서 얻은 경험을 토대로 핵탄두로서 수소탄의 기술적 성능을 최첨단수준에서 보다 갱신했다고 한다. 최첨단 수준에서 보다 갱신했다는 것은 곧 세계 최고의 기술적 수준에 도달했다는 것을 뜻한다. 구체적으로 살펴보면 핵탄 위력을 타격 대상에 따라 수십kt급에서 수백kt급에 이르기까지 임의로 조정할 수 있다. 또 살상파괴력이 엄청난 것만 아니라 전략적 목적에 따라 고공에서 폭발시켜 광대한 지역에 대한 초강력 EMP 공격도 할 수 있도록 다기능화 된 열핵탄두이다.

이날 방문에서 김정은 총비서는 분열 및 열핵장약을 비롯한 수소탄의 모든 구성요소들이 100% 국산화되고, 무기급 핵물질 생산공정으로부터 부분품 정밀가공 및 조립에 이르기까지 핵무기 제작에 필요한 모든 공정이 주체화됨으로써 앞으로 강위력한 핵무기들을 마음먹은 대로 꽝꽝 생산할 수 있게 되었다고 밝혔다.

ICBM 탑재용 수소탄의 실물과 탑재 모형도

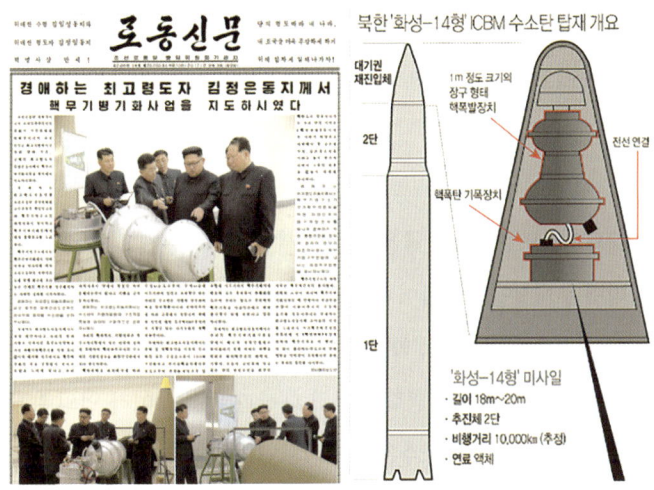

2017년 9월 3일 북 핵무기연구소는 대륙간탄도로케트(ICBM) 장착용 수소탄 시험에서 완전 성공했다는 성명을 발표했다. 성명 내용은 다음과 같다.

『조선로동당의 전략적 핵무력 건설 구상에 따라 우리의 핵 과학자들은 9월 3일 12시 우리 나라 북부 핵 시험장에서 대륙간탄도로케트 장착용 수소탄 시험을 성공적으로 단행하였다. 이번 수소탄 시험은 대륙간탄도로케트 전투부에 장착할 수소탄 제작에 새로 연구 도입한 위력조정 기술과 내부구조 설계방안

3장 <핵무력 완성>을 선언하다 153

의 정확성과 믿음성을 검토 확증하기 위하여 진행되었다. 시험측정 결과 총폭발 위력과 분열 대 융합 위력비를 비롯한 핵전투부의 위력지표들과 2단 열핵무기로서의 질적 수준을 반영하는 모든 물리적 지표들이 설계값에 충분히 도달하였으며 이번 시험이 이전에 비해 전례 없이 큰 위력으로 진행되었지만 지표면 분출이나 방사성 물질 누출 현상이 전혀 없었고 주위 생태환경에 그 어떤 부정적 영향도 주지 않았다는 것이 확증되었다.…

대륙간탄도로케트 장착용 수소탄 시험에서의 완전 성공은 우리의 주체적인 핵탄들이 고도로 정밀화되었을 뿐 아니라 핵전투부의 동작 믿음성이 확고히 보장되며 우리의 핵무기설계 및 제작 기술이 핵탄의 위력을 타격 대상과 목적에 따라 임의로 조정할 수 있는 높은 수준에 도달하였다는 것을 명백히 보여주었으며 국가핵무력 완성의 완결단계 목표를 달성하는 데서 매우 의의 있는 계기로 된다.』(조선중앙통신에서 인용)

북의 ICBM 장착용 수소탄 시험에 대해 전 세계의 반응은 매우 뜨거웠다. 서울대 원자공학과 모 교수는 중앙일보와의 인터뷰에서 "2017년 9월 3일 낮 12시 29분 시계는 멈췄다"고 말했다. 한반도 안보 게임의 법칙이 바뀌었다는 얘기이다. 그는 중앙일보와의 인터뷰에서 기자가 북에서 "핵실험 세기를 조절했다고 보느냐"라는 질문에 대해 "그렇다. 삼중 수소, 이중 주소만 더 집어넣으면 10배, 20배 위력을 낼 수 있었다. 만탑산 붕괴를 고려해 용량을 조절한 것이다. 특히 핵실험 후 북한은 수소탄을 핵분열 1단계와 융합의 2단계를 거쳤다고 했는데 핵분열을 한 번 더 하게(3단계) 하면 위력이 100배쯤 커진다. 기술이 부족해서 2단계로 한 것 같지 않다. 2단계까진 어렵지만 3단계는 쉽다. 고폭장약이나 우라늄 U-238을 감싼 후 화학폭약과 탬퍼(tamper·핵물질을 감싸는 장치)로 압축시키면 메가톤급의 폭발이 일어난다"라고 답했다. 이는 북이 어떤 규모의 핵무기도 마음먹은 대로 만들 수 있게 되었다는 것을 뜻한다.

9월 3일 핵실험의 규모에 대해서도 각 나라마다 달랐다. 핵실험의 규모는 지진파의 강도로 파악하는데 이남은 5.7, 미국, 중국은 6.3, 일본은 6.1, 러시아는 6.4로 발표했다. 이에 대해 위에서 말한 원자공학과 교수는 인터뷰에서 "우리는 동해 바다 밑을 통해 전해진 지진파를 잡는다. 그래서 보정을 하는데, 결과를 검증할 필요가 있다. 중국은 북한과 접경지역이라 보정할 필요가 없다. 연변지역의 25층 건물이 30초간 흔들렸다. 굉장한 규모다. 지진파 폭발 위력은 지진파가 1도 올라갈 때마다 2의 5승으로 세진다. 우리 기준으로 50kt, 미·중 기준으론 200kt~600kt이다" 한마디로 이남의 평가는 보정을 거치므로 거기에서 조작이 가능해 믿을 수 없으며, 반면에 중국은 접경지역이라 보정할 필요가 없기 때문에 더 정확하다고 봐야 한다는 것이다. 중국의 지진파 6.3이라면 200kt~600kt의 폭발력을 갖은 수소탄이라고 봐야 한다는 것이다. 참고로 미국의 미니트맨 Ⅲ에 장착된 W87 핵탄두도 북이 공개한 화성 14호 핵탄두와 같은 모양인데, 머리 크기를 참고하면, 둘의 크기가 비슷함을 알 수 있다. 이 W87 핵탄두의 폭발력은 300kt에 달한다고 한다. 미

캘리포니아 주립 산타크루즈대학의 손 레이 박사 연구진은 미국 과학 학술지 '지구물리학 연구저널'에 발표한 보고서에서, 핵탄두 폭발력은 250kt에 달한다고 밝혔으며, 이는 히로시마에 투하된 원자탄의 16배에 달한다.

11.29 새 형의 ICBM 발사 성공과 핵무력 완성선언

2016년 7차 당 대회 결정에 따라 줄기차게 진행되어 오던 핵무력 완성의 길은 마침내 결승전에 도달했다. 2017년 9월 3일 대형중량의 수소탄두 폭발시험에 완전히 성공하였다. 이로써 소형핵탄두에서부터 대형핵탄두, 원자탄으로부터 수소탄에 이르기까지 다종다양한 핵탄두를 마음먹은 대로 생산할 수 있게 되었다. 핵 능력의 고도화, 다종화, 정밀화라는 국가적 목표를 달성했다. 이제 미국 본토 전역을 타격할 수 있는 타격 능력을 완성하는 것만 남았다. 이를 위해 2017년 7월 4일과 7월 28일『화성 14』형 ICBM 시험발사에 성공함으로써 미국의 심장부를 타격할 수 있는 능력을 보여주었다. 북은 여기에 만족하지 않고 미 본토 전역을 100% 타격할 수 있는 ICBM 개발을 추진했고, 마침내 새 형의 ICBM인『화성 15』형 ICBM 개발에 성공했다.『화성 15』형 ICBM 은 2017년 11월 29일 오전 2시 48분, 평양의 교외에서 거대한 화염을 내뿜으며 상공을 향해 힘차게 날아올랐다. 과연 성공할 것인가?

이보다 앞서 11월 28일 새 형의 대륙간탄도로케트 시험발사 준비가 완료되었다는 보고를 받은 김정은 총비서는 새로 개발한 대륙간탄도로케트《화성-15》형 시험발사 단행 명령서에 친필 서명을 마친 후 ICBM 발사 준비 현장으로 향했다. 발사 현장에 도착한 후 9축자행발사대차를 살펴보았다. 9축자행발사대차란 바퀴가 한쪽에 9개 달린 이동식 발사차량을 말하는데, 화성 14형 발사차량은 바퀴가 한쪽에 8개짜리였는데, 화성 15형 발사차량은 바퀴가 한쪽에 9개로 한 개가 늘었다.

9축 이동식 발사차량을 둘러보고 있는 김정은 총비서

발사차량을 구체적으로 살펴본 김정은 총비서는 흠잡을 데 없이 잘 만들었다고 만족을 표하면서 "발사대 차체와 발동기, 대형다이야와 권양팔, 발사탁, 유압장치, 전기조종장치, 동력장치를 비롯한 모든 요소들을 100% 국산화, 주체화하는 돌파구를 열어제낌으로써 이제는 우리가 마음먹은 대로 대차를 꽝꽝 생산할 수 있게 되었다"고 노동 계급에게 감사를 표했다. 이동 발사차량의 100% 국산화는 북에게 매우 중요하다. 100% 국산화된 이동 발사차량이 있어야만 ICBM을 마음먹은 장소에서 적에게 노출되지 않고 불시에 발사함으로써 보복 타격 능력을 갖추게 된다. 보복 타격 능력이란 적으로부터 핵 선제타격을 받은 이후에도 핵무기로 반격할 수 있는 능력을 말하는데, 보복 타격 능력을 갖춰야 적이 함부로 핵 선제타격을 할 수 없게 된다. 적의 핵 선제타격 이후에도 핵 능력을 보유하고 있어야 할 뿐 아니라, 반격할 수 있는 발사 수단(이동식 발사차량, 핵잠수함 등)을 적에게 파괴당하지 않고 갖추고 있어야 한다. 이러한 점에서 이동식 발사차량은 결정적 중요성을 갖는다.

이동식 발사차량에 실려 발사준비를 하고 있는 화성15형(왼편)과 화성 14형(오른편)

2017년 11월 29일 화성-15형 ICBM이 상공으로 날아올랐다. 사진은 화성-15형 발사장면과 기뻐하고 있는 김정은 총비서의 모습

　드디어 시험발사 명령이 하달됐다. 순간 천지를 뒤흔드는 요란한 동음을 장쾌하게 터뜨리며 대륙간탄도로케트(ICBM)《화성-15》형이 눈부신 섬광 속에 육중한 동체를 드러내며 우주로 솟구쳐 올랐다. 이에 관한 로동신문 기사를 발췌한다.

『이번 시험발사는 새로 개발한 《화성-15》형 무기체계의 전술기술적 제원과 동작 믿음성을 확정하는데 목적을 두고 최대고각발사체제로 진행하였다. 대륙간탄도로케트 《화성-15》형은 최대정점고도 4,475km까지 상승하며 거리 950km를 53분간 비행하여 조선 동해 공해상의 설정된 수역에 정확히 탄착되었다. 이번 시험발사를 통하여 무기체계의 모든 정수들이 설계의 요구를 정확히 만족하였으며 전략무기 체계의 사명에 맞게 전투환경에서의 믿음성을 충분히 보장할 수 있다는 것을 확정하였다. 특히 중간 비행구간 자세조종 및 속도 교정에 의한 명중성, 추진력벡토르조종(추력편향조종 thrust vector control, TVC인데, 추력 방향 제어 기술을 말한다. 한마디로 추진력의 방향을 바꿈으로서 로켓의 자체 자세제어 능력을 말한다;저자주)을 실현한 대출력 발동기와 비추진력(비추력은 로켓 연료의 효율성을 나타내는 단위인데, 1kg의 연료가 1초 동안 연소될 때의 추력을 말한다:저자주)이 높은 발동기의 동작 정확성이 확증되었으며 그에 따르는 유도 및 안정화 체계 설계 정수들의 정확성이 검증되었다. 또한 새로 개발 완성한 9축자행 발사대차(한쪽의 바퀴가 9개인 이동식 발사차량:저자주)의 기동 및 권양 능력과 발사계통에 대한 동작 믿음성을 확인하였다. 이와 함께 이미 확증된 조종 및 안정화 기술, 계단 분리 및 시동 기술, 재돌입환경에서 전투부의 믿음성들을 재확증하였다. 기동성과 명중성이 확고히 보장된 대륙간탄도로케트 《화성-15》형 무기체계는 100% 우리의 힘과 기술로 우리 실정에 맞게 개발한 명실공히 조선로동당식 무기체계이며 이로써 우리 국가는 미국 본토 전역을 타격할 수 있는 초대형 중량급 핵탄두 장착이 가능한 또 하나의 신형 대륙간탄도로케트 무기체계를 보유하게 되었다.』(로동신문 보도에서 부분 인용)

발사는 성공이었다. 김정은 총비서는 대만족이라며, 기쁨을 금치 못하고 개발 참여자들에게 뜨거운 감사의 인사를 드린다고 치하하였다. 그러면서 오늘은 국가핵무력 완성의 역사적 대업, 로케트강국 위업이 실현된 뜻깊은 날이라면서, "우리 공화국의 전략적 지위를 더 높이 올려 세운 위대한 힘이 탄생한 이 날을 조국청사에 특기하여야 할 것"이라고 천명했다. 이어 '이것은 병진노선과 과학중시 정책의 결실이며, 인민의 위대한 승리'라고도 했다.

대륙간탄도로케트(ICBM)《화성-15》형 발사에 성공한 후 북은 곧바로 정부 성명을 발표했다. 아래에 그 일부를 싣는다.

『새형의 대륙간탄도로케트시험발사 성공
조선로동당의 정치적 결단과 전략적 결심에 따라 새로 개발한 대륙간탄도로케트《화성-15》형 시험발사가 성공적으로 진행되었다. 대륙간탄도로케트《화성-15》형 무기체계는 미국 본토 전역을 타격할 수 있는 초대형 중량급 핵탄두 장착이 가능한 대륙간탄도로케트로서 지난 7월에 시험발사한《화성-14》형보다 전술 기술적 제원과 기술적 특성이 훨씬 우월한 무기체계이며 우리가 목표한 로케트무기체계 개발의 완결단계에 도달한 가장 위력한 대륙간탄도로케트이다.

조선로동당과 공화국 정부의 위임에 따라 김정은동지가 지도하는 속에 대륙간탄도로케트《화성-15》형은 주체106(2017)년 11월 29일 2시 48분 수도 평양의 교외에서 발사되었다. 로케트는 예정된 비행궤도를 따라 53분간 비행하여 조선 동해 공해상의 설정된 목표 수역에 정확히 탄착되었다. 시험발사는 최대고각발사체제로 진행되었으며 주변 국가들의 안전에 그 어떤 부정적 영향도 주지 않았다. 대륙간탄도로케트는 정점고도 4,475km까지 상승하여 950km의 거리를 비행하였다. 김정은동지는 새 형의 대륙간탄도로케트《화성-15》형의 성공적 발사를 지켜보시면서 오늘 비로소 국가핵무력 완성의 역사적 대업, 로케트 강국 위업이 실현되었다고 긍지높이 선포하시었다.…

주체106(2017)년 11월 29일 평양』(조선중앙통신에서 인용)

'핵무력 완성'의 국제정치학적 의미

북이 얘기하는 '국가 핵무력 완성'이란 의미는 무엇일까? 이것을 먼저 이해할 필요가 있다. 보통 핵무력이란 핵무기와 그 투발 수단으로 구성되는데, 핵무기는 원자탄과 수소탄이 있다. 투발수단은 대륙간탄도미사일(ICBM), SLBM 탑재 핵 잠수함, 핵 전략폭격기 등이 있다. 이러한 요소들을 갖추었다고 했을 때 과연 핵무력이 완성되었다고 말할 수 있을까? 답은 '예'이기도 하고, '아니요' 이기도 하다. 이러한 요소들을 갖추었을 때 핵무력이 완성되었다는 의미에서 '예'가 맞다. 하지만 이러한 요소들을 갖추었다고 해도 상대방의 선제 핵 공격에 대해 보복 타격 능력을 갖추지 못했거나, 핵 선제타격 능력을 갖추지 못했다면 명실상부한 핵무력 완성이라고 보기 어렵다. 그렇다면 핵무력 완성의 실체적 의미는 무엇일까? 북과 대적 관계에 있는 미국의 어떠한 선제 핵 공격에 대해서도 확실한 핵 보복 타격 능력을 갖추었을때, 이뿐 아니라 핵 선제타격 능력을 갖춤으로써 미국의 핵 능력과 전략적 동등성을 획득하였거나, 미국의 핵 능력을 압도했을 때 핵무력 완성이라고 볼 수 있다.

확실한 핵 선제보복타격 능력을 갖추기 위한 조건은 무엇일까? 먼저 핵무기 측면에서 살펴보면, 핵무기의 다종화, 소형화, 경량화, 전술무기화를 실현하는 것이다. 이 점에서 북은 원자탄과 수소탄을 보유하고 있으며, 수소탄 시험 2회를 통해 소형 수소탄과 대형 중량 수소탄을 보유하고 있음을 증명했다. 또 북의 보도에 따르면 5차 핵 시험(2016년 9월 9일)을 통해 핵무기의 표준화, 규격화를 실현했다. 핵무기의 표준화, 규격화를 실현했다는 것은 소형화, 경량화, 다종화 된 보다 타격력이 높은 각종 핵탄두를 마음먹은 대로 필요한 만큼 생산할 수 있게 되었다는 것을 뜻한다. 즉 전략핵무기뿐만 아니라 전술핵무기를 마음먹은 대로 만들어 낼 수 있게 되었다는 것이다. 핵무기 측면에서만 보면 핵무력은 완성되었다.

투발 수단의 측면에서 살펴보면, 잠수함발사 전략탄도미사일(SLBM)과 대륙간탄도미사일(ICBM) 개발에 성공함으로써 미국 전역을 타격할 수 있는 투발 수단을 갖게 되었다. 그런데 문제는 과연 미국의 핵 선제타격에 대한 보복타격 능력을 어떻게 확인할 수 있을까? 전략잠수함 SLBM의 성공, 이동식 발사대 차량의 자체

생산, 다양한 투발 방식의 구축(달리는 열차에서의 발사, 저수지 수면 아래에서의 발사 등)을 통해 미국의 선제타격을 회피하고 보복타격을 할 수 있는 수단과 능력을 갖추고 있음을 보여주었다. 이러한 점에서 핵무력이 완성되었다고 평가할 수 있다.

북 핵무력 완성의 군사적 의미는 무엇인가? 그것은 미국의 핵전력과 전략적 동등성을 획득했다는 뜻이다. 전략적 동등성이란 '미국이 조선을 죽이려고 할 때, 조선도 미국을 죽일 수 있는 능력'(상호확증파괴능력)을 갖춤으로써 군사 전략적으로 동등한 지위를 갖게 된 것을 말한다.

미국은 지금까지 수십 년 동안 누려왔던 한반도에서 '전략적 우위'를 잃어버렸다. 예를 들어 지금까지 미국은 연례적인 한미합동군사훈련 등을 통해 북을 일방적으로 압박하고 협박했다. 북은 한미합동군사훈련이 벌어질 때마다, 그것이 실제 대북 공격으로 언제 바뀔지 몰라 군사적 대비 태세를 갖추어야 했으며, 그로 인한 숱한 생산 차질을 감내해야 했다. 미국은 일방적으로 북을 때리고 협박했다. 이처럼 지금까지 북미 관계는 '공격하는 미국과 수비하는 북'이라는 기본 틀이 유지됐었다. 미국은 본토 안전에 대한 걱정이 전혀 없었다. 트럼프는 심지어 '전쟁이 나도 그곳에서 날 것'이라고 말했다. 미국 본토가 위협받을 리는 없다는 뜻이며, 더 나아가 미 본토가 전쟁 마당으로 될 가능성은 전무하다는 말이었다. 그런데 이제 북의 핵무력 완성으로 이러한 상황은 끝났다. 이제 미국이 북에 대한 선제타격 조짐이 보이면, 북은 미 본토를 향해 핵 공격을 할 것이며, 미 본토가 불바다로 변할 것이다. 한반도를 전쟁

터로 만들려다, 미 본토가 전쟁터로 될 운명에 놓였다. 북을 공갈 협박하기 위한 한미합동군사훈련은 도리어 그것을 명분으로 북이 미 본토를 향해 핵무기를 날릴지도 모른다는 불안과 초조함에 시달리는 시대가 와 버렸다. 미 본토의 안전을 전제로 했던 미국의 대북공격능력은 이제 무력화되었다.

북 핵무력 완성의 국제정치적 의미는 무엇인가? 기존의 한반도 질서는 모두 미 군사력의 절대적 우위를 기반으로 작동했었다. 미국 군사력의 절대적 우위는 한미동맹의 힘의 근원이었고, 미일동맹의 기초였으며, 대북압살공세의 대들보였다. 이러한 미 군사력의 절대적 우위가 무너졌다. 이로 인해 아직은 관성적으로 작동하는 낡은 질서의 흔적이 남아있지만, 기존의 한반도 질서의 토대도 무너져 버렸다. 지금은 진실을 호도하면서 한미동맹, 미일동맹을 억지로 유지해 나가고는 있지만, 이것은 머지않아 파탄에 처할 것이다. 자기들을 전혀 보호해 주지 못하는 빈 껍데기의 한미동맹을 그 누가 신주단지 모시듯 모실 것인가? 지금도 미국은 한국 보호가 문제가 아니라 미국 본토 안전에 급급한데, 언제까지 한국의 보호자인 양 할 수 있겠는가? 가장 극적인 변화는 역시 북미관계이다. 미국이 공격자이고, 북이 수비자였던 이제까지의 북미관계는 완전히 끝났다. 이제는 공격자와 수비자의 위치가 바뀌었다. 수비자였던 북이 공격자로 되고, 공격자였던 미국은 수비자로 바뀌었다. 북은 끊임없이 미국의 본토 안전을 위협하면서 미국이 한반도에서 물러날 때까지 미국에 대한 군사적 공세를 이어갈 것이다. 북의 군사적 공세에 대해 미국은 전전긍긍하지 않을 수 없게 되었다.

'강대강, 정면승부'라는 북의 대미전략은 바로 이러한 힘의 역관계에 기초한 대미전략인 것이다.

'강대강, 정면승부'의 기치를 내건 북의 전략적 공세에 직면한 미국은 이제 마지막 도박을 할 것인가? 시대에 순응해 항복할 것인가의 선택의 기로에 서게 되었다. 이것이 작금의 한반도 정세의 핵이다. 제국주의는 본성상 순순히 물러나지 않는다. 제국주의에 대한 그 어떤 기대와 환상을 갖는 것은 죽음을 자초하는 행위이다. 비록 북의 전략적 공세 앞에서 전전긍긍하지 않을 수 없지만, 변화된 현실을 인정하고 한반도에서 순순히 물러날 리 만무하다.

그들의 예상되는 행동 양상은 명확하다. 먼저 변화된 현실을 인정하지 않을 것이며, 다음으로 시대착오적 군사적 대결 공세에 매달릴 것이다. 또한 만약의 사태에 대비하기 위해 한일 양국을 대북 적대적 공격에 총알받이로 내세울 것이다. 이로 인해 한반도 정세는 한치 앞을 내다보지 못할 정도로 전쟁 전야의 대결 국면이 지속될 것이다. 그러나 그들의 이러한 무모한 군사적 대결 공세는 하면 할수록 스스로 궁지로 빠져들게 된다.

4장

경제강국 건설을 향하여

1절 _ 경제건설 총집중노선 결정

2018년 4월 18일 노동신문 1면

2018년 4월 20일, 세계의 이목이 쏠린 가운데 조선로동당 중앙위원회 제7기 3차 전원회의가 평양에서 열렸다. 2017년 〈11.29 핵무력 완성선언〉이후 몇 개월 동안 한반도에는 새로운 변화의 바람이 불었다. 그것은 김정은 총비서의 〈2018년 신년사〉에서 시작됐다. 신년사에서 그는 다음과 같이 남북관계의 새로운 전환을 주문했다.

『조성된 정세는 지금이야말로 북과 남이 과거에 얽매이지 말고 북남관계를 개선하며 자주통일의 돌파구를 열기 위한 결정적인 대책을 세워나갈 것을 요구하고 있습니다. 이 절박한 시대적 요구를 외면한다면 어느 누구도 민족 앞에 떳떳한 모습으로 나설 수 없을 것입니다. 새해는 우리 인민이 공화국창건 일흔 돐을 대경사로 기념하게 되고 남조선에서는 겨울철올림픽경기대회가 열리는 것으로 하여 북과 남에 다 같이 의의 있는 해입니다. 우리는 민족적 대사들을 성대히 치르고 민족의 존엄과 기상을 내외에 떨치기 위해서도 동결상태에 있는 북남관계를 개선하여 뜻깊은 올해를 민족사에 특기할 사변적인 해로 빛내어야 합니다.』(2018년 김정은 신년사 중에서 인용)

신년사 발표 이후 남북관계 발전에 대한 새로운 기대와 희망이 널리 퍼졌다. 남북은 북 선수단의 동계올림픽 참가와 마식령스키장에서 남북 공동 훈련을 추진했고, 김영남 최고인민회의 상임위원장이 평창 동계올림픽 개막식에 참석했다. 남북 사이의 고위급 교류와 북 선수단의 동계올림픽 참가, 남북 공동응원, 남북예술단의 상호 방문 공연으로 남북 화해 협력 분위기가 급격히 높아졌다. 이처럼 〈11.29 핵무력 완성〉은 미국의 대북 압박정책에 파열구를 내었고, 이 무너진 틈새를 비집고 남북 화해협력과 평화 완화 분위기가 급속히 높아졌다. 이러한 놀라운 정세 변화가 진행되고 있던 때 조선로동당 중앙위원회 제7기 3차 전원회의 개최 소식이 터져 나왔으며, 세계는 김정은 총비서가 어떤 노선을 제시할 것인지 숨죽이며 주목하고 있었다.

새로운 정세는 북의 주동적 노력의 산물

전원회의에서 김정은 총비서는 7기 3차 전원회의 소집 배경을 설명했다. 그는 혁명 발전의 요구와 조성된 정세에서 사회주의 건설의 더 높은 단계의 목표를 점령하기 위한 중대 문제를 토의 결정하기 위해 전원회의를 소집했다고 밝혔다. 혁명발전의 요구란 무엇이고, 조성된 정세란 무엇일까?

조성된 정세에 대해 김정은 총비서는 다음과 같이 밝혔다.

> 『지난해 국가 핵무력 완성을 선포한 후 우리의 주동적인 행동과 노력에 의하여 전반적 정세가 우리 혁명에 유리하게 급변하고 있다고. 조선 반도와 지역에서 긴장 완화와 평화에로 향한 새로운 기류가 형성되고 국제정치 구도에서 극적인 변화들이 일어나고 있다.』(조선로동당 중앙위원회 제7기 3차 전원회의 보고 중에서 인용)

2017년 정세를 돌이켜 보자. 당시 정세는 전쟁 일보 직전까지 치닫던 매우 험악한 상황이었다. 당시 미 대통령 트럼프는 "지금 전 세계가 보지 못한 '화염과 분노'에 직면할 것"이라면서 연일 대북 강공드라이브를 걸었으며, 상호 간 핵 단추를 놓고 설전을 벌이기도 했다. 태풍의 한복판에 있었던 우리는 그런가 보다 하고 그 당시 상황의 험악함과 위험성을 깊이 느끼지 못했다. 하지만, 나중에 알려진 바에 따르면 당시 상황은 상상 이상으로 험악했다. 미국 기자

밥 우드워드는 『격노』라는 저서에서 당시 국방장관 제임스 매티스는 워싱턴에 있는 성당을 여러 번 찾아가 한반도에서 핵전쟁이 일어나지 않기를 기도했다고 썼다. 그리고 빈센트 브룩스 당시 주한 미사령관은 일본 언론과의 인터뷰에서 당시 모든 군사적 선택방안을 검토했다고 밝혔다. 북의 핵무력 완성을 저지하려는 미국의 무모함으로 한반도 정세는 그야말로 일촉즉발의 상황이 지속되었다. 미국의 이러한 협박과 강경한 군사행동도 북의 핵무력 완성 의지를 꺾지 못했다. 미국과 생사존망을 다투는 치열한 군사적 대결 속에서 북은 드디어 핵무력 완성을 선언했다. 북의 핵무력 완성은 북미 군사적 대결전의 또 하나의 승리였다.

북의 〈핵무력 완성〉, 그것은 북미 군사 대결에서 '북의 승리, 미국의 패배'를 의미한다. 패배한 미국은 진퇴양난의 궁지에 몰렸다. 이미 핵무력 완성을 선언한 북과 전쟁을 각오할 배짱은 없었다. 그렇다고 아무 일 없었다는 듯이 넘어갈 수도 없었다. 그것은 국제적 망신일 뿐 아니라, 북의 핵 무장을 사실상 인정하는 꼴로 된다. 이러지도 못하고 저러지도 못하며 곤혹스러워하는 미국에게 북은 '대화 제의'라는 '자비로운 은혜'(?)를 베풀었다. 북의 대화 제의에 미국은 너무나 기쁜 나머지 성큼 받아 물었다. 이로써 전쟁 국면으로 치닫던 한반도 정세는 '긴장 완화와 평화 기류'라는 새로운 정세가 펼쳐졌다.

그런데 북은 왜 미국에게 퇴로를 열어줬을까? 여기에는 북 나름대로 깊은 속셈이 있었다. 뿔난 망아지 어디로 뛸 줄 모르는 법이다.

당시 궁지에 몰린 미국이 갈팡질팡하다 하지 말아야 할 불장난을 할 수도 있는 상황이었다. 미국의 치기 어린 불장난으로 한반도가 전쟁의 불바다로 변하는 사태를 통제할 필요가 있었다. 퇴로를 열어주어 무모한 불장난을 하지 않도록 유도하려고 했다. 이와 함께 북이 핵무장 국가로서 미국과 대등한 테이블에서 협상을 하는 것 자체로 핵무력 완성을 국제적으로 합법화하는 효과를 낸다. 이러한 상태의 협상은 그 어떤 명분을 앞세우더라도 실질적으로는 핵 군축 협상이 될 수밖에 없다. 핵 군축 협상이란 핵무기 보유를 인정한 토대 위에서 협상을 통해 쌍방 간 핵무력 확대의 중단, 단계적 감축, 궁극적 비핵화를 지향하는 협상이다. 즉 북은 미국의 무모한 도발을 막아 평화를 지키고, 자신의 핵무장을 국제적으로 합법화하기 위해 미국에게 대화를 제안했다. 그리고 궁지에 몰린 미국은 북의 대화 제의를 덥석 받아 물 수밖에 없었다. 이처럼 북은 핵무력 완성과 대화 제의라는 주동적 조치로서 긴장 완화와 평화 기류를 만들어냈다.

병진노선의 완결 선포

미국은 조선의 핵무력 완성을 저지하기 위해, '화염과 분노'라는 전쟁 불사의 태세까지 보였다. 하지만, 북은 11.29 화성 15호 대륙간 탄도미사일 발사를 강행, 성공하고, 핵무력 완성을 선언했다. 닭 쫓던 개 지붕 쳐다보는 격이 된 미국은 북의 대화 제의를 속절없이 받아 물 수밖에 없었다. 이것은 결국 화성 15호의 위력이 가져다준 결과이며, 궁극적으로는 화성15호 발사 성공을 견인했던 병진 노선의 빛나는 결실이라고 말할 수 있다. 김정은 총비서는 이에 대해 다음과 같은 요지로 말하였다.

『불과 몇 달 전까지만 하여도 상상조차 할 수 없었던 사변들이 연발하고 있는 경이적인 현실은 우리 당 병진노선이 안아온 빛나는 결실입니다.

지금으로부터 5년 전 우리 당이 역사적인 2013년 3월 전원회의에서 조성된 정세와 혁명 발전의 요구로부터 출발하여 경제건설과 핵무력 건설을 병진시킬 데에 대한 혁명적인 전략적 노선을 제시한 바 있습니다.

병진의 험난한 노정에서 우리 당은 오직 자기 위업의 정당성과 우리 인민에 대한 굳은 믿음을 안고 시련과 난관을 이겨내며 멈춤 없이 달려왔으며, 당과 전체 인민의 일심일체의 거대한 위력은 우리 국가를 세계적인 핵 강국으로 재탄생시키고 세계정치 구도의 중심에 당당히 올려 세울 수 있게 한 원동력이고 근본 비결이었습니다.

국가 핵무력 건설이라는 역사적 대업을 5년도 안 되는 짧은 기간에 완벽하게 달성한 기적적 승리는 조선로동당의 병진노선의 위대한 승리입니다.』(조선로동당 중앙위원회 제7기 3차 전원회의 보고 중에서 인용)

병진노선은 핵무력 완성을 적극 이끌었을 뿐 아니라, 경제건설에서도 괄목할 만한 성과를 가져왔다. 김정은 총비서는 전원회의 석상에서 '자립경제의 위력을 높이 발휘할 수 있는 전망이 열리고 나라의 전반적 경제가 상승궤도에 들어섰으며, 이것은 병진노선의 정당성과 생활력의 일대 과시로 된다'고 평하였다.

이러한 평가 끝에 김정은 총비서는 경제건설과 핵무력 건설 병진노선으로 추구하려고 했던 역사적 과업이 빛나게 관철되고, 병진노선은 완결되었다고 선포했다. 이에 기초해서 결정서《경제건설과 핵무력 건설 병진노선의 위대한 승리를 선포함에 대하여》를 만장일치로 채택했다. 그 내용은 다음과 같다.

『결정서

첫째, 당의 병진노선을 관철하기 위한 투쟁 과정에 임계전핵시험과 지하핵시험, 핵무기의 소형화, 경량화, 초대형 핵무기와 운반수단 개발을 위한 사업을 순차적으로 진행하여 핵무기 병기화를 믿음직하게 실현하였다는 것을 엄숙히 천명한다.

둘째, 주체107(2018)년 4월 21일부터 핵시험과 대륙간탄도로케트 시험발사를 중지할 것이다. 핵시험 중지를 투명성있게 담보하기 위하여 공화국 북부 핵시험장을 폐기할 것이다.

셋째, 핵시험 중지는 세계적인 핵군축을 위한 중요한 과정이며 우리 공화국은 핵시험의 전면중지를 위한 국제적인 지향과 노력에 합세할 것이다.

넷째, 우리 국가에 대한 핵 위협이나 핵 도발이 없는 한 핵무기를 절대로 사용하지 않을 것이며 그 어떤 경우에도 핵무기와 핵기술을 이전하지 않을 것이다.

다섯째, 나라의 인적, 물적자원을 총동원하여 강력한 사회주의경제를 일떠세우고 인민생활을 획기적으로 높이기 위한 투쟁에 모든 힘을 집중 할 것이다.

여섯째, 사회주의 경제건설을 위한 유리한 국제적 환경을 마련하며 조선반도와 세계의 평화와 안정을 수호하기 위하여 주변국들과 국제사회와의 긴밀한 연계와 대화를 적극화해 나갈 것이다.』(로동신문 2018년 4월 21일자 조선로동당 중앙위원회 제7기 3차 전원회의에 관한 보도에서 인용함)

경제건설 총집중노선 채택

여기에서 병진노선이 빛나게 관철되었다는 것을 어떻게 해석해야 할까? 어떤 정책이 추구하려 했던 목표가 관철되었다면, 새로운 높은 목표를 내세우고, 그 목표를 달성하기 위한 새로운 정책과 노선을 제기해야 한다. 이러한 점에 비추어 볼 때 병진노선 대신 새로운 국가발전전략노선이 필요하다고 봐야 할 것이다. 이 점에 대해 김정은 총비서는 다음과 같이 말하였다.

『경제건설과 핵무력건설을 병진시킬 데 대한 전략적 노선이 내세운 역사적 과업들이 빛나게 수행된 오늘 우리 당 앞에는 승리의 신심 드높이 혁명의 전진 속도를 보다 가속화하여 사회주의 위업의 최후승리를 앞당겨야 할 중대한 혁명 과업이 나서고 있습니다.』(조선로동당 중앙위원회 제7기 3차 전원회의 보고 중에서 인용)

바로 이점이 혁명 발전의 요구이다. 병진 노선이 완결된 조건에서 제기되는 중대한 혁명 과업이란 무엇일까? 이에 대해 김정은 총비서는 경제건설 총집중노선이라고 밝혔다. 왜 경제건설 총집중노선인가? 북은 지금 사회주의 강국 건설이라는 원대한 목표를 향해 돌진해 나가고 있다. 이 사회주의 강국이란 국력이 강하고, 모든 것이 흥하며, 인민들이 세상에 부럼없이 사는 나라이다. 다시 말해 △그 누구도 건드릴 수 없는 높은 존엄과 위력을 지닌 강대한 나라, △정치와 군사, 경제와 문화 등 모든 분야에서 끊임없는 발전과 번영을 이룩해나가는 나라, △인민들이 자주적이며 창조적인 생활을 마음껏 향유하는 나라를 말한다. 한마디로 정치사상 강국, 군사 강국, 경제 강국을 실현하면 사회주의 강국 목표를 달성하게 된다. 핵무력 완성으로 북은 정치사상 강국, 군사 강국의 지위에 확고히 올라섰다. 이제 남은 것은 경제 강국이다. 경제 강국을 건설하기만 하면, 명실상부한 사회주의 강국으로 부상할 수 있다. 그러므로 가장 절박한 혁명 과업은 경제건설에 총집중하는 것이다. 그는 다음과 같이 말하였다.

『우리 공화국이 세계적인 정치사상 강국, 군사 강국의 지위에 확고히 올라선 현 단계에서 전당, 전국이 사회주의 경제건설에 총력을 집중하는 것, 이것이 우리 당의 전략적노선입니다.

우리에게는 무궁무진한 창조력을 지닌 인민대중과 당이 키워낸 과학자, 기술자진영이 있고 그 어떤 풍파에도 끄떡없는 자립경제의 토대가 있다고 하시면서 경제건설에 총력을 집중할 데 대한 새로운 전략적 노선은 가장 과학적이고 혁명적인 노선으로 됩니다.《사회주의 경제건설에 총력을 집중하여 우리 혁명의 전진을 더욱 가속화하자!》라는 전투적 구호를 높이 들고 혁명적인 총공세, 경제건설대진군을 힘차게 벌여 나가야 합니다.』(조선로동당 중앙위원회 제7기 3차 전원회의 보고 중에서 인용)

중앙위원회 전원회의에서는 김정은 총비서가 제시한 경제건설 총집중노선을 전폭적으로 찬성하고, 결정서《혁명발전의 새로운 높은 단계의 요구에 맞게 사회주의경제건설에 총력을 집중할 데 대하여》를 채택했다. 여기에는 다음과 같은 결정들이 채택되었다.

『첫째, 당과 국가의 전반 사업을 사회주의 경제건설에 지향시키고 모든 힘을 총집중할 것이다.
둘째, 사회주의 경제건설에 총력을 집중하기 위한 투쟁에서 당 및 근로단체 조직들과 정권기관, 법기관, 무력기관들의 역할을 높일 것 이다.
셋째, 각급 당 조직들과 정치기관들은 당중앙위원회 제7기 제3차전원회의 결정 집행 정형을 정상적으로 장악 총화하면서 철저히 관철하도록 할 것이다.
넷째, 최고인민회의 상임위원회와 내각은 당중앙위원회 전원회의 결정서에 제시된 과업을 관철하기 위한 법적, 행정적, 실무적 조치들을 취할 것이다.』(조선로동당 중앙위원회 제7기 3차 전원회의 보도 중에서 인용)

경제건설 총집중노선 실현의 무기: 자력갱생과 과학기술

이날 중앙위원회 전원회의에서는 경제건설 총집중노선을 채택하고, 곧바로 두 번째 의제로 "과학교육사업에서 혁명적 전환을 일으킬 데 대하여"라는 의제로 과학교육 문제를 다루었다. 이것은 매우 의미심장하다. 이 의제 토의에 앞서 경제건설 총력집중 노선을 채택하면서 김정은 총비서는 다음과 같이 밝혔다.

『자력갱생 정신과 과학기술은 강력한 사회주의 경제건설의 힘 있는 추동력입니다. 모든 부문, 모든 단위에서 자력갱생, 자급자족의 구호를 높이 들고 과학기술에 철저히 의거하여 자강력을 끊임없이 증대시키며 생산적 앙양과 비약을 일으켜 나가야 합니다.』(조선로동당 중앙위원회 제7기 3차 전원회의 보고 중에서 인용)

위 인용문에서 잘 드러나듯, 김정은 총비서는 경제건설 총집중노선 실현의 핵심 고리를 '자강력 제일주의'와 '과학기술 제일주의'에서 찾았다. 바로 여기에 두 번째 의제로 과학교육사업 문제를 왜 다뤘는지에 대한 해답이 있다. 김정은 총비서는 사회주의 강국건설의 모든 측면에서 과학기술 제일주의를 첫 자리에 놓고, 과학기술을 앞세워 군사 강국도 건설하고, 경제 강국도 건설해 나갔다.

두 번째 의제 보고에서 김정은 총비서는 경제건설에 총력을 집중할 데에 대한 문제는 과학교육사업의 급속한 발전을 떠나서 생각할 수 없다고 밝혔다. 그는 다음과 같이 말했다.

『과학과 교육은 국가건설의 기초이며 국력을 결정하는 중요한 지표입니다. 자체의 과학기술력과 교육 수준이 높아야 강대한 국가를 건설할 수 있으며, 자주성도 견지할 수 있습니다. 과학과 교육을 발전시키는 것은 혁명의 명맥을 창창하게 이어나가는 만년대계의 사업입니다. 나라를 지속적으로, 전망적으로 발전시키자면 가시적인 성과보다도 과학과 교육을 중시하고 그 발전에 힘을 넣어야 합니다』(조선로동당 중앙위원회 제7기 3차 전원회의 보고 중에서 인용)

그러면서《과학으로 비약하고, 교육으로 미래를 담보하자!》라는 전략적 구호를 제시했다.

제7기 3차 전원회의에서 결정서《과학교육사업에서 혁명적 전환을 일으킬 데 대하여》가 채택되었다. 그 내용은 다음과 같다.

『첫째, 과학기술의 위력으로 경제강국 건설의 대통로를 열어 나갈 것이다.

둘째, 지식경제시대의 요구에 맞게 우리나라를 사회주의 교육강국, 인재강국으로 만들기 위한 투쟁을 힘있게 벌일 것이다.

셋째, 과학교육 부문에서 따라앞서기, 따라배우기, 경험교환운동을 힘 있게 벌리며 본위주의를 철저히 없앨 것이다.

넷째, 과학기술과 교육사업에 대한 국가적 투자를 늘이며 전사회적으로 과학중시, 교육중시기풍을 더욱 철저히 확립할 것이다.

다섯째, 각급 당조직들은 당중앙위원회 전원회의 결정서 집행을 위한 구체적인 대책을 세우고 정상적으로 장악 총화하면서 철저히 집행할 것이다.

여섯째, 내각은 당중앙위원회 전원회의 결정서를 관철하기 위한 행정실무적 대책을 세울 것이다.』(조선로동당 중앙위원회 제7기 3차 전원회의 보도 중에서 인용)

김정은 총비서는 전원회의의 결론에서 다음과 같이 발언했다.

『당중앙위원회 제7기 3차 전원회의의 기본정신은 병진노선의 위대한 승리에 토대하여 자력갱생의 기치높이 우리 혁명의 전진 속도를 더욱 가속화함으로써 당 제7차대회가 제시한 사회주의 건설의 더 높은 목표를 앞당겨 점령하는 것입니다. 당의 새로운 혁명적 노선에 관통되어있는 근본핵, 기본원칙은 자력갱생입니다. 지난날과 마찬가지로 오직 자력갱생, 견인불발함으로써 번영의 활로를 열고 훌륭한 미래를 앞당겨 나가야 합니다.

우리가 달성하여야 할 투쟁 목표는 국가경제발전 5개년전략 수행기간에 인민경제 전반을 활성화하고 상승궤도에 확고히 올려 세우며 나아가서 자립적이고 현대적인 사회주의경제, 지식경제를 세우는 것입니다. 당이 제시한 새로운 혁명적 노선을 철저히 관철하여 사회주의 건설의 더 높은 목표를 점령하기 위하여서는 과학, 교육사업을 중시하고 발전시켜야 합니다. 당과 혁명을 옹위하고 우리의 위업을 전진시키는 데서 과학기술 전선이 제일척후 전선이며 과학자, 기술자들은 그 주력군입니다. 모든 과학자, 기술자들이 당과 인민의 믿음과 기대를 심장에 새기고 사회주의 건설의 개척자, 선도자로서의 사명을 훌륭히 수행하기 위한 탐구전, 창조전에 떨쳐나서야 합니다.』(조선로동당 중앙위원회 제7기 3차 전원회의 보고 중에서 인용)

2절 _ 경제발전 5개년 전략 실현을 향한 대진군

경제건설 총집중노선을 선포한 북은 경제발전 5개년 전략을 실현을 향한 완강한 투쟁을 펼쳐 나갔다. 경제건설 총집중노선 실현의 무기는 앞에서 밝힌 바대로 자력갱생과 과학기술이다. 김정은 총비서도 제7기 3차 전원회의에서 모든 부문과 단위에서 자력갱생, 자급자족의 구호를 높이 들고, 과학기술에 철저히 의거하여 자강력을 끊임없이 증대하며, 생산적 앙양과 비약을 이룩해 나가자고 호소하였다.

1. 주체철 생산의 정상화를 향하여

1) 주체철 생산의 정상화를 향한 투쟁

흔히 철은 산업의 쌀이라고 한다. 그만큼 나라의 경제발전에서 핵심적 토대로 된다. 금속공업이 성장해, 철이 쾅쾅 쏟아져 나와야 경제를 빠르게 발전시켜 나갈 수 있다. 그런데 철 생산에서 가장 기초적인 연료는 코크스인데, 북에서는 이것을 전량 수입해야 한다. 그래서 역청탄이 필요하지 않는 제철 제강법을 가리켜 북에서는 주체철이라고 한다.

북에서 주체철을 생산하기 위한 노력은 이미 1950년대부터 시작되었지만, 그동안 지지부진했다. 하지만 90년대 중반 고난의 행군 때부터 이 문제는 경제의 사활적 문제로 제기되었다. 고난의 행군을 극복하기 위한 고심참담의 길에서 2010년대에 이르면, 산소열법 용광로(황해제철소), 초고전력전기로(천리마제강연합기업소), 환원용융식 제강법(성진제강소)이 성공해 100% 주체철 생산의 시대가 열렸다. 하지만 아직 주체철 생산기술에서 많은 문제점이 내포되어 있었다. 무엇보다도 생산성이 낮고, 제조원가가 높았다. 김정은 시대에 접어들어 이러한 문제점을 해결하고 주체 철 생산체계를 완성하기 위한 줄기찬 노력이 기울여졌다.

2) 황해제철련합기업소의 주체철 완성 투쟁

2016년 5월 24일 황해제철련합기업소에서 주체화, 현대화 대상에 대한 준공식이 진행됐다. 이날 대형산소분리기 설치, 산소열법 용광로 현대화, 무연탄에 의한 가스발생로 건설, 가스절단기와 집게 기중기, 연속조괴기 중간남비 가열장치 신규 제작, 레루용강편 연속조괴기 제작 설치, 레루수평교정기 설치공사, 후판압연가열로 고온공기연소기술도입공사, 선탄 공정 확립공사를 마치고 준공식을 거행했다.

황해제철소 주체화 전경과 산소열법용광로

2018년 10월 1일 로동신문은 "황철의 노동자, 기술자들과 일꾼들이 자력자강의 정신으로 산소전로와 산소분리기를 비롯한 주체화 대상 공사를 완공함으로써 100% 우리의 기술과 연료, 원료에 의거하여 철강재 생산을 정상화할 수 있는 확고한 전망을 열어놓았으며, 그 준공식이 9월 30일 진행되었다"고 보도했다. 이날 준공식에서 조선로동당 중앙위원회 감사문이 전달됐다. 감사문에서 "과학자, 기술자들이 수천 매의 설계 도면을 짧은 기간에 완성하고 자체 '산소분리기 조종체계'와 '저품위 망간토에 의한 망간철 생산기술'을 비롯해 수많은 과학 기술적 문제를 해결했으며, 돌격대 등이 엄동설한의 추위속에서 산소전로 동체와 천정기중기, 산소분리탑과 공기압축기를 설치, 조립했다"라고 치하했다.

여기에서 저품위 망간토에 의한 망간철 생산기술이라는 말이 눈에 띤다. 기존에는 저품위 망간토로 고품위 망간철을 생산할 수 없었는데, 국가과학원 중앙광업소에서 금속 망간 생산방법을 '우리식'으로 확립했다고 한다. 금속 망간은 단단하지만 쉽게 부서지는 금속이다. 그런데 철강제품에 사용되면 전혀 다른 성질을 발현한다. 금속망간을 철강제품에 처음 적용한 사람은 영국 야금학자인 패드필도이다. 그는 1882년 망간강이 13% 첨가된 망간강을 개발했다. 이후 망간은 철강제품의 대표적 합금원소로 사용되었다. 특히 망간강은 매우 높은 내마모성을 보이기 때문에 철도레일의 교차부분 및 망치의 머리 부분 등 높은 압력과 마찰이 심한 부위의 재료로 널리 사용된다. 현재 철도레일, 헬멧 및 총기류 등의 주요 소재로 사용된다.

3) 김책제철련합기업소의 주체철 완성 투쟁

2018년 9월 26일 로동신문에는 "김책제철련합기업소에서 100% 우리의 기술과 연료, 원료에 의한 주체철 생산공정이 확립되어", 9월 25일 준공식을 가졌다는 기사가 일면 톱으로 실렸다. 사진은 김책제철소 주체 대상공사 완공 모습 사진

신문에 따르면, 산소열법용광로와 유동층 가스발생로의 신축, 산소분리기 원상복구, 1만 5,000㎥/h 산소분리기 설치공사를 완료해 주체철 생산을 크게 늘리게 되었다. 준공식에서는 김책제철련합기업소 주체화 대상 공사에서 위훈을 세운 노동자들과 과학자, 기술자, 일군들에게 보내는 조선로동당 중앙위원회 감사문이 전달되었다. 이날 로동신문은 "주체적금속공업발전의 튼튼한 토대"라는 제목으로 「김책제철련합기업소 주체화 대상 건설 투쟁에 관한 조선중앙통신사 상보」를 실음으로써 그 공사가 얼마나 중시한가를 보여주었다.

4) 2018년도는 주체철 생산체계 확립의 물질기술적 토대가 구축된 해

북에서는 2018년도를 '주체철 생산체계 확립의 물질기술적 토대가 구축된 해'로 평가한다. 김책제철연합기업소에서 100% 조선의 기술과 연료, 원료에 의한 주체철 생산공정이 세워지고, 산소열법 용광로와 유동층 가스발생로를 건축하고, 산소분리기를 원상 복구했다. 황해 제철련합기업소에서 산소전로공사와 산소분리기를 비롯한 주체화 대상 공사를 완공하고, 미량합금강 생산기술을 비롯한 가치 있는 연구 성과들을 도입했다. 천리마제강련합기업소에서도 인발강관 가열로에 고온공기연소기술을 도입하고 각종 규격의 선재압연생산공정을 확립했다. 또 저품위 망간토에 의한 망간철 생산공정 등이 확립되고 물 분사에 의한 겉면 열처리 기술, 미량 합금강 생산기술을 비롯한 많은 선진기술이 도입돼 금속공업의 토대가 더욱 튼튼히 다져진 것으로 나타났다.

2. 주체적 화학공업의 발전을 향하여

김정은 총비서는 화학공업 분야에 대해 다음과 같이 보고했다.

『화학공업부문에서 생산설비와 계통을 제 때에 정비 보수하고 생산능력을 확장하며 촉매의 국산화를 실현하여 주체 비료와 비날론, 기초화학제품 생산을 정상화하여야 합니다. 전력소비를 줄이고 공해를 없애는 방향에서 화학공업의 기술개건을 다그치며 국내 자원에 의거하는 새로운 화학제품 생산기지들을 전망성 있게 건설하여야 합니다. 전략 수행 기간 석탄가스화에 의한 탄소하나 화학공업을 창설하고 갈탄을 이용하는 석탄건류 공정을 꾸리며 회망초를 출발원료로 하는 탄산소다 공업을 완비하여 메타놀과 합성연유, 합성수지를 비롯한 화학제품 생산의 주체화를 높은 수준에서 실현하여야 합니다.』
(김정은 총비서, 조선로동당 제7차 대회 보고 중에서)

1) 주체 비료의 생산 확대

북이 주체 비료 생산체제를 완비한 시기는 2012년 이전이다. 2010년 남흥청년련합기업소에서 석탄가스화에 의한 주체 비료 생산체계가 완비되어, 주체 비료가 폭포처럼 쏟아져 나왔다. 이어 2011년 흥남비료련합기업소에서 갈탄가스화에 의한 주체 비료 생산체계가 완비되었다. 주체 비료 생산체계가 완비된 조건에서 주체 비료 생산을 확대하기 위한 투쟁과제가 제기되었다. 이 사업은 남흥청년화학련합기업소가 앞장 섰다.

남흥청년화학련합기업소는 무연탄을 고온으로 가스화해 수소를 얻어낸다. 이를 질소와 화학 반응시켜 요소를 얻어낸 다음 요소비료를 생산한다. 기업소가 국가경제발전 5개년전략 기간(2016~20년)의 비료 생산 목표를 달성하려면, 어느 한 개 공정이 아니라 전반적 공정의 대보수를 자체의 힘으로 실시해야 한다. 이 대보수는 2018년 8월에 시작됐다. 보수 대상만 해도 10여 개나 되었으며, 비료 생산능력 확장을 위한 공사도 함께 추진해야 하는 대공사였다. 이것은 하나의 대공장을 짓는 것과 맞먹는 품이 드는 공사였다. 설상가상으로 보수용 자재와 설비도 한참 부족했다. 특히 대형 가스탱크 대보수공사를 예로 들자면 조업 후 처음 진행하는 보수공사였는데, 가스탱크를 받치고 있는 강철구조물 용접공사는 난공사 중에 난공사였다. 작업공간이 비좁아 공사속도를 보장할 수 없었다. 이러한 난관을 견인불발의 의지와 과학적인 방도로 총 대보수계획을 열흘이나 앞당겨 끝냈다.

대보수 공사를 통해 재자원화가 실현된 에너지절약형 증기 생산공정이 새로 세워졌다. 지난 시기 비료 생산에 이용되는 증기는 수입 연료에 의존했었는데, 새 공정에서는 주체비료 생산과정에서 나오는 수십만t의 공업폐기물과 폐가스를 연료로 시간당 백 수십t

의 증기와 1만 KW이상의 전기를 자체로 생산해 내고 있다. 또 수입에 의존하던 고압응축기를 자체의 힘과 기술로 제작 설치, 발생로 유압변과 수십만㎥ 배풍기 날개 제작, 생산에 필요한 촉매의 자체 해결, 가스발생로 운영 방법의 과학화 실현, 수백m에 달하는 봉탄 운반공정의 채형콘베어와 발생로 공정에서 재처리를 위한 궤도형 콘베어 등의 새로운 성과들이 이룩되었다. 이것들은 남흥 사람들의 자력갱생 투쟁 정신을 실증해주고 있다. 이 대공사로 인해 비료 증산의 튼튼한 담보가 마련되었으며, 그 이전보다 비료 생산량이 40% 이상 증대되었다.

2) 탄소하나 화학공업 창설 투쟁

조선로동당 제7차 대회 보고에서 눈에 띤 것 중의 하나는 탄소하나 공업의 창설이다. 당시까지만 해도 탄소하나 공업이라는 용어는 매우 생소한 단어였다. 탄소하나 화학공업은 석탄가스화와 제철소 폐가스 등에서 발생하는 일산화탄소와 수소를 촉매로 반응시켜 메탄올(CH3OH)을 얻은 후 이를 유기합성화학의 출발 물질로 삼는 화학공업이다. 이렇게 하면 카바이드 단계를 생략해 전력 소비를 대폭 줄일 수 있는 장점이 있다.

북은 탄소하나 화학공업을 한마디로 석탄에서 휘발유를 뽑아내는 기술이라고 말한다. 북의 한 관리는 언론과의 인터뷰에서 "석탄가스화에 의한 탄소하나화학공업을 창설하고, 그것이 실현되면 석유에 의존하는 생산공정에 종지부를 찍고 조선의 화학공업이 전력 소비량이 훨씬 적은 에너지절약형 공업으로 전환하게 된다"고 설명했다. 다음은 북의 자료에서 소개된 탄소하나 화학공업에 관한 글이다.

탄소하나 화학공업에 대한 이해

오늘 화학공업의 원료를 다양화하기 위하여 탄소하나 화학을 적극 발전시키는 것은 화학공업에서 하나의 세계적 추세로 되고 있다. 지금 세계적으로 유기화학공업의 원료 원천으로 많이 쓰이는 것은 원유와 천연가스이다. 현재까지 유기화학공업은 원유에서 얻어지는 에틸렌이나 프로필렌 등을 기본원료로 하여 발전하여 왔다. 그러나 이것만으로는 늘어나는 원료에 대한 수요를 충족시킬 수 없으며 더욱이 원유나 천연가스의 매장량이 점점 줄어들고 있는 것은 유기화학공업의 발전에 큰 영향을 주고 있다. 바로 이 문제를 풀기 위해 석탄, 기름돌 등으로부터 얻을 수 있는 탄소를 포함한 화합물을 이용하자는 착상이 나오게 되었다. 그러한 화합물로는 일산화탄소, 탄산가스, 메탄, 메탄올, 포름알데히드 등을 들 수 있다. 그런데 여기에서 주의를 끄는 것은 이 화합물 분자들이 다 같이 탄소 원자를 하나씩만 가지고 있다는 점이다. 이를테면 탄소 하나를 가진 화합물들이다.

이러한 화합물들로는 탄소 2개 또는 그 이상을 가진 유기 및 고분자 화합물들을 만들 수 있다. 예를 들면 탄소 하나가 들어있는 일산화탄소와 수소를 촉매의 존재 하에서 반응시켜 합성휘발유를 얻을 수 있다. 이렇게 탄소 하나를 가진 화합물로부터 보다 복잡한 화합물들을 만드는 합성화학이 새롭게 등장하였는데 처음에 이용되는 기초물질이 탄소 하나를 가진 화합물이라고 하여 탄소하나 화학이라는 이름으로 불려지게 되었다. 이처럼 탄소하나 화학은 일산화탄소, 메탄올과 같이 분자 안에 한 개의 탄소를 가지고 있는 화합물로부터 2개 이상의 탄소를 가진 유기화합물을 만드는 합성화학이다.

탄소하나 화학이라는 용어가 사용되기 시작한 것은 1980년 전후였다. 1975년에 어느 한 나라의 잡지에 《탄소수 1의 화학》이라는 특집이 나오면서 이 용어가 처음으로 사용되었다.

탄소하나 화학은 새로운 분야이지만 그 시초는 이미 오래전에 있었다고 할 수 있다. 탄소하나 화학이라는 용어가 사용되기 전인 지난 세기 초에 일산화탄소를 이용한 유기합성화학은 석유화학공업에 앞서 활발히 개발되었다. 그때 벌써 일산화탄소와 수소로부터 메탄올과 합성휘발유 등을 얻는 기술이 개발되어 일부 나라들에서는 공업화 단계에까지 이르렀었다. 그러다가 값싼 원유가 많이 생산되면서 극히 일부 나라들에서만 제한적으로 연구가 진행되었다.

원유는 처리하기 매우 쉽다는 점으로부터 화학공업의 가장 적당한 원료로 되었다. 그러나 지난 세기 70년대에 두 차례의 원유위기를 겪으면서 세계의 화학공업은 원료문제에서 심각한 도전에 부닥치게 되었다. 더욱이 세계적으로 원유자원이 고갈되어가고 화학공업 원료에 대한 수요가 날을 따라 높아가고 있는 사정은 화학공업의 기본원료 원천으로 되어온 원유를 대신하는 다른 원료를 받아들여야 할 절박한 요구를 제기하였다. 그 대상으로 선정된 것이 석탄과 기름돌 등이다.

현재 세계적으로 원유사정과 관련하여 석탄을 원료로 하는 화학제품 생산이 보다 중시되고 있다. 원유와 천연가스를 앞으로 화학공업을 비롯한 기타 공업에서 이용할 수 있는 기간은 매장량과 채취상태로 볼 때 대체로 50년 정도로 보고 있지만 석탄을 화학공업에서 이용할 수 있는 기간은 250년 또는 그 이상으로 평가하고 있다.

탄소하나화학공업의 역사

화학공업에서 석탄이나 기름돌 등을 원료로 쓰려면 그것을 합성가스로 전환시킨 다음 이것으로부터 쓸모있는 유기화합물을 합성하는 탄소하나화학을 발전시켜야 한다.

《인민경제의 자립성과 주체성을 백방으로 강화하여야 합니다.》

처음에 농산물, 목재 등 천연적인 유기화합물을 원료로 하고 발효와 건류 등의 방법을 리용하여 쓸모있는 유기화합물을 얻어내는 것으로부터 시작된 유기화학공업은 19세기 후반기부터 석탄 및 타르를 원료로 하여 새로운 유기화합물들을 합성하기 시작하였다.

0세기초 서유럽에서 연구개발의 주류는 일산화탄소와 수소로부터 여러 가지 유기화합물들을 합성하기 위한 모든 가능성을 탐색하는 것이었다.

그 결과 1918년에 메타놀의 합성에 대한 연구가 완성되어 1923년에는 공업화가 확립되었으며 뒤이어 합성휘발유의 생산에 대한 연구가 완성되어 1936년에 공업화되였다. 1930년부터 1941년사이에 일산화탄소를 리용하는 유기화합물 합성에서는 매우 큰 성과가 이룩되었다.

탄소하나화학에서 매우 중요한 부분을 이루는 메타놀로부터 초산의 제조에 대한 연구도 상당한 정도로 진행되었다.

메타놀로부터의 초산합성기술은 1941년 바스프법이 개발되어 1960년에 처음으로 공업화되었다. 이후에는 로디움촉매를 이용하여 바스프법의 결함을 극복한 몬산토법이 나왔다. 로디움촉매는 생산량이 적고 값이 비싸기 때문에 그후 로디움 촉매를 대신하기 위한 이리디움 촉매가 개발되었으며 1980년 이후에는 니켈 촉매가 연구되었다.

1970년에 메타놀로부터 초산비닐을 합성하는 공정이, 1974년에 메타놀로부터 프로피온산을 합성하는 공정이, 1983년에는 초산합성과정에 나오는 부생성물로부터 초산부수물을 합성하는 공정이 건설되었으며 메타놀로부터 저급올레핀(에틸렌, 프로필렌과 부틸렌)을 제조하는 공정도 확립되었다.

메타놀로부터 포름알데히드를 얻는 기술은 이미 오래전부터 여러 나라들에서 공업화되었고 최근에 포름알데히드를 잘 정제하여 폴리포름알데히드수지를 얻는 공업이 창설되었다.

합성가스로부터 메타놀을 얻고 그로부터 휘발유를 제조하는 공정(MTG)이 1983년에 건설되었으며 최근에는 합성가스로부터 직접 휘발유를 얻는 공업이 창설되기 시작하였다. 1985년에는 합성가스로부터 직접 에틸렌글리콜과 글리세린을 합성하는 기술의 공업화가 실현되었다.

탄산가스로부터의 메타놀합성에 대한 연구는 지구온난화 문제와 관련하여 중요한 의의를 가진다. 1980년대부터 연구가 시작된 탄산가스로부터의 메타놀합성 수준은 현재 일산화탄소로부터의 메타놀합성 수준에 도달하였다. 여기에서 특히 액상착체촉매가 주목되고 있다. 이밖에도 메틸아민, 할로겐화합물 등 많은 화합물들이 탄소하나화학에 기초하여 공업적으로 생산되고 있으며 점차 그 규모가 확대되고 품종도 늘어나고 있다.

화학공업의 원료를 보다 다양화하여 귀중한 연료와 화학제품들을 더 많이 만들어내는데서 의의가 큰 탄소하나화학은 오늘날 보다 획기적인 합성법들을 개척하면서 폭넓게 발전하고 있다.

2019년 9월 13일 민주조선 기사 사진

옆의 사진과 기사는 민주조선 2019년 9월 13일에 보도된 내용이다. 허영송 연구사는 합성 연유(석유)공업화를 위한 공정 운전 조작 방법과 운전지표를 확정하기 위해 수백 차례의 실험과 실패를 거듭했다. 하지만 포기하지 않고 연구 사업을 심화시켜 합성연유 촉매의 공업적 제조 조건과 제조 방법을 연구 개발했다. 그리하여 종전보다 합성연유 생산 실수률을 75%로부터 95% 이상으로 높이는 과학 연구성과를 이룩했다. 그리고 촉매의 공업적 도입을 위해 모 화학연합기업에서 합성연유 생산공정을 확립하고 시운전까지 성공해 합성연유 제품을 다량으로 생산할 수 있는 과학적 담보를 마련해 놓았다. 그는 이 밖에도 합성연유 생산에서 기본공정의 하나인 가스청정 공정에 탄산가스 제거 공정을 새로 확립할 데 대한 기발한 착상을 제시해 유효가스 함량을 1.5배로 높여 원 단위 소비기준을 낮춤으로써 합성연유 생산 정상화에 크게 이바지했다. 이 기사로 볼 때 북은 이미 인조석유(합성연유)를 생산하고 있다.

여기에서 주목되는 점은 두 가지이다. 기존 북의 화화공업은 석탄을 태우는 방식인데, 이 방식의 문제점은 우선 석탄을 태울 때 이산화탄소를 발생시켜 지구 온난화를 일으키고, 미세먼지를 배출한다. 둘째는 전력 소비가 너무 크다는 점이다. 그런데 탄소하나 공업은 석탄을 태우지 않고 가스화를 통해 화학반응을 일으키므로 이산화탄소, 황산화물, 질소화합물 같은 오염물질을 배출하지 않으며, 전력 소비도 낮아진다. 즉 고효율, 친환경 기술이다. 또한 가스화로 얻어지는 일산화탄소와 수소는 태울때 큰 발열량을 내어 가스터빈에 사용되면 발전 연료로 이용될 수 있다. 이미 남흥청년련합기업소에서는 석탄가스화 부산물인 폐가스로 전기를 생산하고 있다.

이처럼 탄소하나 화학공업은 친환경, 고효율의 미래 산업으로 각광받을 수 있는 산업이다. 하지만 아직 전 세계적으로 탄소하나 화학공업이 발전하지 못한 상태라서 초행길이나 다름없다. 그러다 보니 걸음걸음 난제들이 가로막아 나서고 있다. 북도 제7차 당 대회에서 5개년 전략계획 기간에 탄소하나 화학공업을 창설하기로 하고, 탄소하나 공업 창설 공사에 매진해 나가고 있지만, 계획했던 성과를 달성하지 못했다. 하지만 아무리 난제들이 앞을 가로막아 나선다 해도 북의 화학공업이 나갈 길은 이것이라고 믿고, 완강하게 추진해 나가고 있으며, 구체적 성과가 조금씩 축적되고 있다. 탄소하나 화학공업 창설은 매우 복잡한 공정을 거쳐야 완성되는데, 그 출발점은 메탄올(북에서는 메타놀이라고 표기한다) 생산공정의 확립이다.

위키백과에 따르면 메탄올(methanol, 화학식 CH_3OH)은 메틸알코올인데, 가장 간단한 알코올 화합물로 무색의 휘발성, 가연성, 유독성 액체라고 설명돼 있다. 제조법은 천연가스, 또는 코크스로 가스 중의 메탄을 산소, 수증기와 함께 일산화탄소와 수소로 구성된 합성가스로 만든 후, 이것을 다시 촉매에서 반응시켜 메탄올을 만든다. 용도는 포르말린 제조에 주로 사용되며 각종 에스테르류와 할로겐화물 외에 아세트산 제조에도 쓰인다. 구체적으로 전자제품 칩 제조 및 식각에 이용되며, 폐수처리에도 이용된다. 또 바이오디젤 생산에 이용되는 등, 석유화학, 식품공업 등 다방면에 이용된다.

흥남비료련합기업소의 메탄올 생산공정

탄소하나 공업의 출발점인 메탄올은 흥남비료련합기업소에서

2012년도에 만들어져 많은 화학제품의 원료로 제공되고 있다. 2012년 11월 28일 로동신문에 이와 관련된 기사가 보도됐는데, 그 기사를 소개하면 다음과 같다

『온 나라에 새 세기 산업혁명의 불길, 함남의 불길이 세차게 타오르고 있는 속에 흥남비료련합기업소에서 메타놀생산공정 건설을 완공하고 총 시운전을 성과적으로 진행하였다.

흥남의 노동계급과 우리의 과학자, 기술자들이 공사를 시작한 때로부터 1년 반이라는 짧은 기간에 우리 식의 메타놀 생산공정을 보란듯이 일떠세운 것은 참으로 자랑할 만 한 일이다. 이번에 완공된 메타놀 생산공정은 선진 과학기술을 받아들여 합성공정의 압력을 대폭 낮추고 에네르기 소비를 줄임으로써 큰 실리를 얻을 수 있게 되어있다. 얼마 전 총시운전을 성과적으로 마친 생산공정에서 첫 메타놀이 생산되었다. 현대적인 메타놀 생산공정에서 첫 제품이 쏟아져 나오는 것을 보며 이곳 일군들과 노동자, 기술자들은… 솟구치는 격정을 금치 못해 하였다.

흥남비료련합기업소에 능력이 큰 메타놀 생산공정이 건설된 것은 주체적 화학공업 발전에서 이룩된 또 하나의 자랑찬 성과이다. 메타놀 생산공정 건설이 완공됨으로써 우리 화학공업의 주체성과 자립성이 더욱 강화되고 2.8비날론련합기업소와 흥남제약공장을 비롯한 여러 공장, 기업소들에서 인민생활 향상

에 절실히 필요한 제품들을 더 많이 생산할 수 있게 되었다.』
(로동신문 2012년 11월 28일 자에서 인용)

탄소하나 화학공업을 창설하기 위한 북의 노력은 2017년도에 본격화된다. 2017년 5월 4일 평안남도 순천화학련합기업소에서 탄소하나 화학공업 창설을 위한 대상건설 착공식이 진행됐다. 이후 2018년 3월 산소분리기 조립 및 건축공사와 순환수펌프장 건설 등 여러 대상건설이 빠른 속도로 진행되고 있다고 조선중앙통신이 보도했다. 북에서 탄소하나 화학공업을 창설하기 위한 투쟁은 계속되고 있다.

순천화학련합기업소의 탄소하나 화학공업 창설 공사현장

3) 신의주화학섬유공장의 갈을 이용한 리오셀 섬유생산

리오셀 섬유라는 신소재가 있다. 리오셀은 나무에서 섬유를 추출해 만든 천연섬유를 말한다. 나무로 만든 섬유로는 레이온이 있었는데, 이것은 비단 같은 광택이 있지만 물에 약하고 주름이 잘 지고 세탁 후 줄어드는 단점이 있었고, 결정적으로 생산과정에서 발생하는 환경오염이 매우 심했다. 리오셀은 레이온의 이러한 단점을 해결한 친환경적 옷감으로 알려져 있다. 리오셀은 물세탁도 가능하고 주름이 잘 생기지 않으며, 통기성과 흡습성, 촉감도 좋다. 또한 박테리아나 세균의 증식을 억제하는 성질이 있어 속옷이나 이불용으로 많이 사용된다. 피부 자극이 거의 없어 민감하거나 건조한 피부에 닿아도 문제가 거의 없는 꿈의 신소재이다. 지금 유럽에서 각광을 받는 뜨거운 신소재이다.

북에서도 리오셀 섬유에 관심을 갖고 연구를 계속했다. 갈대를 이용해 리오셀 섬유를 생산하는 기술을 개발해 생산에 도입한다.
북이 리오셀 섬유를 처음 개발한 것은 2008년이다. 북의 한승준 화학공업성 부상은 2009년 1월 9일 조선신보와의 인터뷰에서 '신의주화학섬유공장에서 리오셀 섬유생산공정을 완성한 것'을 2008년의 성과 중의 하나로 들고 있다. 신의주화학섬유공장은 김일성 주석이 북의 자연 지리적 조건과 섬유공업 발전의 현실적 요구에 맞게 신의주시에 갈대를 원료로 하는 대규모 화학섬유공장 건설을 지시한 후 1964년 9월에 '신의주 제지공장'을 모체로 건설된 공장이다.

북의 언론매체 메아리는 2017년 10월 30일 신의주화학섬유공장의 개건 현대화 공사를 적극적으로 추진하고 있다고 보도했다. 메아리는 이 기사에서 "80일 전투의 불길 드높이 평안북도의 일꾼들과 건설자들이 신의주화학섬유공장 개건·현대화를 위한 1단계 공사를 결속하고 2단계 공사에서 노력적 위훈을 창조하고 있다"라고 밝혔다. 매체는 "건설자들은 수만 m²의 면적을 차지하고 있던 낡은 건물들을 짧은 기간에 들어내고 여기에 사무청사, 다기능체육관, 노동자 합숙, 통합생산조종실, 리오셀중간시험공장 등 20여 동의 현대적인 건물을 세울 대담한 목표 밑에 건축공사를 입체적으로 적극 다그치었다"라고 공사 과정에 관해 설명했다. 이 공장에는 원료직장, 원질직장, 펄프직장, 방사직장, 종이직장 등 기본 직장들과 여러 부문의 보조직장 및 봉사직장들이 있는데, 특히 갈대를 이용해 최근 신소재로 각광받는 리오셀 섬유를 생산하는 공정이다.

북의 언론매체 메아리의 2017년 2월 19일 보도에 따르면 리오셀은 세계적으로 몇 개 나라에서 독점 기술 제품으로 공인되어온 섬유라면서 "우리의 힘과 기술, 우리에게 흔한 갈을 원료로 개발한 자력자강의 산물인 리오셀 섬유는 손맛(촉감)이 면섬유에 가까우며 착용성과 흡수성, 세척성이 유달리 좋을 뿐 아니라 염색이 잘 되는 것이 특징"이라고 소개했다. 또 2020년 11월 15일에는 화학공업성 최현철 국장의 말을 인용해 "리오셀 섬유를 생산하기 위한 연구에서 성과가 이룩되었다"고 보도했다. 즉 유기용매의 회수율과 섬유의 생산성을 제고할 수 있는 기술적 문제들을 해결하고 공정 운영지표를 높은 수준에서 확립했고, 갈 섬유 농도를 이전보다 1.5% 정도 더 짙게 보장할 수 있는 새로운 용해와 방사 조건을 마련함으로써 리오셀 섬유생산에서 방사원액의 안정성을 더 높일 수 있게 되었으며, 용매의 농도와 온도에 따르는 증발농축장치를 새로 제작해 용해 시간을 훨씬 단축하고 분쇄에 의한 비섬유질 제거율을 3배로 높이는 기술을 확립했다고 밝혔다.

4) 순천린비료공장의 준공

2020년 5월 1일 순천린비료공장 준공식에 김정은 총비서가 참석했다. 정면 돌파전의 첫 승전포성인 순천린비료공장 준공은 주체적 화학공업 발전에서도 의미가 크다. 로동신문은 순천린비료공장에 대해 "주체화, 현대화의 요구가 철저히 구현되고 생산에서도 건축물에서도 생태환경 보호에서도 완벽한 화학공업 부문의 본보기, 표준공장"으로 내세웠다.

순천 린비료공장 전경과 준공식에 참석해 준공테이프를 자르는 김정은 총비서의 모습

이날 박봉주 당시 총리는 준공사에서 "우리나라 비료공업을 획기적으로 발전시키고 경제전선전반을 추동하는 순천린비료공장의 완공은 우리 당의 정면돌파사상, 자력부강, 자력번영사상의 위대한 승리이며 당의 영도 따라 자력갱생의 기치높이 억세게 나아갈 때 우리의 투쟁 목표들을 얼마든지 점령할 수 있다는 것을 다시금

실증해주고 있다"고 밝혔다.

5) 회망초를 원료로 하는 탄산소다 생산공정의 건설

주체적 화학공업이란 자체의 원료와 연료에 기초하고, 자기의 기술에 의해 건설되고 발전하는 화학공업을 말한다. 북에는 원유와 역청탄(코크스)이 생산되지 않는다는 것이 화학공업과 금속공업을 발전시켜 나가는 데 있어서 가장 큰 난점이었다. 세계적으로 화학공업의 경우 원유에 기반해 발전해 왔으며, 금속공업(제철제강업)에 있어서는 코크스를 주된 연료로 하여 발전해 왔다. 원유와 코크스를 수입하여 금속, 화학공업을 발전시킬 경우 경제의 자립성이 약화된다. 경제의 자립성이 약화되면 정치 군사적 자주권을 수호할 수 없다. 그렇기 때문에 주체철, 주체비료, 주체섬유의 탄생은 민족자립경제 건설을 위한 피나는 노력의 귀중한 결실이다.

조선로동당 제7차 대회에서 지금까지 성과를 계승 발전시키면서, 새 시대의 요구에 부응한 새로운 주체적 화학공업 창설을 제시했다. 앞서 언급한 탄소하나화학공업이 대표적인데, 이외에도 회망초를 출발원료로 하는 탄산소다 공업을 제시하고 있다. 여기에서 회망초라는 매우 생소한 단어가 나오는데, 회망초란 황산나트륨, 황산칼슘, 석고, 진흙 따위로 구성된 광물로 석회망초라고도 한다. 영어로는 글라우버라이트(glauberite), 화학식은 $Na_2Ca(SO_4)_2$로 시멘트, 탄산소다(탄산나트륨)의 원료다. 세계적으로 필요량은 매우 많지만, 희귀광물로 알려져 있다. 그런데 북에 회망초가 수억 톤이 매장되어있는 것으로 알려져 있다. 그렇기에 김일성 주석도 회망초를 가공하면 황산, 석고, 탄산소다가 나오기 때문에 화학공업에 유용하다고 지적한 바 있다.

북은 7차 당 대회에서 회망초를 원료로 하는 화학공업 완비를 제기한 이래, 매해 신년사에서 이 문제를 강조한다. 북은 회망초를 탄산소다 생산에 활용한다. 일반적으로 탄산소다는 소금이나 천연소다로 생산하며 회망초를 이용한 탄산소다 생산을 공업화한 나라는 이북이 유일하다. 회망초를 이용한 탄산소다 생산공정에 필요한 회망초와 기타 원료는 모두 자체 생산이 가능하기에 자립경제, 자력갱생에 유리한 공업이다. 회망초를 물에 녹여 황산나트륨 용액과 석고로 분리하고, 황산나트륨 용액에 암모니아, 탄산가스를 넣어 탄산수소나트륨(베이킹 소다)를 만들고, 열분해하면 탄산소다가 만들어진다. 탄산소다는 유리 생산에 쓰이며, 중간 생성물인 황산암모늄은 유안비료로 쓰이고, 석고는 시멘트 생산에 쓰인다. 회망초를 잘 활용하면 건설 부문과 농업에 필요한 재료를 만들어 낼 수 있다. 이처럼 유용한 광물이지만 전 세계적으로 회망초를 가공하는 화학공업의 연구 성과가 거의 없다. 따라서 북은 오로지 순전히 자체 연구를 통해 공업화를 실현해야 하는 난제를 부여받고 있다.

남흥청년화학련합기업소 탄산소다 생산공정

회망초를 출발원료로 하는 화학공업의 창설은 남흥청년화학련합기업소가 맡았다. 남흥에서는 2017년 대규모 탄산소다 생산공정의 개건 현대화 작업을 착공했다. 그리고 5년 3개월만인 2022년 8월 26일 준공식을 가졌다. 준공식에 관한 로동신문 기사는 다음과 같다.

『굴지의 화학공업기지인 남흥청년화학련합기업소에 대규모의 탄산소다 생산공정이 우리 식으로 새롭게 꾸려져 준공되었다. 나라의 화학공업 구조를 우리의 원료에 의거하는 주체공업으로 확고히 전환시킬 데 대한 당의 뜻을 높이 받들고 과학자, 연구사들과 남흥의 노동계급은 기존 생산공정을 통째로 들어내고 대화학기지의 체모에 어울리는 탄산소다생산공정을 훌륭히 일떠세웠다.

당의 경제정책 집행에서 큰 몫을 담당 수행할 탄산소다생산공정이 완공됨으로써 회망초를 출발원료로 하는 탄산소다 공업을 완비할 데 대한 당 결정이 빛나게 관철되고 기초화학제품의 자급률을 높이며 경제와 인민 생활이 실지 화학공업의 덕을 볼 수 있게 하는 데서 돌파구가 열렸다.』(로동신문 2022년 8월 27일자에서 발췌)

3. 과학기술의 첨단돌파전

북에서는 경제 강국 건설의 핵심 고리, 기관차로 과학기술을 내세운다. 과학기술 분야에서 첨단 돌파를 당면 과제로 내세우고 여기에 힘을 집중하고 있다. 북은 "첨단돌파전은 현대 과학기술의 명맥을 틀어쥐고 과학기술의 모든 분야에서 세계를 앞서 나가기 위한 사상전, 두뇌전"으로 보고 있다. 김정은 총비서의 구상은 첨단돌파로 나라의 과학기술 전반을 빨리 발전시키고, 지식경제 토대를 구축하려고 한다. 다시 말해 정보기술, 나노기술, 생물공학을 비롯한 핵심 기초기술과 새 재료 기술, 신에너지 기술, 우주기술과 같은 중심적이고 견인력이 강한 과학 분야에서 세계적 경쟁력을 가진 기술을 개발해 주도권을 쥐며, 그 성과를 확대하는 방법으로 과학기술의 모든 분야를 빨리 발전시키자는 것이다. 오늘날 과학기술은 경제발전의 전략자원으로 되고 있다.

남에 살고 있는 우리로서는 북이 어떤 자신감으로 세계 최고의 과학기술 국가로 도약하는 것을 꿈꾸는가? 허황된 꿈 아닌가? 하는 의문이 드는 것은 당연하다. 하지만 최근 군사 분야의 발전상을 보면 북의 과학기술 능력을 새롭게 보게 되며, 이러한 꿈이 허황된 꿈이 아니라는 생각도 든다. 군사 분야의 최첨단이라고 할 수 있는 극초음속 미사일 개발 분야에서 미국을 제치고 러시아, 중국에 이어 세 번째로 개발에 성공하지 않았는가? 그리고 ICBM 분야에서는 이미 세계 최고의 경지에 도달했다고 평가할 수 있다. 이러한 분야는 결코 특정 부문의 예외적 현상이라고 볼 수 없다. 왜냐하면 이 분야야말로 현대 과학기술의 최첨단 분야가 그대로 녹아 있는 분야이기 때문이다.

1) 자력갱생의 창조물

2016년 1월 2일 로동신문은 "평양지하철도에서 우리 노동계급이 만든 지하전동차가 첫 운행을 시작하였다"라고 보도했다. 그때까지 북의 지하전동차는 외국에서 수입해온 전동차였다. 김정은 총비서는 2015년 7월 김종태전기기관차련합기업소를 찾아 새 형의 지하전동차를 개발 생산할 데 대한 과업을 주었다. 기업소 기술자들과 노동자들은 불과 몇 개월 만에 5,000여 매나 되는 설계도면을 완성하고 제작에 달라붙었다. 그리고 고속압축기와 지하전동차의 심장부인 고속도차단기를 자체의 기술과 설비로 제작했다. 고속압축기 제작에 필요한 부속품은 매우 높은 정밀도가 요구되는 것이었다. 압축공기 흐름을 조절해 주는 부속품의 하나인 변판은 그 두께를 잘못 계산하면 압축기가 제 구실을 할 수 없을 뿐 아니라 파손에까지 이를 수 있다. 이러한 고난도의 부속품들을 과학자 기술자들의 노력으로 돌파했다. 또한 고속도 차단기도 자체 개발했다. 세계적 발전추세를 파악한 뒤 소호선륜(중성점 소호리액터)대신 영구 자석을 도입해 성능을 높이고 무게를 절반이나 줄이는데 성공했다.

북에서 100% 자체 개발한 첫 지하전동차가 운행되고 있다. 사진은 북 자체 개발한 지하전동차의 모습

김정은 총비서는 2015년 10월 22일 현대적 지하전동차 생산 과업을 자체의 힘과 기술로 빛나게 완수한 김종태전기기관차련합기업소를 현지지도했다. 이자리에서 "우리식의 지하전동차를 무조건 만들어내도록 한 것은 무엇을 하나 만들어도 우리의 힘과 기술로 만들어야 그것이 더욱 소중하고 빛이 난다는 철리를 수입병에 걸린 사람들에게 천백마디 말로써가 아니라 실천으로 보여주기 위해서였다"고 밝혔다. 그리고 지하전동차를 자체의 힘과 기술로 만든 것은 사람들 속에 남아 있는 수입병을 뿌리 뽑는 첫걸음으로 된다고 강조했다.

이후 많은 생산 현장들이 빠른 속도로 현대화되거나 새로 건설되고 있으며, 새 형의 트랙터, 자동차, 무궤도 전차와 궤도 전차를 비

롯한 윤전기재(기관차, 여객차, 화차, 자동차 따위와 같은 바퀴로 움직이는 운수 기재.)와 기재 설비들이 과학의 힘으로 새롭게 생산되고 있다.

아래사진은 금성또락뜨르공장에서 2016년도에 새로 개발한 80마력의 '천리마-804'형 트랙터이다. 트랙터 부속품은 총 3,377종, 1만 228개이다. 이 3,333종, 1만 126개를 자체로 생산 보장함으로써 국산화 비중은 98.7%에 달한다. 김정은 총비서는 이에 대해 "최악의 조건에서도 최고의 목표를 내세우고 최상의 성과를 이룩하고야마는 영웅적 김일성-김정일로동계급의 백절불굴의 혁명정신이 낳은 고귀한 창조물"이라고 격찬했다.

또 무궤도 전차와 궤도 전차의 국산화도 실현했다. 그 이전에 운행되던 무궤도 전체와 궤도 전차는 체코를 비롯해 외국에서 수입한 수입차들이었다. 이러한 수입차를 대신해 자체의 힘으로 무궤도 전차와 궤도 전차를 제작하려는 노력이 지속되었으며, 2018년 그 시제품이 출시된 이래 끊임없이 성능을 개량하여 이제는 평양시내에 자체 생산된 무궤도 전차와 궤도 전차가 달리고 있다.

'천리마-804'형 트랙터   자체생산 5t급 화물자동차

새로 제작한 궤도전차

새로 제작한 무궤도 전차

북의 과학자, 기술자, 노동자들은 자체의 힘으로 80마력 트랙터, 5t급 화물자동차, 궤도전차, 무궤도 전차를 제작 생산해 냄으로써 운수 기재의 국산화를 실현했다. 이외에도 성능 높은 전기기관차, 만능화된 어선, 수천t급 무역용 화물선, CNC기계, 여러 가지 변압기와 전동기, 풍력발전기며 다용도, 다기능화된 능률 높은 농기계를 비롯한 현대적 기계설비들을 모방과 외자도입이 아니라 개발창조형으로 자기들의 지혜로 창조해냈다.

물론 이러한 기계설비들을 모두 세계 최첨단 제품이라고 볼 수는 없다. 하지만 그 모든 창조물들이 다른 나라의 기술을 이전받거나 모방한 것이 아니라 자기의 힘과 기술로, 개발창조형으로 만든 것이라는 데 의의가 있다. 특히 현재 세계적 추세에 부응해서 첨단 제품을 만들었으며, 그중에서는 세계 최첨단 제품도 많다는 점에 주목할 필요가 있다. 무정형 철심을 이용한 변압기가 그 단적인 예이다. 무정형 철심은 변압기 기술에서 핵심기술인 급냉연속주조에 의한 무정형합금띠 기술을 사용한다. 이 기술은 세계적으로 기술대국이라고 자처하는 몇 개 나라들의 독점물처럼 되어있었다. 온도가 1350°C이상 되는 쇳물을 1ms(1/1000초)동안 300°C이하로

냉각해서 두께가 20~30㎛(1㎛=1/1000mm) 띠로 뽑아내는 이 기술은 여러 기술 공학 분야를 종합적으로 포괄하는 난도가 매우 높은 기술 집합체이다. 무정형합금띠를 이용해 각종 전자요소들을 만들면 그 질이 훨씬 높아지고 부피가 크게 줄어들게 된다. 이러한 전자요소들은 전자공학, 자동화 분야로부터 항공운수, 우주산업 분야에 이르기까지 하나의 혁신으로 된다는 점에서 매우 주목받는 첨단기술이다. 이런 기술은 북 국가과학원 기계공학연구소의 과학자들이 완성해 낸 것이다.

2) 늘어가는 자력자강의 공장들

북의 경제 강국 건설에서 중요한 특징 중의 하나는 다른 나라에서 기술이나 설비를 그대로 도입하는게 아니라 자체의 과학기술 역량과 설비에 의거해 현대화를 실현한다는 점이다. 원료, 자재, 기술을 국산화해야 남에 대한 의존심을 없애고 민족경제의 주체성을 강화할 수 있다는 것이 자립적 민족경제 건설에서 견지하고 있는 일관된 원칙이다.

김정은 시대에 들어 특히 6차 당 대회 이후 북은 원료, 설비, 자재를 국산화하기 위한 사업이 적극적으로 펼쳐진다. 현대화가 실현된 생산 현장을 보면 대부분 국내 설비, 자재에 의한 것들이다. 평양무궤도 전차공장, 천리마타일공장, 유원신발공장, 평양메기공장, 송도원종합식료공장을 비롯한 많은 공장이 국내원료, 기술, 설비로 현대화되었다. 당과류를 생산하는 평양곡산공장만 해도 옥수수를 원료로 당과류를 생산하는 현대화된 공장인데, 설비의 95%이상이 그 공장 노동자의 창조물이다. 공장의 과자 포장공정 설비와 사탕 생산공정의 연속식 당의기는 선진국 설비에 결코 뒤떨어지지 않는다고 한다. 생산설비와 분석설비는 물론 효소배양 기질과 기술, 정보체계도 종업원들의 지혜와 노력으로 해나가고 있는 등 공장은 남의 것이 아닌 자기 것으로 관통되어 있다.

3) 건재의 국산화

김정은 시대는 건설의 대번영기라 불리어질 정도로 건설 부문이 활성화되고 있다. 건설의 활성화는 곧 수많은 건재를 요구한다. 그 많은 시멘트와 자갈, 강재와 타일, 판유리 등 건재를 어떻게 조달할 것인가? 그것이야말로 건설 부문 발전의 관건적 요소이다. 북은 건재의 국산화에서 그 답을 찾고 있다. 그 많은 건재의 대부분을 국내에서 생산 보장하고 있다. 이것은 북 내부에 믿음직한 건재 생산기지들이 있다는 것을 말해준다.

건재 국산화의 선두에는 천리마타일공장이 있다. 평양의 거리마다에는 여러 색의 타일들이 조화를 이루며 우뚝 솟은 건축물들이 늘비하다. 창전거리, 미래과학자거리, 여명거리, 이러한 거리들은 보는 사람들로 하여금 감탄을 지어내고 있다. 이러한 화려한 거리의 벽면에는 천리마 타일공장의 천연색 타일들이 치장되어 있다.

천리마 타일공장 외부 전경과 내부전경

천리마 타일공장에서는 국내의 원료로 대중들의 미감과 시대적 요구에 맞는 새 제품 개발 사업을 추진해 다양한 크기와 형태, 색깔, 문양 그리고 방수와 차열기능을 고루 갖춘 고급타일을 대량 생산해 내고 있다. 공장에서 대부분의 원료를 자체로 생산했으나, 제일 값비싼 프릿(도자기의 겉에 칠하는 유리 성분의 조합물)만은 2016년까지는 수입해서 썼다. 프릿의 질이자 유약의 질이고, 유약의 질이자 타일의 질이라고 볼 때 프릿의 국산화는 타일 공업 주체화에서 반드시 해내야 할 과제였다. 기술자들은 나라의 흔한 원료를 가지고 프릿을 만들어 낼 수 있다는 것을 밝혀내고 유약용 프릿 생산에 성공했다. 그리하여 2016년 가을부터 공장은 완전히 국산화된 프릿을 갖고 만든 유약으로 외벽 타일 생산을 전부 보장하고 있다. 그 이후 그들은 하루에도 몇t씩 쓰는 값비싼 감수제를 국내 원료로 만들어 냈으며, 전력변환장치를 만들어 현대적인 천연색 인쇄분무장치를 정상 가동할 수 있게 하고, 첨단설비들의 조종프로그램을 만들어 내는 등 자립의 토대를 굳건하게 만들어 나갔다. 새 제품개발에도 적극적으로 달라붙어 유연연마타일을 개발 생산해 내고 있다. 천리마 타일공장은 계속해서 경소마그네샤스레트, 유리모자이크, 색돌외장재, 투수기능이 좋은 기능성 색보도블록, 장식부각타일 등 현대 건축이 요구하는 실용적인 마감건재품을 연속 개발 생산해 내고 있다. 이 과정에서 노동자들은 정신력만 강하면 기술의 요새도 문제로 되지 않는다는 것을 깨달았다.

건재의 국산화를 선도하는 공장들은 이밖에도 많다. 각종 고급 석재의 대량 생산을 보장하는 '애국돌가공공장'과 각종 블록, 경량강철구조물, 가열도장식 철판가공품, 수지관, 쇠그물울타리, 발포수지, 금속건구를 보장하는 '천리마건재종합공장'도 있다. 이들 공장은 과학연구와 생산이 결합된 공장이며, 국내의 원료와 자원으로 다양화, 다종화, 다색화된 건재품을 생산한다.

4) 아크릴계 칠감 생산공정의 확립

순천화학련합기업소내 아크릴계 칠감생산공정을 시찰중인 김정은 총비서

2016년 8월 13일 자 로동신문 보도에 따르면 김정은 총비서가 순천화학련합기업소에 새로 꾸린 아크릴계 칠감 생산공정을 시찰했다. 문제의 아크릴계 칠감 생산공정은 몇 개 나라만의 독점물로 되고 있던 최첨단 기술에 속하는 것이었다. 이 때문에 경제적으로 매우 어려운 상황이던 북이 그러한 생산공정을 감히 도전하리라고는 그 누구도 생각하지 않았다. 그런데 북의 과학자 기술자들은 세계에서 아무도 도전하지 않았던 신비의 기술에 감히 도전장을 내밀고 완강한 투쟁으로 성공을 거두었다.

성공의 과정은 결코 쉽지 않았지만, 조선의 과학자, 기술자, 노동자들은 견인불발의 의지로 난관을 하나씩 하나씩 돌파해나갔다. 북의 기술로는 만들 수 없다는 산화반응기를 자체적으로 만들고, 100여 개에 달하는 합성탑 설비들을 자체 제작하였으며, 자동조종 체계도 단 석 달 만에 개발 완성해 냈다. 사실 선진국에서도 몇 번의 폭발을 거치면서 수년 걸렸던 자동조종 체계를 단 석 달 만에 만들어낸다는 것은 불가능에 가까웠다. 그들이 자동조종 체계를 자체로 개발하기 위한 연구 사업에 달라붙었을 때 애로사항이 많았다. 그들은 아크릴산 합성공정의 핵심기술인 폭발구역 감시조종 체계를 새롭게 개발하기 위한 연구 사업에 중점을 두고 연구를 시작했다. 혼합과 산화공정에서 원료공기와 프로필렌의 혼합비율이 맞지 않거나 산화반응기의 압력과 온도가 한계를 넘는 경우 폭발을 초래할 수 있는 위험성을 방지하는 것이 초미의 과제였다. 생소한 아크릴산 합성공정에 대한 문헌연구를 통해 얻어낸 실마리에 기초하여 산화반응기의 폭발구역 방정식을 유도하고 컴퓨터 모의시험을 진행했다. 20일 만에 폭발구역 감시조종 체계가 완성됨으로써 원료혼합 및 산화공정의 시동과 운영, 정지를 안전하게 할 수 있는 기술적 담보가 만들어졌다. 이에 토대하여 아크릴산 합성공정의 분산형 조종체계 그리고 생산공정의 방대한 PLC(Programmable Logic Controller) 조종프로그램과 대면 프로그램을 새롭게 완성하고 사고를 방지할 수 있는 비상정지보호체계를 확립해 냈다. 그리고 시운전에 들어갔다. 결과는 단번 성공이었다.

2016년 8월 13일 공장을 방문한 김정은 총비서는 "우리의 힘과 기술로 제작한 아크릴계 칠감 생산공정들에서 쏟아지는 칠감들과 테라코템의 질이 세계적 수준"이라고 격찬했다. 그리고 "우리의 기술, 우리의 원료, 우리의 설비로 아크릴계 칠감 생산공정을 보란 듯이 꾸려놓고 운영하고 있는 것은 화학공업 부문에서 이룩된 또 하나의 자랑찬 성과"라고 하면서, "이것만 놓고 봐도 자강력 제일주의의 기치를 높이 들고 나갈 때 점령 못할 요새가 없다는 것을 웅변으로 보여준다"고 말했다.

5) 북이 이룩한 첨단 과학기술 성과들

북의 과학자 기술자들이 세계적인 과학기술 성과들을 연이어 내놓았다.

북 언론매체 메아리 2016년 5월 2일자에 따르면 김책공업종합대학 자원탐측공학부에서 각종 규격의 금강석 추환을 새로 개발하였다. 금광석 추환은 광물탐사, 지하수 탐사에 이용되는 시추암석파괴 공구인데, 이미 여러 단위에서 금강석 추환이 개발되었다고 한다. 이 금강석 추환들은 주로 도금법과 무압소결법으로 만들었다. 그런데 최근 몇 년 전 김책공대 자원탐측공학부에서 개발한 금강석 추환은 열압소결법으로 만들었다. 열압소결법의 장점은 소결 온도를 낮출 수 있다는 것이다. 열압소결법에서의 최적온도는 900~950℃이다. 일반적으로 금강석은 열 견딤성이 작다. 따라서 온도가 1,000℃이상으로 올라가면 금강석의 질이 파괴된다. 그런 만큼 소결온도를 낮추는 것이 금강석 추환의 질을 보장하는데서 대단히 중요한 기술적 문제로 나선다. 연구사들은 피타는 사색과 탐구의 날들을 보내면서 이 문제를 해결하기 위해 노력했다. 집단적 노력 끝에 자원탐측공학부에서는 짧은 기간에 열압공정을 확립하고 열압소결법에 의한 금강석추환시제품을 생산해 냈다. 새로운 금강석 추환이 개발됨으로써 금강석 추환의 질을 한 단계 높일 수 있는 새로운 기술이 확립되었으며, 시추 암석 파괴 공구의 국산화를 더 높은 수준에서 실현할 수 있게 되었다고 한다.

또 북에서는 그 독특한 특성으로 세계적으로 '화학공업의 3극소자', 21세기의 새 기술로 불리고 여러 나라에서 경쟁적으로 연구개발 대상으로 삼고 있는 초중력장치를 연구 제작함으로써 수요가 높은 나노탄산칼시움을 제조할 수 있는 과학기술적 기초를 마련했다고 알려지고 있다. 북의 언론매체 메아리 2018년 11월 15일자는 "국가과학원 기계공학연구소에서 나토탄산칼시움 제조용 초중력 장치를 우리 식으로 연구 제작하였다"라고 보도했다. 그에 따르면 연구소의 과학자들은 초중력 장치를 독자적으로 연구 제작할 목표를 세우고 과학연구 사업을 벌인 끝에 초중력 장치 제작에서 핵심으로 되는 다공성충전물의 합리적인 기공도(다공질 재료에서 비어 있는 부분이 그 전체 부피에서 차지하는 비율)와 회전수를 확정했으며, 고속회전 기계로서의 특성에 맞는 장치의 기밀문제와 장치가 요구하는 매우 높은 수준의 가공정밀도를 보장하기 위한 문제 등 여러 가지 과학기술적 문제를 성과적으로 해결했다. 과학자들은 연구 사업에 박차를 가해 마침내 초중력 장치를 연구 제작하는데 성공했고, 이 장치를 이용해 나노탄산칼시움을 성과적으로 제조해 냈다. 이로부터 선진기술에 의거해 수요가 높은 나노탄산칼시움을 제조할 수 있는 과학기술적 기초가 마련되었다. 이러한 초중력 장치를 이용한 나노탄산칼시움 제조 기술은 입자 크기가 매우 작고 입도분포가 균일한 나노분말재료를 얻을 수 있으며 반응시간이 짧고 생산성이 높은 뿐 아니라 조작이 간단하고 생산원가가 낮은 것 등 여러 가지 좋은 점으로 하여 관심을 모으고 있다고 전했다.

국가과학원 조종기계연구소 과학자들도 세계적으로 최첨단 기술에 속하는 레이저 절단기를 연구 제작했다. 국가과학원 레이저연구소의 과학자들은 출력이 높은 탄산가스 레이저 발전기와 자동조종 전원을 설계 제작함으로써 자동차 공업에 레이저 용접 기술을 도입해 자동차의 질을 결정적으로 높이고 모든 기계 부품들의 정밀용접기술을 확립할 수 있는 길을 열었다. 또 서로 다른 크기와 형태의 수력터빈날개 생산을 보다 과학화해 수력발전 효율을 높일 수 있는 레이저 3차원 형태 측정 장치를 연구 개발했다.

국가과학원 나노공학 분원 나노재료연구소의 과학자들도 우수한 나노재료인 실리카공기겔의 제조기술을 확립하고, 공업적 방법으로 대량 생산할 수 있는 전망을 열었다. 실리카공기겔은 나노크기의 미세한 기공구조를 가진 다공성 재료로서 지금까지 개발된 고체 단열재료 가운데서 가장 가볍고 단열 성능이 높은 초경량 단열재료이다. 실리카공기겔의 대량생산 기술을 새롭게 확립한 것은 나노기술발전과 에너지 문제 해결에서 중요한 의의를 갖는 성과라고 할 수 있다. 실리카공기겔은 열 차단 특성이 뛰어나 세계적으로 심각하게 제기되고 있는 에너지 문제해결에서 초점을 모으고 있을 뿐 아니라 열 견딤성과 화학적 안정성, 방음 특성이 좋으며 이용과정에 오염물질을 배출하지 않아 환경보호형 건축재료로서 주목받고 있다. 실리카공기겔은 유리와 같은 무정형 재료로서 건물의 내 외벽과 지붕 시공에 쓰면 미학적 요구를 보장하면서도 보온효과를 높이고 건축물의 자체 질량도 대폭 줄일 수 있으며 화재로 인한 피해를 막는 데서도 훨씬 유리하다. 그리고 여러 가지 열 설비에서 전통적인 보온 재료를 대신해 작업효율을 높이고 열 손실을 현저하게 줄일 수 있다. 연구원들은 몇 달 동안 나노실리카공기겔 보온칠감 생산공정을 건설했다.

김책공대 연구사들은 현대 공업 기술의 종합체이고, 몇 개 나라가 독점하고 있던 첨단의료설비 나선식 뇌 CT를 개발했으며, 연이어 변주저주파 치료기를 비롯해 15종의 필수 의료 기구를 개발해 냈다. 2019년에는 수술환자용 마취기, 자동인공호흡기를 비롯해 7종의 현대적 의료 기구를 개발해 임상실천에 도입했다.

3절 _ 건설의 대 번영기 II

1. 려명거리 건설과 함북북부지역 수해복구 전투(2016)

1) 려명거리 건설

2016년 3월, 36년 만에 조선로동당 제7차 대회 준비로 평양은 분주했다. 김정은 총비서는 2016년 3월 17일 현지에 직접 나와 려명거리 건설을 선포했다. 려명거리는 금수산태양궁전과 모란봉구역 영생탑까지 동서 8km 왕복 8차선 거리 주변에 건설된 신도시를 가리킨다. 원래 이 거리의 이름은 금성거리였는데, 김정은 총비서 신도시 건설을 시작하면서 이 거리 이름을 조선의 새날이 밝아온다는 의미에서 《려명거리》로 짓자고 하면서 려명거리로 바뀌었다. 이 거리는 △부지면적 90여 정보(90만m^2), △건축면적 18만8천여m^2, △연건축면적 171만3천여m^2에 달하며, 건설내용을 살펴보면 △신설 살림집(아파트) 44동 4,804세대, △보수 살림집 36동, △공공건물 60개 대상 △봉사 건물 28동, △하부구조물 49개 대상 등에 달하는 거대한 공사이다.

평양의 멋쟁이 거리로 알려진 려명거리 전경

려명거리의 야경 모습

2016년 4월 3일 착공식을 하였으며, 5월 30일 골조 공사가 시작되었다. 6월 11일 2,000여 세대 살림집 골조 공사가 완료되고 6월 19일 2,800여 세대의 살림집 골조 공사가 완료되었다. 7월 18일 두 달 남짓 기간에 려명거리 55층 살림집 골조가 완공되고 8월 5일 려명거리 모든 건축 대상 골조 공사가 100% 완수되었다. 하지만 9월 함북도 수해로 공사가 잠정 중단되었다. 이후 공사가 재개되었으며, 2017년 1월 살림집 90%가 완성되었고, 4월 13일에 준공식을 가졌다.

김정은 총비서는 2016년 3월 17일 려명거리 건설을 선포하는 자리에서 다음과 같이 언명했다.

『조선 혁명의 여명이 밝아오는 뜻 깊은 곳에 일떠세우는 거리의 이름을 《려명거리》로 명명합시다. 려명거리를 날로 비약하는 주체적 건축예술의 척도가 응축된 거리, 사회주의 문명국의 체모에 맞는 거리, 혁명의 수도 평양시를 더욱 웅장 화려하게 변모시킬 거리로 일떠세우자면 거리 형성을 잘하는 것이 중요합니다. 룡흥네거리의 영생탑 주변에 웅장 화려한 고층건물들로 건축군을 형성하고 금수산태양궁전 주변에는 정중성 보장의 원칙에서 아담한 다층건물들을 배치하며 금릉2동굴로 뻗은 도로 주변에 지대적 특성과 조화되는 건물들을 일떠세우면 려명거리 형성이 특색 있게 될 것입니다.

려명거리 건설에서 기본은 김일성종합대학 교육자들을 비롯한 과학자, 연구사들이 살게 될 살림집들, 탁아소, 유치원, 세탁소, 체신소 등 공공건물들과 봉사망들을 훌륭히 일떠세우는 것입니다. 려명거리를 21세기 에너지절약형 거리, 녹색형 거리로 만들자는 것이 당의 의도입니다. 따라서 설계 및 시공 단위에서 살림집과 공공건물에 필요한 조명과 난방 문제를 태양빛 전지와 지열, 자연채광 등으로 해결하며 건물 옥상에 온실을 조성하여 건축물의 녹색화를 실현하겠다는 목표를 제기하고 투쟁해야 합니다.

려명거리 건설에 필요한 시멘트와 강재 등 자재 보장대책을 철저히 세우며 특히 건축물 외부장식용 마감 건재의 규격과 색깔, 무늬 등을 다양화, 다색화하기 위한 사업도 짜고 들어야 합니다. 건축공사의 속도와 질을 보장하고 투자의 효과성을 최대한 높이기 위한 사업에도 깊은 관심을 돌려야 합니다. 그러자면 건설에서의 최량화 방안을 적극 탐구 동원하는 것과 함께 설계 부문과 시공 단위, 감독기관들의 책임성과 역할을 높여야 합니다.』(로동신문 2016년 3월 17일 보도내용을 구어체식으로 정리함)

려명거리는 원래 2016년 4월 13일에 착공해, 2016년 당 창건기념일(10월 10일)까지 완공하기로 되어 있었으나, 언급한 바와 같이 8월 함경북도 홍수로 인해 공사를 잠정 중단하고 건설인력을 함북지구 수해복구 투쟁에 투입했다. 수해복구 투쟁이 종료된 후 공사를 재개하여 2017년 태양절을 맞이해 준공식을 거행했다. 준공식에 김정은 총비서가 직접 참석해 준공 테이프를 끊었다.

려명거리는 당시까지 최고층 아파트(82층)를 비롯해 44동 4003세대의 아파트로 이루어졌으며, 한 세대에 공동살림방, 부부방, 자식방, 서재, 화장실, 창고가 있고, 노인이나 어린이들의 움직임으로 고려해 문턱을 없앴다. 건축 형성에서는 에너지절약형 건물로 설계하였으며, 외부 장식 효과를 내면서도 자연에너지를 최대한 이용할 수 있게 살림집과 봉사망(상가)에 태양빛 전지에 의한 전력보장체계를 도입해 조명문제를 해결했다. 또한 지열에 의한 냉난방체계를 도입하고 벽체의 보온효과를 높여 편리한 실내온도를 충분히 보장하도록 했다. 이밖에도 살림집 벽면을 음이온을 발생시키는 기능성 수지 벽지와 내장재로 마감하는 등 여러 최신건축 기술을 적극 활용했다. 뿐만 아니라 아파트 중간과 옥상에 온실을 지어 녹색건축으로서의 면모를 갖추었다.

2) 함북지구 수해복구공사

2016년 9월 10일 로동신문에는 《함북도 북부 피해복구 전선에서 기적적 승리 쟁취하자》라는 조선로동당 중앙위원회 호소문이 실렸다. 호소문에서는 북부 두만강 연안에서 해방 후 기상관측 이래 유례없던 돌풍과 폭우가 쏟아져 여러 시, 군에서 막대한 자연피해를 입었다고 밝혔다. 수만 세대의 살림집과 공공건물이 무너지고 철길과 도로를 비롯한 교통망, 전력공급 계통, 공장, 기업소, 농경지가 파괴, 침수됐으며, 수많은 이재민이 발생했다고 전했다.

조선로동당은 함북 북부지역의 대재앙에 대해 200일 전투의 주 타격 방향을 북부 피해복구 전투로 전환시키고, 난국 타개의 중대 결단을 내렸다. 국가의 인적, 물적, 기술적 잠재력을 북부 피해복구 전투에 총동원, 총집중해 최단기간에 피해를 복구하고 전화위복의 기적을 창조하자고 호소했다. 국가 중대 과제로 추진하고 있던 려명거리 건설을 일시 중단하고, 모든 건설인력을 함북 북부지역 피해복구 전투에 투입했다.

함북 북부피해복구 주택건설을 완공하고 기뻐하는 조선인민군 병사들(위), 여러 지역에서 새로 건설된 살림집들은 인민의 요구와 이익을 앞세우고 절대시하는 인민대중제일주의 정치의 산 증거들이다

로동신문 2016년 10월 16일자에는 '조선인민군 북부피해복구전투지휘부'에 종합된 자료를 보도했다. 보도에 따르면 10월 15일 현재 북부 피해지구의 6개 시, 군에서 200여 동의 소층살림집들과 2천5백여 동의 단층살림집들의 골조 공사가 완료됐다. 내. 외부 미장공사도 함께 진행돼, 각각 65%, 25% 수준을 달성했다. 지난 9월 하순 본격적인 기초공사에 진입한 뒤, 약 20일 만에 1만 1천여 세대의 주택 골조 공사를 마쳐 10월 말이면 공사가 완료될 것이라고 보도했다.

함북 북부 피해복구 전투는 인민의 요구와 이익을 절대시하는 김정은식 정치인 인민대중제일주의 정치의 진수를 보여준다. 국책사업으로 선정되어 역점을 두고 진행하고 있던 려명거리 건설 사업을 즉각적으로 중단하고 함북 북부 피해복구 투쟁에 국가적 힘과 역량을 집중했다. 인민들이 아파하는 것, 인민들에게 절실한 것

들을 절대로 외면하지 않고 소홀히 여기지 않고, 무조건적으로 앞세우는 것이 바로 인민대중제일주의 정치이다.

2. 삼지연 꾸리기 사업(2013년~2021년)

북은 백두산을 혁명의 성지로 본다. 백두산이 있는 삼지연시를 혁명의 성지이자, 고향집으로 본다. 김정일 국방위원장이 태어난 백두 밀영이 있기 때문이다. 김정일 국방위원장의 고향 군을 혁명의 성지답게 잘 꾸리는 것을 장군님의 전사, 제자로서의 마땅한 도리, 혁명적 의무로 여긴 김정은 총비서는 2013년 11월 삼지연군을 방문해 삼지연군 건설의 원대한 구상을 제기했다. 최고지도자의 구상에 따라 삼지연군 꾸리기를 통일적으로 장악 지휘하기 위한 정연한 체계가 세워졌다. 당의 구상에 따라 2016년 7월 강력한 건설부대가 조직되고 명칭으로부터 전투 목표와 기간, 설비와 자재, 자금보장에 이르기까지 건설에서 나서는 모든 문제가 명확히 밝혀졌다.

새롭게 변모된 삼지연시의 다양한 전경들

하지만 담당 간부들과 건설자들의 머릿속에 굳어져 있는 개건 보수라는 낡은 틀 때문에, 건물 지붕이나 교체하고, 벽체를 긁어내 외장재나 칠하는 땜질식에서 벗어나지 못했다. 이러한 현실을 타파하고 새롭게 출발하는 계기가 된 것은 2017년 12월 김정은 총비서의 삼지연군 현지 지도였다. 그때 김정은 총비서는 땜질식이 아니라 이왕 품을 들일 바에야 개건 보수라는 관점을 싹 버리고 완전히 새로 건설하겠다는 각오를 갖고 달라붙어야 한다고 강조했다. 다음은 이와 관련된 당시 로동신문 보도이다.

『… 삼지연군을 로동당 시대의 문명이 응축된 현대적이며 살기 좋은 산간 도시의 전형으로 전변시키자면 설계형성안에서부터 당의 주체적 건축미학사상의 요구에 맞게 산골군의 특색이 살아나면서도 대상의 용도에 맞으며 유사성과 반복을 없애야 한다고 하시면서 그러자면 설계일꾼들이 머리를 쓰고 궁리를 많이 하여야 한다고 하시였다.

설계가들은 자기가 설계한 건축물에 대하여 책임지는 입장에서 세계적인 안목을 가지고 설계형성안을 경제적 효과성을 잘 타산하여 만들어야 하며 하나하나의 대상을 깊이 따져보고 또 따져보면서 심중하게 설계하여야 노력과 자재, 시간을 낭비하는 현상을 없앨 수 있다고 말씀하시였다.…』(로동신문 2017년 12월 9일 보도에서 발췌함)

그러면서 지금까지의 성과와 경험 교훈을 놓고 1단계 전투총화를 의의 있게 진행해 공사 방향을 바로 정하며, 돌격 준비를 빈틈없이 갖추고 2단계 전투에 일제히 진입해야 한다고 지시했다. 이때부터 삼지연시 꾸리기 2단계 공사가 진행되었다. 2단계 공사는 삼지연군 읍지구를 완전히 새롭게 혁신하는 것이었다. 삼지연군 꾸리기를 새 세기의 요구에 맞게 완전히 새롭고 통이 크게 하기 위한 작전이 전개되었다.

2단계 공사가 진행되는 동안 설계에서부터 시공에 이르기까지 아주 세심하게 지휘하였다. 김정일 장군 동상 앞 기본 도로를 중심축으로 현대적 거리를 형성할 것, 교양 구획, 살림집 구획, 지방공업 구획 등을 명백히 나눌 것, 산골군의 특색이 살아나면서도 대상의 용도에 맞으며 유사성과 반복을 없애도록 할 것 등 읍지구의 거리구획과 건물배치에서 지켜야 할 원칙적인 문제를 제시하였다. 김정은 총비서가 직접 지도한 형성안만 해도 8800여 건이나 된다.

2단계 공사가 진행되고 있던 2018년에만 해도 세 차례나 현지를 직접 방문하여 공사 진행 과정을 살폈다. 2018년 8월 18일 현지 지도할 때, 그는 당이 그토록 중시하는 북방의 이 건설 전투는 삼지연군 하나만 잘 꾸리자는 데 목적이 있는 것이 아니라고 밝혔다. 그는 전반적인 군들을 모두 문명한 군으로 일신시키기 위한 앞으로의 투쟁 목표를 세우는 데서 경험을 창조하고 본보기를 만들고자 진행하는 중요한 사업이라고 그 의의를 밝혔다. 이어서 그는 지금 우리나라의 군들은 각이한 자연 지리적 특성과 경제적 조건으로 하여 등차가 심하게 발전하였는데, 먼저 표준 군들을 잘 꾸려 전형을 창조하여 벌방(평야)지대, 산간지대, 해안지대들의 본보기를 만들고 일반화해나가야 한다고 밝혔다. 이때에 김정은 총비서는 이미 새 시대 농촌혁명을 구상하고 있었다. 삼지연꾸리기 사업은 그 시범사업이었다.

조선중앙통신 상보에 따르면 삼지연군 꾸리기 사업의 특징은 다음과 같다.

삼지연 읍지구 건설은 살림집, 공공건물들이 비 반복적이면서도 독특하게 설계되었고, 자연지대적 환경에 어울리게 여러 형태의 건축물이 특색 있게 건설되어 건축물들의 형식과 배치를 민족성에 기반 하면서도 예술적 조형화와 다양화가 흠잡을 데 없이 실현되었다. 건물들의 층수에서 높낮이 차이를 더 주어 소층, 다층건물들이 건축학적 요구에 맞게 예술적으로 잘 어우러졌다. 다층 살림집들과 봉사시설들이 조화롭게 연결되어 건물사이의 예술적 상호성, 호환성, 연결성이 철저히 보장되었는데, 이것은 북 건설 부문에서의 하나의 비약으로 되었다.

도시형성안 뿐 아니라 지방공업공장을 비롯한 삼지연군 읍지구의 모든 단위의 건축설계도 철두철미 선 편리성, 선 미학성의 원칙에서 새롭게 완성되었다. 연 건축면적이 1만 수천㎡에 달하는 백두산종합박물관이 백두산 지역에 관한 종합적인 지식을 주는 거점답게 읍지구 중심축의 규모와 무게를 잘 살리며 웅장하게 자리 잡았다. 삼지연 들쭉음료공장, 삼지연군 장공장, 삼지연군 기념품공장 등 공장, 기업소들이 교양 구획과 생산구획, 생활문화구획으로 갈라 꾸려지게 되었다. 베개봉스키장, 삼지연군 인민병원, 삼지연군 문화회관, 삼지연 학생소년궁전, 삼지연군 체육관, 삼지연군 과학기술도서관, 천지원, 삼지연 초급중학교 등 모든 건축물이 편의를 최우선, 절대시하는 원칙에 따라 설계되었다.

전반적인 도시형성으로부터 매 건축물과 도로 시설, 구호와 표어를 비롯한 직관선전물들과 불장식에 이르기까지 새 기준이 창조되었을 뿐 아니라 백두산지구 산간지대와 잘 어울리게 도시의 원림화, 공원화도 높은 수준에서 실현된 것이 삼지연군의 새로운 면모이다.

삼지연 꾸리기 2단계 사업은 온갖 간난신고를 다 겪어야 했다. 이러한 간난신고를 극복하고, 2019년 12월 2일 삼지연군 2단계 공사 완공 준공식이 거행됐다. 김정은 총비서가 준공식에 직접 참석하여 준공 테이프를 잘랐다.

북 언론에 따르면 삼지연시 꾸리기 3단계 공사는 삼지연읍 주변의 리명수동, 포태동, 신무성동을 비롯한 10여 개의 주변 지구와 농장에 대한 공사로서 공사량은 2단계에 비해 1.4배나 된다. 2020년 10월 삼지연시 인민병원이 개원되었고, 11월에는 백두산밀영동, 신무성동, 리명수동, 포태동, 5호물동, 중흥리, 흥계수리, 소백산리, 백삼리, 보서리, 통신리에 수천 세대의 새 문화주택이 건설되었다. 2021년에 들어와서 삼지연시의 10개 동, 리에 백두산기슭의 장녀기복과 조화를 이룬 천 수백 세대의 단층, 소층, 다층살림집을 건설해 주민들이 일제히 입사했다.

로동신문 2020년 11월 14일 로동신문에는 《백두대지에 끝없이 펼쳐지는 행복의 낙원, 삼지연시의 10여개 동, 리에 수천 세대의 살림집이 희한하게 일떠섰다》는 제목의 기사가 실렸다. 이어 2021년 10월 28일 기사에서도 삼지연시 3단계 공사에 관한 기사가 《혁명의 성지 삼지연 땅에 또다시 펼쳐진 새집들이경사》라는 제목으로 새집들이에 관한 기사가 실렸다.

삼지연시 꾸리기 3단계 공사

3. 양덕온천 건설

양덕군은 평안남도와 북강원도의 경계 지점에 있는 군이다. 예로부터 양덕군은 온천으로 유명한 동네였다. 양덕군안의 온천들은 유황 성분이 많고, 라돈이 극히 적은 고온천으로 용출량이 대단히 많고 약리작용과 치료 효과가 매우 높다. 온천수 성분을 분석한 데 따르면 오염성 평가지표인 암모니움과 아질산, 질산이온과 병원성 미생물이 전혀 검출되지 않아 오염되지 않은 온천으로 평가됐다. 김정은 총비서는 여기에 현대적인 온천지구를 만들 결심을 갖고 2018년 8월 양덕지구를 방문했다. 그날은 소낙비가 내리는 날이었다. 그는 무섭게 쏟아지는 소낙비에도 아랑곳하지 않고 높고 낮은 산들과 고개를 헤치며 양덕지구의 온천이 나오는 골짜기들을 돌아보며, 온천의 용출량과 주변 환경을 구체적으로 살폈다.

양덕온천 전경

이곳저곳을 아주 상세하게 살핀 후 김정은 총비서는 산이 높고 숲이 무성해 공기 좋고 풍치 수려한 양덕군은 온천휴양소, 요양소들을 꾸리기에 알맞다고 하며 이곳에 종합적인 온천문화 휴양지를 꾸릴 결심을 밝혔다. 이어 종합여관을 건설할 위치도 직접 지정해주면서, 이 지구에 종합여관(호텔)을 덩치가 크게 앉히고, 주변에는 자취 숙소(콘도)도 잘 꾸리며, 각종 현대적인 종합봉사시설을 건설해야 한다고 건설 방향을 밝혀주었다. 또 야외온천이 가능하게 실내 욕탕 뿐 아니라 야외 온탕도 꾸리고, 각종 온천욕 봉사를 할 수 있도록 해야 한다고 말했다.

이렇게 하여 양덕 온천지구 건설 사업이 통 크게 시작되었다. 양덕 온천지구는 건설을 시작한 지 일 년도 채 안된 2019년 12월 8일 준공식을 가졌다. 준공식에는 김정은 총비서가 직접 참석해 준공 테이프를 잘랐다. 양덕온천은 단순히 온천욕만을 즐기는 곳이 아니다. 양덕온천 종합휴양지에는 스키주로를 만들어 스키장으로서도 유명하며, 승마주로를 만들어 스키를 타고, 승마도 할 수 있는 종합 스포츠 문화휴양지로 만들어 놓았다. 양덕온천은 준공한 직후 2020년 초 코로나 사태로 인해 곧바로 문을 닫은 후 일 년이 지난 2021년 2월 재개장했다. 로동신문 2021년 2월 14일 자에는 《양덕온천문화휴양지의 하늘가에 울려 퍼지는 행복의 메아리》라는 제목의 기사에서 온천 시설을 이용하는 북 주민의 사진과 함께 "뜻깊은 2월에 양덕온천문화휴양지가 문을 연 지도 10여 일(이 됐다)"라고 전했다.

여기에서 사족을 달자면 남측 언론들은 이러한 문화휴양시설이 건설되면 의례 외국인에 대한 관광을 통한 외화 수입 목적이라고 단정하는 버릇이 있는데, 이것은 오해이다. 외국인에 대한 관광을 배척하거나 배제하지는 않겠지만, 북의 대다수의 문화휴양시설은 북 주민들의 복지와 여가를 목적으로 지어지고 있다. 양덕 온천지구의 건설은 김정은 시대의 하나의 특징을 이루고 있는 사회주의 문명국 건설 노선에 따른 것이다. 단순히 의식주 해결을 넘어 교육, 보건의료, 체육, 문학예술, 여가생활 수준을 선진국 수준으로 끌어올리자는 것이 사회주의 문명국 건설의 목표이다.

양덕온천 내부전경

4. 중평남새온실농장

함경북도 경성군의 동해기슭 중평지구에 대규모 남새온실농장이 있다. 이곳에서는 일 년 내내 신선한 갖가지 채소를 생산해 함경북도 주민에게 공급해 주고 있다. 이곳에 대규모 남새온실농장이 건설된 때는 지금으로부터 불과 3~4년 전이다. 이 농장의 건설과정에는 김정은 총비서의 21세기 새 시대 농촌건설 구상이 어려 있다.

2018년 7월이었다. 당시 김정은 총비서는 함경북도 여러 곳을 현지지도 하는 중이었다. 그때 이곳을 방문하여 그동안 군용으로 사용하던 비행장 부지를 바라보며, 남새(채소)온실농장을 건설하면 멋있을 것이라고, 이만한 온실 면적이면 도내 주민들의 수요를 충족시킬 것이라고 말했다. 이어 오늘 기분이 너무 좋다고 인민들을 위한 보람 있는 일을 하나하나 찾아할 때가 제일 기쁘다고 자신의 심경을 토로했다. 그리고 함북인민을 위해 투자를 아끼지 않고 마음먹고 마련해 주는 농장인 만큼 건설의 속도와 질을 다 같이 보장하며 최상의 수준에서 건설해야 한다고 당부했다. 그리고 농장건설과 운영 준비에서 제기되는 모든 문제의 해결 대책을 제시해 주었다.

중평남새온실농장과 살림집

2019년 10월 김정은 총비서가 온실농장 건설 현장을 다시 방문했다. 그는 중평남새온실농장은 온실 건설에서 하나의 혁명, 본보기라고 하며, 앞으로 각 도들에 이와 같은 현대적인 온실농장을 하나씩 건설해 계절에 구애됨이 없이 갖가지 신선한 야채를 공급하는 것, 이것이 자신이 오래전부터 하고 싶었던 일이라고 밝혔다. 이어서 전국적 범위에서 온실농장을 현대적으로 실리에 맞게 건설하는 사업을 적극 추진해 인민들의 식생활을 더욱 향상시켜야 한다고 말하였다.

함경북도 경성군에 세워진 중평남새온실농장은 세계적으로 볼 때에도 손색없는 대규모 남새온실농장이다. 혁명사적교양실, 문화회관, 남새기술연구실, 과학기술보급실, 정양소 등 공공건물들과 온실바다를 펼친 반궁륭식 2중박막온실이며 수경온실, 토양온실들이 한 폭의 그림처럼 다가온다. 현대적 생산건물과 시설을 갖춘 농장의 건설과 관리 운영은 북 자체의 힘, 자체의 기술, 자체의 자원에 의거했으며, 생산수준의 과학화 수준, 집약화 수준은 매우 높다.

수경온실은 자체의 지열난방체계가 구축되어 있으며, 영양액공급계통과 환경관리계통의 프로그램과 장치들이 북 자기 실정에 맞게 자체적으로 개발되어 도입되었다. 실시간으로 온도, 습도, 탄산가스 및 광도(빛의 세기)를 수감하고 컴퓨터 조종으로 갖가지 남새(채소)작물에 대한 영양액의 공급과 환경관리가 자동적으로 진행되고 있다.

반궁륭식 2중박막온실은 수경재배와 토양재배를 배합한 온실로서 추운 겨울에도 연료를 소비하지 않고 갖가지 남새를 생산할 수 있다. 이 온실의 축열벽은 자체로 개발한 흙 경화제를 가지고 흙 경화제 블럭을 만들어 쌓은 데 이어 검은색 외장재도 자체로 개발한 것을 이용함으로써 열 효과의 지속성을 훨씬 높이면서도 많은 자재와 자금을 절약할 수 있게 하였다. 이와 함께 수경온실의 기능성 유리와 반궁륭식 2중박막 온실에 씌운 비닐박막 역시 자체의 원료로 생산한 것이다.

2019년 12월 3일 중평남새온실농장과 양묘장 조업식이 성대하게 진행되었다. 김정은 총비서가 조업식에 참석해, 준공 테이프를 잘랐다.

5. 2020년 수해복구투쟁

1) 황해북도 금천군 강복리 수해복구 투쟁

2020년 북에게는 유난히 자연재해가 많았다. 로동신문 2020년 8월 7일 로동신문에는 황해북도 대청리 수해 현장에 김정은 총비서가 직접 방문한 기사가 실렸다. 기사에 따르면 장마전선의 영향으로 연일 내린 많은 비와 폭우에 의해 은파군 대청리 지역에서 물길 제방이 터지면서 단층 살림집 730여 동과 논 600여 정보가 침수되고 179동의 살림집이 무너지는 등 많은 피해가 발생하였다. 이 소식을 전해 받은 김정은 총비서는 곧바로 피해지역으로 달려갔다. 현장에 내려가 실태를 구체적으로 파악하고, 이에 기초해서 피해복구와 관련한 구체적인 방침을 제시했다.

김정은 총비서 황해북도 큰물 피해 상황을 현지에 나가 직접 조사하다

김정은 총비서는 사전에 안전지대로 소개해 인명피해가 없었다는 보고를 받고 정말 다행이라고 하면서, 군급 지도기관 성원들에게 집을 잃은 주민들을 군당위원회, 군인민위원회를 비롯한 사무공간들과 공공건물에 분숙하도록 조치하고, 그들을 안정시키며 위로해 주기 위한 사업을 책임적으로 하도록 지시했다. 그리고 피해 주민들에게 국무위원장 예비양곡을 해제하여 공급해 주기 위한 조처를 시행도록 지시하고, 피해주민들에게 침구류와 생활용품, 의약품 등 필수 물자들을 시급히 보장해 주어 빨리 안착시키는 게 무엇보다 중요하다고 하면서, 이 사업을 당중앙위원회 부서들과 본부 가족 세대들이 전적으로 맡아 하도록 조처했다. 그리고 군대를 동원해 피해복구 사업을 하도록 조처했다.

피해복구 전투는 한 달여 만에 끝났다. 로동신문 2019년 9월 18일자에는 9월 17일에 황해북도 금천군 강북리 소재지에서 새로 지은 살림집 입사 모임이 있었다고 보도했다. 이 입사 모임은 북의 인민대중제일주의 정치의 진면목을 보여주는 구체적 증거로 되었다. 이것은 인민의 생활 문제를 국사 중의 국사로 내세우고 모든 국가역량을 총집중해 문제를 풀어나가는 정치의 참 면모로 된다.

황해남도 금천군 강복리 소재지에서 피해복구가 끝나고 살림집 입사가 시작됐다

2) 조선로동당 제7기 16차 정치국 회의

2020년 8월 13일 조선로동당 제7기 16차 전원회의가 열렸다. 회의에서 재해성 폭우와 홍수에 의해 발생한 피해 상황이 보고됐다. 장마철 기간 북 강원도, 황해북도, 황해남도, 개성시를 비롯해 전국적으로 농작물 피해 면적 3만 9,296 정보이며, 살림집 1만 6,680여 세대, 공공건물 630여 동이 파괴, 침수되고, 많은 도로와 다리, 철길이 끊어지고, 발전소 언제가 붕괴되었다. 특히 강원도 김화군, 철원군, 회양군, 창도군, 황해북도 은파군, 장풍군을 비롯해 피해 상황이 혹심한 지역 주민들은 소개지에서 생활하면서 생활상 많은 고통을 겪고 있었다.

회의에서 김정은 총비서는 피해 상황을 통보하면서 집과 가산을 잃고, 임시거처에서 생활하고 있는 수재민들의 형편과 고통이 이

루 말할 수 없을 것이라며, 지금과 같은 때에 다른 그 누가 아닌 우리 당이 그들을 전적으로 책임져야 하며, 인민들이 겪는 고생을 함께 하고 그것을 덜어주기 위해 그들 곁으로 더 다가가야 한다고 호소했다.

그리고 수재민들이 한지에 나앉아 당 창건 75돐을 맞이하게 할 수 없다며, 큰물 피해를 하루빨리 가시고 인민들의 생활을 안착시키기 위한 방향과 방도를 제시했다. 그러면서 큰물피해 복구사업을 단순히 자연의 피해를 가시기 위한 건설공사나 생활 복원에만 귀착시키지 말고 당 창건 75돌을 인민의 명절, 일심단결을 다지는 혁명적 명절로 빛내기 위한 중요한 정치사업이 되도록 지향시켜야 한다고 강조했다. 또 이번 기회에 피해지역을 인민들의 요구와 지향, 발전한 시대적 수준에 맞게 새롭게 일신시키며, 앞으로 자연재해나 큰물이 다시 발생한다고 해도 피해를 받지 않게 해당지역 주민들의 의견을 들어보고 적절한 위치에 질적으로 잘 건설해야 한다고 강조했다.

조선로동당 제7기 16차 정치국 회의를 계기로 큰물 피해복구 전투가 완강하게 전개되었다. 2020년 11월 20일 로동신문에는《인민의 행복의 창조자들이 안아온 전화위복의 기적, 김화군 읍과 여러 리의 피해지역들에 새집들이풍경이 펼쳐졌다》는 제목으로 큰물 피해복구 사업으로 추진한 새 주택건설이 끝나고, 새집들이 행사 관련 기사가 여러 장의 사진과 함께 보도되었다.

북 강원도 김화군 큰물 피해복구로 추진한 주택들과 새집들이 행사모습

이에 앞서 강원도에서는 철원군, 평강군, 창도군, 이천군, 회양군, 판교군, 금강군에 810여 동에 1,670여 세대의 소층, 단층 살림집들이 현대적으로 건설되어 살림집 입사 모임이 10월 23일에 진행되었다.

10월 23일 북강원도 여러 지역에서 새집들이 행사가 진행됐다

3) 수도당원사단과 검덕지구 인민군 군인들

북은 8월 장마철에 황해남북도, 개성시, 북강원도에 막대한 큰물 피해를 입고, 피해복구전투에 여념이 없었다. 그런데 태풍 9호가

또 다른 엄청난 피해를 초래했다. 로동신문 2020년 9월 6일 자에는 《김정은 위원장 태풍 피해복구 당 정무국 확대회의 소집, 피해 지역 시찰》이라는 제하의 기사가 실렸다. 기사에서는 태풍 9호에 의한 함경남도와 함경북도의 자연재해 복구 전투조직을 위한 당 중앙위원회 정무국 확대회의를 피해 지역 현지에서 소집했다고 보도했다. 보도에 따르면 여러 지역에서 발생한 큰물과 태풍 피해를 가시기 위한 복구 전투가 치열하게 벌어지고 있는 와중에 9월 3일 태풍 9호에 의한 폭우와 강풍으로 함경북도와 함경남도에서 커다란 피해가 발생했다고 한다.

평양시 전체 당원들에게 보내는 김정은 총비서의 공개서한

현지에서 긴급히 조직한 정무국 회의에서는 이 지역 피해복구 문제가 깊이 토의되고, 이 지역들에 급파할 건설 역량 편성 문제와 설계, 자재 수송보장 문제를 비롯한 구체적 대책이 토의 결정되었다. 회의에서 김정은 총비서는 피해복구 사업을 단순히 자연재해를 털어버리기 위한 경제실무적 복구건설 과정만이 아닌 중요한

정치사업 과정으로, 일심단결을 강화하는 계기로 만들어야 한다고 강조했다. 이어 전 사회적으로 어렵고 힘든 사람들을 먼저 생각하고 그들과 언제나 고락을 함께하며 이겨내는 고상한 정신 도덕적 미덕을 사회주의 국풍으로 확립하기 위해서도 수도에서 지방을 적극 지원하도록 하는 것이 좋다고 말했다. 나라가 어렵고 힘든 때 마땅히 당원들, 특히 수도의 당원들이 앞장서는 것이 우리 사회의 일심단결을 더욱 강화하는 데 크게 기여하게 될 것이라고 밝혔다. 그리고 이러한 의미에서 당 중앙은 평양시의 핵심 당원들에게 수도당원사단을 조직해 떨쳐나설 것을 호소할 것이라고 천명했다. 그리고 수도 당원에 보내는 김정은 총비서 명의의 공개서한을 발표했다. 이렇게 수도당원사단이 탄생하게 되었다. 수도당원사단의 조직은 《인민을 위해 복무함!》을 생명으로 하는 조선로동당의 성격을 잘 보여준다. 김정은 총비서의 호소에 따른 평양의 수도당원들을 피해복구 전투에 열렬히 탄원하였다.

함경남도 수해복구 현지에 도착한 제1수도당원사단

제1수도당원사단이 함경남도 현지에 도착한 것은 2020년 9월 9일이었다. 수도의 당원들은 현지 일꾼들과 주민들이 꽃다발을 안

겨주며 뜨겁게 맞이하였다. 제1수도당원사단 지휘관들은 곧바로 공사 준비에 들어갔다. 각 대대의 전투원들도 일제히 지대 정리 작업에 돌입했다. 조선중앙통신은 9월 12일 제2수도당원사단이 함경북도 김책시 피해복구 현지에 도착하여 공사에 진입하였다고 보도했다.

한편 2020년 9월 8일 조선로동당 본부청사에서 조선로동당 중앙군사위원회가 열렸다. 회의에서는 태풍9호로 함경북도 검덕지구에서 많은 피해가 발생한 것과 관련해 피해복구 문제가 집중 토의되었다. 회의에서는 검덕지구 피해 상황이 상세히 보고되었다. 파악된 바에 따르면 검덕광업련합기업소와 대흥청년영웅광산, 룡양광산, 백바위광산에서 2,000여 세대의 살림집과 수십동의 공공건물이 파괴되거나 침수되었으며, 45개 소에 6만m의 도로가 유실되고, 59개의 다리가 끊어졌으며, 31개소에 3,500m 구간의 철길 노반과 2개소에 1,130m의 레루가 유실되는 등 교통이 완전히 마비되는 비상사태에 직면하게 되었다. 검덕광업련합기업소 침전지 언제가 파괴되고 수많은 설비가 유실되는 등 막대한 피해를 입었다. 다음은 그날 회의에 관한 로동신문 보도이다.

『경애하는 최고영도자동지께서는 예상치 않게 들이닥친 태풍 피해로 하여 부득이 우리는 국가적으로 추진시키던 년 말 투쟁 과업들을 전면적으로 고려하고 투쟁 방향을 변경하지 않을 수 없는 상황에 직면하게 되었다고 말씀하시었다. 경애하는 최고영도자동지께서는 검덕지구를 하루빨리 복구하는 것은 그곳 인민들과 국가재산을 보호하기 위해서도 절실하며 동시에 우리 경제의 중요 명맥을 살리기 위해서도 반드시 선행하여야 할 급선무라고 하시면서 적어도 10월 10일까지는 새 살림집들의 체모를 갖추고 도로와 철길을 복구하며 년말 까지는 모든 피해를 100% 가실 수 있는 국가적인 비상대책을 취해야 한다고 강조하시었다. 경애하는 최고영도자동지께서는 당중앙군사위원회는 검덕지구의 피해와 복구건설 규모를 검토하고 복구건설을 또다시 인민군대에 위임하기로 하였다고, 인민군대만이 또 하나의 전선을 전개할 수 있다고 말씀하시었다. 조선로동당 중앙군사위원회는 검덕지구에 파견할 인민군부대들의 역량편성과 복구건설 임무, 윤전기재와 건설기재들의 보장 및 기동 대책, 시멘트와 연유를 비롯한 건설자재 보장대책, 연대수송대책 등을 규정하고 검덕지구 피해복구 지휘조를 조직하였다.…

  경애하는 최고영도자동지께서는 오늘의 태풍피해 복구투쟁은 조국 보위이고 인민 보위라고 하시면서 자연의 광란이 아무리 사납고 우리에게 도전과 시련이 중중첩첩 막아 나선다 해도 일심단결, 군민일치의 위대한 전통의 기치를 틀어쥐고 반드시 영예로운 승리자가 되자고 열렬히 호소하시었다.』

  (로동신문 2020년 9월 9일 보도내용 중 부분 인용)

이렇게 하여 피해복구 전투는 3대 전선에서 진행되었다. 황해북도 금천군 강북리를 비롯한 황해남북도, 개성시, 북강원도 일대에서 발생한 큰물 피해복구 전선, 함경남도와 함경북도 일대에서 펼쳐지고 있는 평양시 당원사단의 피해복구 전선, 검덕 광산 일대에서 펼쳐지고 있는 조선인민군의 피해복구 전선에서 일심단결의 새로운 신화들이 창조되고 있었다.

김정은 총비서는 이 전투를 직접 총지휘했다. 8월 황해북도 금천군 강북리 피해 현장을 직접 방문한 이래 9월 5일 태풍 9호 피해지역에서 조선로동당 정무국 확대회의를 열었다. 9월 11일에는 황해북도 은파군 대청리 일대의 피해복구 건설 현장을 현지 지도하였다. 이어 9월 14일에는 폭우와 강풍 피해를 복구 완료한 강북리를 3일 만에 또 찾아갔다. 이 자리에서 김정은 총비서는 매우 의미심장한 발언을 하였다. 그는 지방건설, 특히 농촌건설의 전망 목표를 보다 현실성 있게, 계획적으로 세워야 한다며, 농촌의 문명한 발전을 가속화해 계속 그 면모를 일신시켜나갔다. 농촌을 현대적 기술을 가진 부유하고 문화적인 사회주의 농촌으로 전변시키기 위한 책임적이고 중요한 사업에 국가적 지원을 대폭 증강해야 할 것이라고 강조했다. 그러면서 원대한 농촌건설 강령을 하루빨리 완수하기 위한 조선로동당의 현 시기 당면과업과 전망 목표에 대한 보다 진지한 연구와 대책이 절박하다면서, 다가오는 당 대회가 이 중대한 문제에 정확한 해답을 줄 것이라고 예고했다.

김정은 총비서는 2020년 10월 13일 함경남도 검덕지구 피해복구 현장을 방문했다. 이 자리에서 그는 검덕지구 산악협곡 도시 건설이라는 매우 중요한 구상을 제시했다. 이와 관련한 로동신문 보도 내용 일부를 직접 소개한다.

『건설장으로 가시는 영길에서 산비탈면에 단층 살림집들이 들쑹날쑹 비좁게 들어 앉아있는 광경을 보시고 못내 심려하시였다. 경애하는 최고영도자동지께서는 반세기도 훨씬 전에 건설한 살림집들이 아직 그대로 있다고, 우리가 재해로 무너진 집들만 새로 지어줄 생각을 하였지 너무나 기막힌 환경과 살림집에서 고생하고 있는 인민들의 실상을 제대로 알지도 못하였다고, 이번에 저런 집들도 다 헐어버리고 새로 지어주지 못하는 것이 속에서 내려가지 않는다고 말씀하시였다.

경애하는 최고영도자동지께서는 검덕의 노동계급을 나라의 맏아들이라고, 검덕지구가 인민 경제의 중요 명맥이라고 중시한다고는 하였지만 실지 검덕지구 인민들의 살림살이에 대해 응당한 관심을 돌리지 못하여 이렇게 뒤떨어진 생활환경 속에서 살게 한 데 대하여 심각히 자책해야 한다고 하시면서 오늘 우리가 이런 지방인민들의 살림 형편을 보고서도 외면한다면 우리 당의 인민적 시책이 빈말 공부에 지나지 않고 낯내기나 하는 것으로 될 것이라고, 큰물 피해를 받은 천여 세대나 다시 건설해놓는 것으로써는 정말 양심이 허락치 않을 것 같다고 말씀하시였다.
…
경애하는 최고영도자동지께서는 대흥과 검덕, 룡양의 세기적인 낙후를 싹 털어버리고 새 세기의 요구에 맞는 현대적인 살림집들을 건설하여 우리나라 굴지의 대규모 광물생산기지인 검덕지구를 삼지연시 다음가는 국가적인 본보기 산간도시, 광산도시로 훌륭히 전변시킬 원대한 구상과 설계도를 펼쳐주시었다. 경애하는 최고영도자동지께서는 지금 진행하고 있는 피해복구건설은 1단계로 정하고 80일 전투 기간 총력을 다하여 질적으로 완공하며 2단계로 당 제8차대회에서 제시할 5개년 계획 기간에 검덕광업련합기업소, 대흥청년영웅광산, 룡양광산에 2만 5,000세대의 살림집을 새로 건설할 결심을 피력하시었다. 경애하는 최고영도자동지께서는 자신께서 직접 책임지고 떠맡아 인민군대와 함께 검덕지구의 광산마을들을 세상에 없는 광산도시, 모든 사람들이 부러워할 사상 초유의 산악협곡도시로 꾸리겠다고 하시면서 검덕지구 건설 방향과 관련한 구체적인 가르치심을 주시였다.…』(로동신문 2020년 10월 14일자 보도에서 발췌 인용함)

함남 흥원군에서 10월 18일 제1수도당원사단에 의해 완공된 새집들이 행사가 성대하게 열렸다

평양당원사단의 당원들은 70일간의 피해복구 전투를 마치고 11월 20일 평양으로 귀환했다. 평양시민들은 귀환하는 당원사단을 열렬히 환영했다.

수도당원사단들이 새로 건설한 김책시, 어랑군, 허천군 살림집들

조선중앙통신은 11월 27일 "함경남도 검덕지구에 광산도시의 휘황한 내일을 그려주는 사회주의 선경마을들이 솟아났다"며, "검덕지구 피해 지역에 훌륭히 일떠선 광산마을에서는 살림집 입사모임에 이어 새집들이 진행되었다고 보도했다" 로동신문에서는 "자연의 대재앙으로 모든 것이 탕수에 잠기고 돌무지 밑에 묻혀 집주인들마저 제 집을 알아볼 수 없었던 검덕땅, 혹심한 피해 흔적이 역력하던 산악협곡에 지금은 현대적인 문화주택들로 어디 가나 황홀경이다. 단천시 사오동, 선광동, 전진 2 동, 증산리, 대흥 2 동, 운천리, 백금산동, 포거동, 새복동 등에 2,300여세대의 단층, 소층, 다층 살림집들과 공공건물, 공원이 번듯하게 꾸려져 검덕지구에 들이닥쳤던 화가 복으로 전환되었다"라고 새집들이 행사 장면을 보도했다.

검덕지구 수해복구 공사를 마치고 새집들이 시작되었다

우리국가제일주의 시대를 열다

1절 _ 우리국가제일주의 시대

2017년 11월 29일, 이날은 북이 핵무력 완성을 선언한 날이다. 핵무력 완성으로 북은 일약 세계 4대 핵무장 강국으로 등장함으로써 국제정치적 지위가 근본적으로 달라졌다. 북에서는 이렇게 달라진 국제정치적 지위에 걸맞은 국가발전이념으로《우리국가제일주의 시대》라는 담론이 탄생했다. 2018년 9월 10일, 김정은 총비서는 간부들을 만난 자리에서 "우리국가제일주의를 높이 들고 나가야 한다!"고 말했다. 그는 이 자리에서 다음과 같이 말하였다.

> 『세계가 공인하는 우리 공화국의 전략적 지위와 국력에 상응하면서도 우리 인민의 강용한 혁명적 기상과 지향에 부합되는 투쟁의 기치는 바로 우리국가제일주의입니다.』

북에서 말하는 우리국가제일주의 시대는 조선민주주의 인민공화국의 국력과 지위가 비상하게 높아지는 국가 발전의 새로운 시대, 자존과 번영의 새 시대를 지칭하는 개념이다. 한마디로 전략국가로 부상했다는 긍지와 자부심을 갖고, 국가적 역량을 총결집하여 국가번영의 새로운 시대를 개척해 나가자는 사상이다.

핵무력 완성으로 전략국가로 부상한 북

북의 평가에 따르면 우리국가제일주의 사상은 북의 국력과 지위의 극적인 변화가 일어나고 있는 오늘날의 시대적 특징을 과학적으로 집약한 사상이다. 국력과 지위의 극적인 변화의 구체적 실체는 북이 세계 4대 핵 무장력을 갖춘 전략국가로 부상했다는 점에서 단적으로 찾아볼 수 있다. 전략국가란 《핵을 보유한 자주적인 핵 강국으로서 세계정치 무대에서 전략적 문제를 주도해 나가는 확고한 지위를 갖춘 나라》를 말한다.

핵무기를 보유하고 있다고 해서 전략국가라고 말할 수 없다. 핵무기를 보유하고 있더라도 자주적 대가 확고히 서 있지 않으며, 정치경제적으로 자주성을 견지하지 못하는 나라들은 세계 정치무대에서 독자적인 목소리를 내기 어렵고, 전략적 문제들을 주도해 나갈 수 없다. 이러한 나라들은 전략국가로 보기 어렵다. 그 단적인 예가 영국과 프랑스이다. 두 나라 모두 핵무기를 보유하고 있지만 전략국가로 보기 어렵다. 나토라는 미국의 군사적 지배기구에 종속되어 있기 때문에 미국의 영향력 밖에서 독자적 목소리를 내기 어렵고, 국제정치적 문제에서 주도적 역할을 담당하기 어렵다. 이런 나라들은 미국의 위성국가에 불과하다. 반면에 북은 어떠한가? 핵무장력 측면에서 이미 영국과 프랑스를 저 멀리 뒤로 떨구어 놓고 높은 경지에 올라섰다. 이뿐 아니라 국제무대에서 자기 목소리를 내고 있는 세계에서 몇 안되는 나라이며, 경제적으로도 그 어떤 나라에 예속됨이 없이 자기 힘으로 걸어 나가는 자립적 민족경제를 튼튼하게 구축하고 있는 유일한 나라이다. 북은 국제정치 무대에서 그 누구의 눈치도 보지 않고, 자기의 주견에 따라, 자기 민족과 민중의 요구와 이익에 따라 행동하고 실천한다. 이것이 북이 갖고 있는 힘의 실체이다.

여기에서 우리는 한반도의 지정학을 잠깐 살펴볼 필요가 있다. 흔히 21세기는 아시아 태평양 시대라고 부른다. 그리고 한반도는 지정학적으로 아시아 태평양의 중심에 있다. 물론 지리학적으로는 중심이라는 개념이 들어설 수 없다. 지리에는 그 어떤 중심이나 주변이라는 개념이 존재하지 않는다. 지리학과 지정학은 다르다. 지정학으로 볼 때 한반도 주변에 세계 3대 핵 강국(미국, 중국, 러시아)이 있으며, 그 중심, 교차점에 한반도가 존재한다.

여기에서 우리는 두 가지 관점을 가질 수 있다. 첫째, 한반도는 강대국에 둘러싸여 있다는 관점이며, 둘째, 전략적 요충지에 타고 앉았다는 관점이다. 첫째 관점은 강대국에 둘러싸여 있어 강대국의 영향에서 벗어나기 어렵다는 소극적 관점, 피동적 관점, 패배적 관점이 스며들 여지가 많다. 반면 두 번째 관점은 요충지에 타고 앉아 자기의 뜻과 의지대로 주변 나라들(강대국)을 휘어잡고 요리할 수 있다는 생각으로서 적극적, 승리적, 주동적 관점에 서 있다. 김정은 총비서는 어려서부터 '조선반도 전략적 요충지론'을 설파했다고 한다. 물론 전략적 요충지에 타고 앉아 주변 나라들을 휘어잡고 요리하려면 그럴 수 있는 자기의 힘과 능력을 갖추어야 한다. 자체의 힘을 갖추지 못하면 전략적 요충지를 타고 앉아서 주변 나라들을 조절 통제해 나갈 수 없다. 김정은 총비서가 핵 병행노선을 걸어왔던 목적도 바로 여기에 있다. 전략적 요충지에 타고 앉아 주변 나라들을 자기의 뜻과 의지대로 휘어잡고 요리할 수 있으려면, 먼저 그럴 수 있는 자체의 힘을 갖추는 길만이 승리의 길이며, 자주의 길, 발전의 길이라는 것을 깊이 깨달았기 때문이다. 전략적 요충지에 타고 앉아 국제정치 무대에서 주역으로 활약할 수 있는 실제적 힘을 드디어 갖추게 되었다. 이것이 핵무력 완성의 국제정치적 함의이다. 2018년도 김정은 총비서의 종횡무진 활약은 바로 이러한 전략적 요충지론의 시험 무대였다.

우리국가제일주의 시대는 어떻게 열리게 되었는가?

원인 없는 결과는 없다. 우리국가제일주의 시대는 결코 저절로 열리지 않았다는 것이 북의 입장이다. 여기에는 김정은 총비서의 정치적 신념과 의지를 떼어 놓고 말할 수 없다. 그는 2012년부터 하나의 일관된 목표를 향해 달려왔다. 그것은 어릴 때부터의 갖고 있었던 전략적 요충지론이다. 강대국에 둘러싸여 있는 조선(이북)이 자주적 발전의 길을 걸으려면, 조선반도라는 전략적 요충지를 타고 앉아야 하며, 그러려면 무조건적으로 그럴 수 있는 힘과 능력을 갖추어야 한다. 힘이 있어야 주변을 자기의 뜻과 의지대로 통제하고 조절하며 관리해 나갈 수 있게 된다. 이러한 신념을 갖고, 강국 건설의 길을 달려왔다. 강국 건설의 길, 그것은 결코 저절로 이루어지는 것도 아니며, 쉬운 길도 아니다. 역사의 온갖 도전을 맞받아쳐 나가야 하는 어렵고도 어려운 길이다. 하지만 이 길은 가도 좋고 안 가도 괜찮은 그러한 길이 아니라, 가지 않으면 살 수 없는 반드시 가야 할 길이었다. 이 길을 가야 하는데, 어떤 힘으로 갈 것인가? 그것은 주체사상(김일성-김정일주의)의 힘, 인민대중의 힘에 의거하지 않으면 갈 수 없는 그런 길이었다. 여기에서 '우리사상제일주의', '인민대중제일주의' 기치가 나왔다.

김정은 총비서가 집권한 해인 2012년은 새로운 주체 100년대가 시작되는 첫 해였다. 그 첫 기슭에서부터 오늘에 이르는 기간 북녘의 인민은 참으로 준엄한 시련과 난관을 헤쳐오지 않을 수 없었다. 북녘으로서는 최근 년간처럼 예측할 수 없는 사태들이 연이어 들이닥친 적은 일찍이 없었다. 이 험로 역경을 타고 넘어가야 했다. 뛰어난 지도자는 조성된 정세와 시대 발전의 요구를 제때 포착하고 올바른 전략 전술을 제시할 수 있는 능력을 갖추어야 하고, 대중의 힘을 하나의 목적 실현으로 모아나가는 힘을 갖고 있어야 한다. 이를 통해 발전의 앙양기를 열어나가는 영도력을 발휘해야 한다. 김정은 총비서는 최악의 상황에서 북녘 전체 인민들을 정치 군사 강국, 경제 강국 실현 투쟁으로 총궐기시키는 데 성공했으며, 수많은 도전과 장애들을 거대한 승리로 바꿔내는 대담한 공격 투쟁을 벌여 나갔다. 북녘의 인민들은 김정은 총비서의 노선에 따라 자립, 자력의 기치를 높이 들었으며, 김정은 총비서와 함께 무진막강한 힘을 갖춘 강국 건설의 길을 개척해 나갔다. 이러한 일심단결의 힘이 폭발하여, 마침내 핵 무장 군사 강국으로 등장했으며, 전략국가의 지위에 당당히 올라섰다. 바로 이러한 투쟁으로 새로운 발전의 시대, 우리국가제일주의 시대가 열리게 되었다. 이것이 북에서 바라보는 우리국가제일주의 시대 담론이다. 김정은 총비서는 이를 다음과 같이 요약했다.

『우리 국가제일주의시대는 우리 당이 역사의 온갖 도전을 과감히 맞받아 인민을 위함에 일심전력하고 자체의 힘을 완강히 증대시킨 결과로써, 국가의 존엄과 지위를 높이기 위한 결사적인 투쟁의 결과로써 탄생한 자존과 번영의 새 시대입니다.』

우리국가제일주의 시대 담론의 실천적 의의는 무엇인가?

북에서 우리국가제일주의 시대 담론을 제기한 목적은 어디에 있는가? "시대는 사상을 낳고 사상은 시대를 선도한다" 《우리국가제일주의 시대》에 사회적 발전을 증폭시킬 수 있는 요소는 무엇인가? 그것은 바로 《우리국가제일주의 시대》에 관한 사상이다.

북에서 말하는 우리국가제일주의란 무슨 뜻일까? 그것은 사회주의 조국의 위대성에 대한 긍지와 자부심이며, 나라의 전반적 국력을 최고의 높이에 올려 세우려는 강렬한 의지라고 한다. 한마디로 '내 나라, 내 조국이 최고'라는 긍지와 자부심이 한 축이라면, 이러한 자랑스러운 나라를 더욱 강한 나라로, 최고의 나라로 만들어 나가겠다는 강렬한 의지와 지향이 다른 한 축이다.

우리국가제일주의 시대에 관한 사상의 실천적 의미는 무엇일까? 북은 우리국가제일주의 시대 사상이 국가발전을 위한 민중의 투쟁을 힘차게 고무, 추동하는 강력한 사상 정신적 무기로 된다고 본다. 어떤 사상이 강력한 사상 정신적 무기로 되기 위해서는, 그 과학성이 뒷받침되어야 한다. 과학적인 사상만이 실천의 참된 무기로 될 수 있다. 그렇다면 우리국가제일주의 시대에 관한 사상의 과학성을 어떻게 증명할 것인가? 그것은 실제로 지금 북의 국력과 지위에서 극적인 변화가 일어나고 있으며, 이러한 시대적 흐름과 특징을 '있는 그대로' '과학적으로' 집약화 하였다는 점에서 입증된다고 보고 있다.

북 학계의 견해는 다음과 같다.

북은 김정은 시대에 접어들면서부터 지금까지 가장 가혹한 시련과 난관의 연속이었다. 다른 나라 같으면 한두 달도 버텨내지 못한 최악의 시련 속에서 인민대중제일주의를 더 높이 들고 지도자와 인민대중의 혼연일체를 백방으로 강화해 도전과 난관을 강행돌파해 왔다. 믿음과 헌신, 보답과 의리로 충만된 인민대중제일주의 정치로 일심단결이 더욱 강화되었으며, 사상초유의 재난과 재해를 극복하고 새로운 번영의 시대를 맞이하게 되었다. 삼지연시의 천지개벽, 평양의 경루동과 송화지구 1만 세대 살림집, 우후죽순처럼 솟아나는 농촌지역의 현대적 문화주택, 검덕의 광산협곡도시 등등 '새로운 발전과 번영의 시대'를 상징적으로 보여 준다.

북은 자력갱생 전략을 사회주의 건설에서 항구적으로 틀어쥐고 나가야 할 정치노선으로 천명하고 주체적 힘을 백방으로 강화해 자체의 국력과 지위에서 극적인 변화를 가져왔다. 힘의 논리가 지배하는 오늘의 세계에서 주체적 힘을 강화하는 사업을 소홀히 한다면 국가의 존엄과 지위를 상승시켜 나갈 수 없다는 것이 움직일 수 없는 현실이다. 북은 자력갱생의 정신으로 전체 인민을 철저히 무장시키고, 경제건설 전반에서 자력갱생의 기치를 더욱 높이 추켜들고 나감으로써 자립적 민족경제, 사회주의경제의 명맥을 굳건히 고수하고 경제발전의 도약대를 만들었다.

특히 세계적으로 최강의 군사력을 갖추게 된 것을 주목해야 한다. 군사력은 한 나라의 국력과 지위를 결정하는 데서 핵심적 요소이다. 북은 강력하고 위력적인 군사력을 갖춰야 사회주의도 전진 발전시킬 수 있고, 혁명의 승리로 앞당길 수 있다는 것을 움직일 수 없는 철칙으로 삼고 최강의 군사력을 다지기 위해 온갖 힘을 기울여왔다. 그 결과 국가방위력을 세계적 수준으로 끌어올리고 대국들이 자국의 이익을 제멋대로 흥정하려던 시대를 영원히 끝냈다.

북은 나라의 전략적 지위에서 커다란 변화가 일어난 데 상응하여 주동적이며 적극적인 대회활동을 펼쳐 전통적인 친선국가(중국, 러시아, 베트남 등)와의 관계를 새로운 전략적 관계로 승화 발전시키고, 북미 역학 관계를 극적으로 변화시켜 냈다. 이것은 북의 대외적 지위를 극적으로 높여주었다. 북은 지금 정치사상적 힘과 군사력이 놀랄 만큼 강해지고 있으며, 국제무대에서는 자주와 정의,

평화의 흐름을 주도해 나가는 새로운 국면을 만들어냈다.

이처럼 우리국가제일주의 시대에 관한 사상은 북의 국력과 지위에서 극적인 변화가 일어나고 있는 오늘의 시대적 특징을 과학적으로 집약화한 과학적인 사상이다.

우리국가제일주의 시대에 관한 사상은 북의 인민들이 자기 나라의 위대성과 빛나게 펼쳐질 미래에 대한 자긍심과 확신을 갖고 더욱 분발해 사회주의 건설에서 새로운 승리를 이룩하기 위한 투쟁에 더욱 적극적으로 나설 수 있도록 해준다. 이 점이 그 사상의 실천적인 의의라고 할 수 있다.

지금 북은 군사 강국 건설에 이어 경제 강국 건설에서 일대 도약을 이룩해야 하는 결정적인 시각에 서 있다. 지금까지 성과에 자만해 계속 분발하지 않는다면 나라를 더욱 높은 단계로 발전시켜 나갈 수 없으며, 발전의 정체상태에 빠지게 된다. 우리국가제일주의 시대에 관한 사상은 투쟁 열기를 더욱 고조시켜 나라의 종합적인 국력과 위상을 상승시킬 수 있도록 하는 강력한 사상정신적 무기로 된다.

실제로 지금 북녘에서 우리국가제일주의 시대에 관한 사상은 애국의 기치, 투쟁의 기치로서 커다란 역할을 하고 있다. 이 사상은 북녘 인민들에게 국가의 위대성에 대한 긍지와 자부심을 더욱 깊이 심어주고 있을 뿐만 아니라, 사회주의 경제 강국 건설 투쟁에 더욱 더 분발하여 참여하도록 하고 있는 강력한 무기로 되고 있다.

우리국가제일주의 시대에 관한 사상을 확산시키기 위한 노력들

지금 북녘에서는 오늘날의 시대사상으로 우리국가제일주의 시대에 관한 사상을 널리 확산시키기 위한 노력이 다방면적으로 펼쳐지고 있다.

2018년 1월 23일《조선중앙통신》은 "조선로동당 중앙위원회 정치국이 2월 8일을《조선인민군 창건일》로 할 데 대한 결정서를 22일 발표했다"고 보도했다. 보도를 보면 결정서는 기존의 건군절이었던 4월 25일을《조선인민군 창건일》로 바꾸고, "2월 8일을 건군절로 할 것"이라고 밝혔다. 이것을 둘러싸고 남에서는 설왕설래가 많았다. 마침 그해 2월 8일이 평창 동계올림픽 개최일 하루 전이었기에 남측의 행사에 맞불을 놓자는 것이 아니냐 하는 주장도 있었다. 하지만 대부분의 것들은 억측이거나 오해에 불과했다. 남측의 행사와는 전혀 무관했다. 그렇다면 왜 그 시점에 건군절을 바꾸었을까? 그것은 핵무력 완성 선언 이후 우리국가제일주의 시대를 펼쳐나가려는 김정은 총비서의 구상의 산물이었다. 우리국가제일주의 시대에는《우리 국가가 제일이다》는 생각을 더욱 더 빨리 널리 확산시켜 나가야 한다. 그러려면 나라의 모든 활동들을 국가와 결부시킬 필요가 있었다. 건군절 역시 이런 차원에서 변경한 것이다.

군대의 창설일도 국가와 결부시켜, 조선민주주의인민공화국의 군대가 창설된 날을 건군절로 하려는 것이었다.

우리의 국기 악보

2019년 1월 1일 로동신문에는 1면과 2면에 김정은 총비서의 신년사가 실렸다. 그리고 3면에는 예상치 못한 《우리의 국기》라는 신곡의 악보가 실렸다. 그것도 김정은 총비서의 친필 서명과 함께! 친필서명의 내용은 "노래가 대단히 좋다. 전체 인민의 감정이 담긴 훌륭한 노래를 창작한 데 대하여 높이 평가하며, 만족하게 생각한다. 널리 보급할 것" 이다. 노래《우리의 국기》는 매우 빠르게 이북 사회에 퍼져 나갔다. 곧바로 전 인민이 애창하는 가요로 되었다. 로동신문은 연일 노래《우리의 국기》에 대한 관평과 반향들을 보도하면서, 노래《우리의 국기》보급 활동을 이끌고 주도해 나갔다. 노래《우리의 국기》은 큰 반향을 불러일으키면서 모든 인민이 애창하는 노래가 되었다. 노래《우리의 국기》의 보급과 함께 인공기 도안을 담은 옷들이 유행하기 시작했다. 이와 함께 국가 상징물에 대한 애착이 더욱 강렬해 지고 있다.

이러한 흐름에 대해 로동신문 2022년 11월 29일 사용에서는 다음과 같이 쓰고 있다.

『우리 국가제일주의시대와 더불어 인민들의 애국주의 정신이 더욱 강렬해지고 있다

《전체 당원들과 근로자들은 정세와 환경이 어떻게 변하든 우리국가제일주의를 신념으로 간직하고 우리 식으로 사회주의 경제건설을 힘 있게 다그쳐 나가며 세대를 이어 지켜온 소중한 사회주의 우리 집을 우리 손으로 세상에 보란 듯이 훌륭하게 꾸려나갈 애국의 열망을 안고 성실한 피와 땀으로 조국의 위대한 역사를 써 나가야 합니다.》

오늘 우리 인민은 공화국의 역사에서 가장 존엄있고 긍지높은 자존과 번영의 시대, 우리 국가제일주의시대에 살고 있다는 끝없는 환희에 넘쳐 국가발전의 새로운 국면을 열기 위한 투쟁을 다그쳐나가고 있다. 우리 국가가 세상에서 제일이라는 크나큰 자부심, 내 조국을 온 세계가 부러워하는 사회주의 강국으로 일떠세우려는 불같은 의지는 국가상징에 대한 강렬한 애착을 통하여 집중적으로 표현되고 있다.

국가적인 명절과 주요 기념일들에 각지에서 국기 게양식이 성대히 진행되고 있으며 각급 교육 기관들에서는 일기 조건이 불리한 날을 제외하고 수업을 하는 기간에는 매주 월요일마다 국기를 띄우고 있다. 많은 단위들에서 국가 상징에 대해 소개한 직관판들을 게시하고 《조국찬가》, 《우리의 국기》 등 노래 보급과 해설모임, 애국주의 주제의 편집물을 통한 교양 사업을 진행하고 있다. 명절이나 뜻깊은 날이 오면 온 가족이 모여 창가에 국기를 띄우는 집들이 늘어나고 국가상징을 형상한 옷을 입고 다니는 것이 하나의 풍조로 되여 사회에 활력을 더해주고 있다.

조국과 민족의 넋과 기상을 상징하는 국화, 국수, 국견 등을 귀중히 여기고 적극 보호하며 온 나라에 널리 퍼뜨리기 위한 연구 사업에 심혈을 기울이는 과학자들이며 작품마다에 영리하고 용맹한 우리의 국견 풍산개며 우리 국가의 강인성이 그대로 비껴있는 국수 소나무 등을 훌륭히 형상하기 위해 품을 들이는 건축가, 미술가들, 우리의 국화 목란 꽃을 정성 담아 수놓아가는 수예공들의 가슴속에 간직되는 것은 바로 우리 조국을 끝없이 빛내여 나갈 불같은 맹세이다.

청년들이 조국보위 초소로 용약 달려 나가고 사회와 집단을 위한 좋은 일을 많이 하는 것, 학생들이 나서 자란 고향과 모교, 동무들을 사랑하고 어머니당의 은정이 깃든 《민들레》학습장, 《소나무》책가방을 정히 다루고 귀중히 여기는 것, 사람들속에서 자기가 사는 마을과 거리에 수종이 좋은 나무들을 적극 심고 가꾸는 것은 그들의 가슴속에 애국주의 정신이 날이 갈수록 고조되고 있기 때문이다.

불리한 기상기후 조건에서도 다수확을 안아온 여성 농장원이 가슴속에 품고 사는 것도 우리 국가의 상징인 람홍색기발이며 가치 있는 과학연구과제를 수행한 청년 과학자가 어려울 때마다 부르곤 했다는 노래도 우리의 국기에 대한 노래들이다. 사무실책상 위의 국장과 국기를 바라보며 자신의 하루 사업을 돌이켜보고 조국과 인민을 위해 멸사 복무해 갈 의지를 가다듬는 일군들, 우리의 국화처럼 순결한 애국의 마음을 안고 수십 년 세월 어렵고 힘든 초소를 지켜온 로력혁신자, 공로자들을 비롯한 이 땅의 수많은 애국자들이 존엄높은 국가의 상징 앞에 자신을 세워보며 조국과 인민을 위해 양심의 자욱을 새겨가고 있다.

국가 상징에 대한 관점과 태도는 조국을 대하는 관점과 태도이며 국가 상징을 늘 가슴에 안고 살 때 애국주의 정신이 더욱 강렬해지고 그 어떤 시련과 난관도 뚫고 헤치는 신념과 의지의 강자가 된다. 조국의 부강번영을 위한 이 땅의 일터와 초소마다에서 날에 날마다 기적과 혁신이 창조되고 있는 오늘의 현실은 우리 국가제일주의시대와 더불어 인민들의 가슴속에 애국주의 정신이 더 깊이 간직되고 있는데 대한 뚜렷한 증시로 된다.

누구나 우리 공화국을 더욱 빛내어 나갈 신념과 의지로 가슴 끓이는 숭고한 애국주의 정신의 체현자, 우리 국가제일주의시대의 참된 애국자가 될 때 휘황할 내일이 앞당겨지게 될 것이다.』

(로동신문 2022년 11월 29일 사설 전제)

인공기 도안을 담은 옷을 입고 있는 어린이들

2절 _ 통일의 대통로를 열기 위하여

김정은 총비서의 통일론

김정은 총비서의 통일론은 2016년 7차 당 대회 보고서에 일목요연하게 정리되어 있으며, 앞에서 '분열의 장벽을 허물고 조국 통일의 대통로를 열어나가!'라는 제목으로 정리해 놓았다. 김정은 총비서의 통일론을 올바로 이해하려면 '조국통일의 대통로'라는 명제에 대해 잘 이해할 필요가 있다. 대통로는 소통로와 상대되는 개념으로, 6.15 통일시대의 성과와 한계, 향후 방향을 포괄적으로 담고 있는 용어이다. 굳이 비유하자면 6.15시대에는 소통로가 열렸다면, 향후 통일운동의 목표와 과제는 조국 통일의 대통로를 여는 것이라고 정리할 수 있다. 소통로와 대통로는 상대적인 개념으로, 조국 통일의 소통로는 조국 통일의 기본적인 구조적 장애물인 정치 군사적 장애물을 없애지 못한 채 진행된 통일운동이라면, 대통로는 정치 군사적 장애물이 제거되고, 통일의 대문이 활짝 열린 높은 단계의 통일운동 단계라고 말할 수 있다.

통일문제에 대한 김정은 총비서의 정세 인식을 먼저 살펴보도록 하자. 그는 나라의 분열이 지속될수록 우리 겨레가 당하는 피해와 재난은 심해지고, 한반도의 전쟁위험은 커지게 될 것이며, 나중에는 민족적 참화를 면할 수 없게 될 것이라고 분석하고 있다. 또 각 나라와 민족이 각기 자기 이익을 전면에 내세우며, 경쟁적으로 발전을 지향해나가고 있는 것이 현시대의 특징이라고 봤다. 이러한 때에 우리 민족이 남북으로 갈라져 서로 반목하며 대결하는 것은 민족의 통일적 발전을 스스로 가로막고 외세에 어부지리를 안겨주는 자멸 행위라고 파악하고 있다. 따라서 민족의 분열을 더 이상 지속시켜서는 안 되며, 우리 대에 반드시 조국을 통일해야 한다는 것이 그의 통일론의 출발이다.

그의 통일노선은 자주통일노선인데, 선대 지도자 때 정립된 조국 통일 방침인 조국 통일 3대 헌장(△72년 7.4 남북공동성명에서 천명된 '조국통일 3대 원칙' △80년 10월 6차 당 대회에서 제시된 고려민주연방공화국 창립방안 △93년 4월 최고인민회의 제9기 5차

회의에서 제시된 '전민족대단결10대강령'을 일관되게 틀어쥐고 나가야 하며, 민족자주의 기치, 민족대단결의 기치를 높이 들고 나가야 하며, 조선반도의 평화와 안전을 보장하며, 연방제 방식의 통일을 지향해야 한다는 것으로 요약된다.

김정은 총비서는 현 시기에 가장 절박한 과제는 남북관계를 근본적으로 개선하는 것이라고 말하였다. 모든 사람들은 통일을 위해 우선적으로 남북관계를 개선하는 것이 중요하다고 말한다. 하지만 남북관계를 개선하기 위해서는 무엇을 어떻게 해야 하며, 어디에서 시작해야 할 것인가를 놓고 각기 다른 입장을 취한다. '악마는 디테일'에 있다는 말이 여기에서도 그대로 적용된다. 김정은 총비서는 여기에서 상대방의 인정하고 존중하는 것, 이 점을 전제로 출발해야 한다고 강하게 주장한다. 상대방을 인정하고 존중한다는 것은 상대방의 체제와 제도, 삶의 방식을 있는 그대로 인정하고 존중하며, 그것을 외부에서 강제적으로 바꾸려 하지 않는 것을 말한다. 그런데 지금까지 남측 지도자들은 소위 남북 화해 협력을 주창하던 지도자들마저도 상대방의 체제와 제도를 존중하려 하지 않고, 외부적 힘을 동원해서 체제와 제도를 무너뜨리고 흡수통일을 실현하려는 망상에서 벗어나지 못했다. 남측 지도자들 사이에서 차이가 있다면 단지 점진적으로 흡수통일을 할 것인가? 아니면 급진적으로 흡수통일을 할 것인가의 차이만 있었다. 김정은 총비서는 이러한 흡수통일론의 망령에서 벗어나 진정으로 상대방의 체제와 제도를 인정하고 존중하는 데서부터 시작해야 한다고 강하게 주장하고 있다. 상대방의 체제와 제도를 인정하고 존중하는 실천적 잣대는 무엇일까? 그것은 삐라 살포와 같은 상대방을 자극하는 적대행위 중지, 화해와 단합에 저촉되는 각종 법률적 제도적 장치를 제거하는 실천적 조치가 잣대로 될 것이다.

김정은 총비서는 남북 관계 개선에서 시급한 과제로 군사적 긴장상태 완화를 제기했다. 지난 6.15시대에는 정치 군사적 근본 문제는 뒤로 미뤄 두고, 남북교류와 경제협력에 치중하는 한계가 존재했다. 그러다 보니 조그마한 돌발 사태에도 남북교류와 협력사업이 중단되고, 남북관계가 거꾸로 갔다. 이러한 문제가 해결되어야 통일의 대통로가 열린다. 이러한 점에서 군사적 긴장 상태 완화는 통일의 대통로를 여는 첩경으로 된다. 김정은 총비서는 군사적 긴장상태를 완화하려면 우선 군사분계선과 서해에서부터 군사적 긴장과 충돌위험을 줄이기 위한 실질적 조치를 취하며 군사적 신뢰 분위기가 조성되는 데 따라 그 범위를 확대해 나가야 한다고 밝혔다. 다음으로 지금까지 남북 사이에 이루어진 합의들을 존중하고 이행해나가야 한다고 밝혔다.

2018년 신년사, 통일의 대통로

통일의 대통로를 열기 위한 북의 새로운 접근은 2018년 김정은 총비서의 신년사에서부터 시작되었다. 신년사에서 언급한 내용을 살펴보자.

통일의 대통로를 열기 위한 북의 새로운 접근은 2018년 김정은 총비서의 신년사에서부터 시작됐다. 사진은 2018년 신년사를 발표하고 있는 김정은 총비서의 모습

『조성된 정세는 지금이야말로 북과 남이 과거에 얽매이지 말고 북남관계를 개선하며 자주통일의 돌파구를 열기 위한 결정적인 대책을 세워나갈 것을 요구하고 있습니다. 이 절박한 시대적 요구를 외면한다면 어느 누구도 민족 앞에 떳떳한 모습으로 나설 수 없을 것입니다.

새해는 우리 인민이 공화국창건 일흔 돐을 대경사로 기념하게 되고 남조선에서는 겨울철올림픽경기대회가 열리는 것으로 하여 북과 남에 다 같이 의의 있는 해입니다. 우리는 민족적 대사들을 성대히 치르고 민족의 존엄과 기상을 내외에 떨치기 위해서도 동결상태에 있는 북남관계를 개선하여 뜻깊은 올해를 민족사에 특기할 사변적인 해로 빛내어야 합니다. 무엇보다 북남 사이의 첨예한 군사적 긴장 상태를 완화하고 조선 반

도의 평화적 환경부터 마련하여야 합니다.』(김정은 총비서의 2018년 신년사에서 발췌 인용)

여기에서 주목할 부분은 남과 북의 민족적 대 경사를 계기로 남북관계를 개선하자는 것, 그 핵심은 남북군사문제를 해결해 나가자는 것이다. 통일의 대통로를 열기 위한 기본 구상이 여기에 담겨 있다. 남북군사문제를 해결해 한반도의 평화적 환경을 만드는 것에서 출발해야 한다는 것이라고 할 수 있다. 이 문제가 해결되지 않으면 남북관계가 좋게 발전해 나가다가도 도로 아미타불 되는 일이 허다하게 발생할 수 있으므로 통일의 대통로를 열기 어렵다. 한반도의 평화적 환경을 만들자면 남북군사문제 해결만으로는 안 된다. 이와 함께 미국의 대북적대시 정책을 끝장내고, 주한미군 철수와 평화협정 체결이 병행되어야 한다. 11.29 핵무력 완성으로 전략국가로 부상한 북은 전략적 요충지를 틀어쥐고 앉아 주변 나라들과 정세들을 능동적으로 조절 통제해 나감으로써 한반도 군사적 긴장을 완화하고 평화적 환경을 조성하기 위한 대담한 작전을 추진해 나갔다.

북의 주동적 제의로 2018년 1월 9일 판문점 평화의 집에서 남북고위급회담이 열리고, 23차 평창 동계올림픽의 성과적 개최와 남북관계 개선 문제를 협의하고 공동보도문을 채택했다. 이것을 계기로 남북 화해협력과 대화의 분위기가 조성되었다. 북은 평창 동계올림픽 개최에 즈음하여 삼지연관현악단의 평창공연을 개최하였다. 평창 동계 올림픽 개폐회식에 고위급 대표단을 보냈으며, 선수단과 응원단, 태권도시범단, 기자단을 파견했다. 남측은 북측에 화답해 특사단과 예술단을 평양에 파견했다. 남북화해 분위기가 매우 빠르게 확산되었다.

4.27 판문점선언 발표

남북화해협력과 평화번영의 새 시대를 여는 역사적인 3차 남북정상회담이 2018년 4월 27일 판문점에서 개최되었다. 남과 북의 두 지도자는 판문점 북측지역 판문각과 남측지역 '자유의 집'을 배경으로 각각 기념사진을 찍고 함께 손을 잡고 판문점 분리의 선을 넘어 회담장인 평화의 집으로 향했다. 남북 두 지도자가 함께 손잡고 북과 남을 자유롭게 오가는 모습이 전 세계로 반영되어 전 세계 사람들에게 감동의 물결을 불러일으켰다.

판문점 분리의 선을 손을 잡고 건너는 남과 북의 지도자의 모습과 기념 식수

회담에서 김정은 총비서는 분열과 대결의 역사에 종지부를 찍고 평화와 통일의 새시대를 열어나가야 한다는 민족사적 사명감과

의무를 다시 한 번 느낀다는 소감을 말하면서 "오늘 그 새로운 역사를 써나가는 출발선에서 신호탄을 쏜다는 마음을 안고 왔다"고 말하였다. 그는 회담에 앞서 평화의 집 방명록에 《새로운 역사는 이제부터, 평화의 시대, 역사의 출발점에 서서 김정은. 2018. 4. 27》이라고 친필을 남겼다.

남북의 두 지도자는 시대와 역사, 민족의 지향과 염원을 반영한 《한반도의 평화와 번영, 통일을 위한 판문점 선언》(4.27선언)에 서명하고 선언문을 교환하였다. 4.27판문점선언의 전문은 다음과 같다.

『한반도의 평화와 번영, 통일을 위한 판문점선언

대한민국 문재인 대통령과 조선민주주의인민공화국 김정은 국무위원장은 평화와 번영, 통일을 염원하는 온 겨레의 한결같은 지향을 담아 한반도에서 역사적인 전환이 일어나고 있는 뜻깊은 시기에 2018년 4월 27일 판문점 「평화의 집」에서 남북정상회담을 진행하였다.

양 정상은 한반도에 더 이상 전쟁은 없을 것이며 새로운 평화의 시대가 열리었음을 8천만 우리 겨레와 전 세계에 엄숙히 천명하였다. 양 정상은 냉전의 산물인 오랜 분단과 대결을 하루빨리 종식시키고 민족적 화해와 평화번영의 새로운 시대를 과감하게 열어나가며 남북관계를 보다 적극적으로 개선하고 발전시켜 나가야 한다는 확고한 의지를 담아 역사의 땅 판문점에서 다음과 같이 선언하였다.

 1. 남과 북은 남북관계의 전면적이며 획기적인 개선과 발전을 이룩함으로써 끊어진 민족의 혈맥을 잇고 공동번영과 자주통일의 미래를 앞당겨나갈 것이다. 남북관계를 개선하고 발전시키는 것은 온 겨레의 한결같은 소망이며 더 이상 미룰 수 없는 시대의 절박한 요구이다.

① 남과 북은 우리 민족의 운명은 우리 스스로 결정한다는 민족자주의 원칙을 확인하였으며 이미 채택된 남북 선언들과 모든 합의들을 철저히 이행함으로써 관계개선과 발전의 전환적 국면을 열어나가기로 하였다.

② 남과 북은 고위급회담을 비롯한 각 분야의 대화와 협상을 빠른 시일 안에 개최하여 정상회담에서 합의된 문제들을 실천하기 위한 적극적인 대책을 세워나가기로 하였다.

③ 남과 북은 당국 간 협의를 긴밀히 하고 민간교류와 협력을 원만히 보장하기 위하여 쌍방 당국자가 상주하는 남북공동연락사무소를 개성지역에 설치하기로 하였다.

④ 남과 북은 민족적 화해와 단합의 분위기를 고조시켜 나가기 위하여 각계각층의 다방면적인 협력과 교류, 왕래와 접촉을 활성화하기로 하였다.

안으로는 6.15를 비롯하여 남과 북에 다 같이 의의가 있는 날들을 계기로 당국과 국회, 정당, 지방자치단체, 민간단체 등 각계각층이 참가하는 민족공동행사를 적극 추진하여 화해와 협력의 분위기를 고조시키며, 밖으로는 2018년 아시아경기대회를 비롯한 국제경기들에 공동으로 진출하여 민족의 슬기와 재능, 단합된 모습을 전 세계에 과시하기로 하였다.

⑤ 남과 북은 민족 분단으로 발생된 인도적 문제를 시급히 해결하기 위하여 노력하며, 남북적십자회담을 개최하여 이산가족·친척 상봉을 비롯한 제반 문제들을 협의 해결해나가기로 하였다. 당면하여 오는 8.15를 계기로 이산가족·친척 상봉을 진행하기로 하였다.

⑥ 남과 북은 민족경제의 균형적 발전과 공동번영을 이룩하기 위하여 10.4 선언에서 합의된 사업들을 적극 추진해나가며, 1차적으로 동해선 및 경의선 철도와 도로들을 연결하고 현대화하여 활용하기 위한 실천적 대책들을 취해 나가기로 하였다.

2. 남과 북은 한반도에서 첨예한 군사적 긴장상태를 완화하고 전쟁 위험을 실질적으로 해소하기 위하여 공동으로 노력해나갈 것이다. 한반도의 군사적 긴장상태를 완화하고 전쟁위험을 해소하는 것은 민족의 운명과 관련되는 매우 중대한 문제이며 우리 겨레의 평화롭고 안정된 삶을 보장하기 위한 관건적인 문제이다.

① 남과 북은 지상과 해상, 공중을 비롯한 모든 공간에서 군사적 긴장과 충돌의 근원으로 되는 상대방에 대한 일체의 적대행위를 전면 중지하기로 하였다. 당면하여 5월 1일부터 군사분계선 일대에서 확성기 방송과 전단살포를 비롯한 모든 적대행위들을 중지하고 그 수단을 철폐하며, 앞으로 비무장지대를

실질적인 평화지대로 만들어 나가기로 하였다.

② 남과 북은 서해 북방한계선 일대를 평화수역으로 만들어 우발적인 군사적 충돌을 방지하고 안전한 어로활동을 보장하기 위한 실제적인 대책을 세워나가기로 하였다.

③ 남과 북은 상호 협력과 교류, 왕래와 접촉이 활성화되는 데 따른 여러 가지 군사적 보장대책을 취하기로 하였다. 남과 북은 쌍방 사이에 제기되는 군사적 문제를 지체 없이 협의 해결하기 위하여 국방부장관회담을 비롯한 군사당국자회담을 자주 개최하며 5월중에 먼저 장성급 군사회담을 열기로 하였다.

3. 남과 북은 한반도의 항구적이며 공고한 평화체제 구축을 위하여 적극 협력해 나갈 것이다. 한반도에서 비정상적인 현재의 정전상태를 종식시키고 확고한 평화체제를 수립하는 것은 더 이상 미룰 수 없는 역사적 과제이다.

① 남과 북은 그 어떤 형태의 무력도 서로 사용하지 않을 데 대한 불가침 합의를 재확인하고 엄격히 준수해 나가기로 하였다.

② 남과 북은 군사적 긴장이 해소되고 서로의 군사적 신뢰가 실질적으로 구축되는 데 따라 단계적으로 군축을 실현해 나가기로 하였다.

③ 남과 북은 정전협정체결 65년이 되는 올해에 종전을 선언하고 정전협정을 평화협정으로 전환하며 항구적이고 공고한 평화체제 구축을 위한 남·북·미 3자 또는 남·북·미·중 4자회담 개최를 적극 추진해 나가기로 하였다.

④ 남과 북은 완전한 비핵화를 통해 핵 없는 한반도를 실현한

다는 공동의 목표를 확인하였다. 남과 북은 북측이 취하고 있는 주동적인 조치들이 한반도 비핵화를 위해 대단히 의의 있고 중대한 조치라는데 인식을 같이하고 앞으로 각기 자기의 책임과 역할을 다하기로 하였다. 남과 북은 한반도 비핵화를 위한 국제사회의 지지와 협력을 위해 적극 노력해나가기로 하였다.

양 정상은 정기적인 회담과 직통전화를 통하여 민족의 중대사를 수시로 진지하게 논의하고 신뢰를 굳건히 하며, 남북관계의 지속적인 발전과 한반도의 평화와 번영, 통일을 향한 좋은 흐름을 더욱 확대해 나가기 위하여 함께 노력하기로 하였다. 당면하여 문재인 대통령은 올해 가을 평양을 방문하기로 하였다.

2018년 4월 27일 판 문 점』

3차 남북정상회담이 진행된 뒤 29일 만인 5월 26일 4차 남북정상회담이 판문점 북측지역인 통일각에서 전격적으로 진행되었다. 회담에서는 3차 남북정상회담에서 합의된 판문점 선언을 신속하게 이행해 나가며 한반도 비핵화를 실현하고 지역의 평화와 안정, 번영을 이룩하기 위해 해결해야 할 문제들과 현재 남북이 직면하고 있는 문제들, 북미정상회담의 성공적 개최를 위한 심도 있는 의견교환이 진행되었다.

《9월 평양공동선언》

평양공항에서 내리는 문재인 대통령, 9월 평양공동선언에 서명한 문재인대통령과 김정은 총비서

2018년 9월 18일 문재인 대통령이 평양을 찾았다. 김정은 총비서는 공항에서 따뜻하게 영접했다. 이날 조선로동당 중앙당사에서 남북정상회담이 개최되었다. 이틀째 회담은 숙소인 백화원 영빈관에서 속개되었다. 이날 회담을 마치고 9월 평양공동선언을 채택하였다. 남과 북은 9월 평양선언의 부속 합의서 형태로 '9.19군사분야 합의서'(9.19군사합의)를 채택하고, 이를 철저히 준수하고 성실히 이행하기로 했다.

3절 _ 눈부신 대외활동을 펼치다

조선은 핵무력 완성으로 전략국가로 부상하였으며, 이 힘을 바탕으로 동북아시아 질서의 새판 짜기에 나섰다. 2018년은 김정은 총비서의 눈부신 대외활동으로 세계의 시선이 조선으로 쏠린 한해였

다. 2018년 당시 북의 대외활동의 전략과 전술은 아직 세부적으로 밝혀지지 않고 있다. 하지만 남쪽에서 사는 우리가 생각하고 있는 것보다 훨씬 심원한 구상이 있었던 것은 분명하다. 구체적인 예를 들어보면 남쪽에서는 당시 북의 대외전략의 핵심이 조미관계의 정상화에 있었다고 봤다. 하지만 실제 진행 과정을 보면 조중관계, 조러관계, 사회주의 나라들과의 관계에 더 큰 의미를 부여했다는 것을 알 수 있다. 그렇다면 당시 북의 대외전략의 목표는 무엇이었으며, 이를 달성하기 위한 전략 전술은 무엇이었을까? 이 점을 먼저 분석하고, 실제 대외활동의 전개 과정을 살펴볼 필요가 있다.

남에 있는 연구자로서 북의 전략 목표와 그 목표를 달성하기 위한 전략 전술을 정확히 분석하는 것은 거의 불가능하다. 하지만 5년여 시간이 지난 지금에 이르러 어느 정도 과학적으로 분석할 수 있는 여건이 만들어졌다고 봐야 한다. 그것은 2018년 이후 북의 행로를 통해 분석 유추해 낼 수 있다.

2017년 11월 29일 핵무력 완성을 선언한 북은 핵 보유 전략국가 지위에 걸맞게 기존의 대외관계를 새롭게 조정할 필요가 있었다. 무엇보다 북의 핵무력 완성에 질겁한 미국이 이성을 상실하고 무분별한 전쟁 책동에 매달림으로써 한반도 전쟁 위기 상황이 극단으로 치달아 가고 있었다. 이러한 상황을 방치하면 예상치 못한 돌발상황(물리적 충돌 상황)이 발생할 수 있었다. 시급히 국면을 바꿔 평화적 환경과 조건을 만들 필요가 있었다. 또한 북의 핵무력 완성을 저지하기 위해 형성된 국제적 협조체제를 무너뜨리고 핵무기보유국 지위를 국제적으로 사실상 합법화할 필요가 있었다. 더 나가 대외관계를 자기에게 유리하게 바꿀 필요가 있었다. 김정은 총비서는 이상의 세 가지 목표를 한꺼번에 달성할 대담한 대외전략을 구상하고, 이를 구현해 나갔다. 그는 북미정상회담 추진을 미끼로 삼았다. 이를 통해 미국을 다스리고, 남북관계를 대담하게 진전시켜 나가며, 조중관계를 핵으로 하는 사회주의 나라들과의 전략적 협력관계를 복원하며, 조러 친선관계를 새 세기 높이에 맞게 강화해 나갔다. 이러한 노력으로 한반도를 둘러싼 국제관계는 불과 1년 반 만에 북에게 유리한 구조가 확립되었다.

1. 새로운 높은 단계로 도약한 조중관계

김정은 총비서가 3월 25일~28일 중화인민공화국을 비공식 방문하여, 시진핑 중국공산당 총비서와 상봉하고, 조중 정상회담을 했다

1) 베이징 1차 회담(2018년 3월 25일~28일 중국 베이징)

김정은 총비서의 2018년 대외활동은 중화인민공화국 방문으로부

터 시작되었다. 이것은 시사하는 바가 매우 크다. 조중관계를 튼튼히 세우는 것, 이것이 시작이자 궁극적 목표였다. 향후 격변으로 치달아갈 국제정치적 환경에서 조중관계를 초석으로 삼아 헤쳐 나가겠다는 의지의 표현이기도 했다. 김정은 총비서는 2018년 3월 25일~28일까지 중화인민공화국을 비공식 방문하였다. 김정은 총비서와 시진핑 중국공산당 총비서는 3월 26일 조중 정상회담을 열었다. 이 자리에서 김정은 총비서는 조중 친선의 위대한 전통을 계승해 발전하는 시대의 요구에 맞게 새로운 높은 단계에 올려놓으려는 것은 당과 정부의 확고한 결심이라는 뜻을 밝혔다. 또한 시진핑 동지를 비롯한 중국 동지들과 자주 만나 우의를 더욱 두텁게 하고 전략적 의사소통, 전략 전술적 협동을 강화하며, 조중 두 나라의 단결과 협력을 굳건히 해나가야 한다고 말했다. 이에 시진핑 중국공산당 총비서는 첫 외국방문으로 중국을 선택한 것을 열렬히 환영하였다. 노세대 영도자들이 공동의 이상과 신념, 두터운 혁명적 우의를 지니고 사회주의 위업의 승리적 전진에 기여하는 과정에 친히 마련하고 정성껏 키워온 중조친선을 중시하고 끊임없이 계승 발전시켜 나가는 것은 중국 당과 정부의 전략적 선택이며 확고부동한 의지라고 화답했다. 김정은-시진핑 회담으로 김정은 시대 북중관계의 기초가 튼튼히 마련되었다. 이 회담의 특징은 사회주의국가라는 공동의 토대에 기초해, 노세대들이 가꿔온 위대한 전통(1930~1945년 항일무장투쟁의 전통, 1945~1949년 국공내전에 조선의 동지적 지원, 1950~1953년 조선전쟁에서 중국의 지원)을 계승하여, 새 시대의 요구에 맞게 높은 단계로 발전(전략적 의사소통, 전략전술적 협동)시켜 나가자는 큰 방향에서 전략적 합의가 이루어졌다는 점이다.

2) 다롄시 2차회담(2018년 5월7일~8일 중국 다롄시)

2018년 5월 7일~8일 중국 다롄시에서 두 번째 조중 정상회담을 갖고 우의를 다졌다

김정은 총비서는 싱가포르 조미회담이 확정된 후 5월 7일~8일 중국의 다롄시(대련시)를 방문해 다시 조중 정상회담을 가졌다. 조중 정상회담에서 김정은 총비서는 심각한 변화가 일어나고 있는 한반도 주변정세 변화 추이를 분석평가하고, 전략적 기획를 틀어쥐고 조중 사이의 전술적 협동을 더욱 강화해 나가기 위한 방도적인 문제들을 제기했다. 시진핑 총비서는 지난 3월 방문 이래 중조관계와 조선반도 정세에서 긍정적인 발전이 이룩되고 있는 데에 대해 기쁘게 생각한다고 하면서 두 당, 두 나라 사이의 의사를 소통하고 조율하기 위해 친히 중국에 온 데에 대해 다시 한 번 사의를 표했다.

3) 베이징 3차회담(2018년 6월 19일~20일 중국 베이징)

베이징을 방문한 김정은 총비서와 시진핑 총비서가 회담에 앞서 기념 촬영을 하고 있다

김정은 총비서는 2018년 6.12 싱가포르 조미 공동선언을 발표한 후 6월 19일~20일까지 중국을 다시 방문하여, 시진핑 총비서와 회담하였다. 정상회담이 6월 19일 인민대회당에서 진행되었다. 김정은 총비서는 최근 두당 사이의 전략적 협동이 강화되고 서로에 대한 신뢰가 더욱 두터워지고 있는 현실을 대단히 만족하고 소중하게 생각한다면서 앞으로도 조중 두당, 두 나라 인민들 사이의 보다 긴밀한 친선과 단결, 협조의 관계를 더욱 발전시켜 나갈 결심과 의지를 피력했다. 시진핑 총비서는 조미회담을 성공적으로 주도해 조선반도의 정세를 대화와 협상의 궤도, 평화와 안정의 궤도에 올려 세운 데 대해 높이 평가하고 진심으로 되는 축하를 해주었다.

그는 조선반도 비핵화를 위한 조선 측의 입장과 결심을 적극 지지한다고 하면서 중국은 앞으로도 계속 자기의 건설적 역할을 발휘해 나갈 것이라고 했다. 여기에서 시진핑의 발언을 주목할 필요가 있다. 그는 비핵화에 관한 조선(북)의 입장과 결심을 지지한다고 명백히 밝혔다. 즉 한반도 비핵화 문제에 대한 북미의 입장이 부딪히고 있는 현실에서 북의 입장을 지지하겠다고 선언한 것이다.

4) 베이징 4차회담(2019년 1월 7일~10일 중국 베이징)

2019년 신년사를 발표하고 있는 김정은 총비서의 모습

2019년 신년사에서 김정은 총비서는 2018년 대외사업을 평가하면서 세 차례에 걸친 중국방문과 쿠바 대표단의 조선방문을 가장 첫 번째 성과로 내세웠다. 이것은 김정은 총비서의 대외전략이 사회주의 나라들과의 우호협력관계 강화를 가장 중시하고 있음을 잘

보여준다. 그는 다음과 같이 평가하였다.

『세 차례에 걸치는 우리의 중화인민공화국 방문과 꾸바공화국 대표단의 우리나라 방문은 사회주의 나라들 사이의 전략적인 의사소통과 전통적인 친선협조관계를 강화하는 데서 특기할 사변으로 되었습니다.』(김정은 총비서의 2019년 신년사 중에서 발췌)

신년사에서는 또 2018년 조미관계의 발전에 대해서도 긍정적으로 평가했다. 하지만 여기에는 단서를 붙여 놓았다. 미국이 약속을 지키지 않는다면 부득불 새로운 길을 모색할 수밖에 없다고 밝혀 놓았다. 이 부분을 보다 구체적으로 살펴보도록 하자.

『나는 지난해 6월 미국대통령과 만나 유익한 회담을 하면서 건설적인 의견을 나누었으며 서로가 안고 있는 우려와 뒤엉킨 문제해결의 빠른 방도에 대하여 인식을 같이했다고 생각합니다. 나는 앞으로도 언제든 또다시 미국 대통령과 마주 앉을 준비가 되어 있으며 반드시 국제사회가 환영하는 결과를 만들기 위해 노력할 것입니다.
다만 미국이 세계 앞에서 한 자기의 약속을 지키지 않고 우리 인민의 인내심을 오판하면서 일방적으로 그 무엇을 강요하려 들고 의연히 공화국에 대한 제재와 압박에로 나간다면 우리로서도 어쩔 수 없이 부득불 나라의 자주권과 국가의 최고이익을 수호하고 조선반도의 평화와 안정을 이룩하기 위한 새로운

길을 모색하지 않을 수 없게 될 수도 있습니다.』 (2019년 김정은 총비서의 신년사에서 발췌함)

2019년 1월 7~8일 베이징에서 4차 조중 정상회담을 가졌다. 양손을 굳게 잡고 있는 조중 정상의 모습

조미관계의 분수령으로 될 2월 하노이 조미정상회담을 앞두고 김정은 총비서는 1월 7일~10일까지 중국을 방문했다. 중국의 당과 정부는 새해 첫 정치 일정으로 중국을 방문한 김정은 총서기를 국빈으로 열렬히 환영하고 극진히 환대했다. 양 정상은 회담을 통해 국제정세에 대한 의견을 교환하고 공동의 인식에 도달했다고 발표했다. 다음은 이에 관한 로동신문 보도의 일부이다.

『습근평동지는 조선 측이 주장하는 원칙적인 문제들은 응당한 요구이며 조선 측의 합리적인 관심 사항이 마땅히 해결되

어야 한다는 데 대하여 전적으로 동감하며 유관측들이 이에 대해 중시하고 타당하게 문제를 처리하는 것이 옳바른 선택이라고 하면서 중국 측은 지난날과 마찬가지로 앞으로도 조선동지들의 믿음직한 후방이며 견결한 동지, 벗으로서 쌍방의 근본이익을 수호하고 조선반도의 정세안정을 위해 적극적이며 건설적인 역할을 발휘해 나갈 것이라고 말하였다.』(2019년 1월 10일자 로동신문에서 발췌함)

5) 시진핑 중국공산당 총비서의 평양 방문

중국공산당 총서기이자 중국 국가 주석인 시진핑이 2019년 6월20일~21일 평양을 방문하고, 김정은 총비서와 정상회담을 가졌다

양국 정상회담에서 김정은 총비서는 시진핑의 평양방문이 《조중친선의 불변성과 불패성을 온 세계에 과시하는 결정적 계기》로 되며, 새로운 활력기에 들어선 두 나라의 친선 관계를 더욱 공고 발

전시켜 나가는 데서 중요한 의의를 가진다고 평가했다. 양 정상은 전통적인 조중친선 협조관계를 시대적 요구에 맞게 계속 활력 있게 강화 발전시켜 나가는 것은 두 나라 당과 정부의 시종일관한 입장이며, 두 나라 인민들의 지향과 염원, 근본이익에 전적으로 부합된다고 강조했다. 특히 양 정상은 한반도 정세를 비롯한 국제 및 지역 문제들에 대한 폭넓은 의견교환을 진행하고, 지금과 같이 국제 및 지역 정세에서 심각하고 복잡한 변화가 일어나는 환경 속에서 조중 두 당, 두 나라 사이의 관계를 깊이 있게 더욱 발전시키는 것은 두 나라의 공동 이익에 부합하며 지역의 평화와 안정, 발전에 유리하다고 평가했다.

시진핑 총서기는 평양에서 정상회담 외에도 6월 20일 저녁 대집단체조와 예술공연《불패의 사회주의》를 관람하고, 6월 21일 우의탑을 찾아 꽃바구니를 증정하였으며, 김정은 총비서와 함께 오찬을 하며 담소를 나눈 후 오후에 베이징으로 돌아갔다.

6) 새로운 높은 단계로 올라선 북중 친선관계

시진핑 중국공산당 총서기의 평양방문! 그것은 새로운 높은 단계로 올라선 북중관계를 전 세계에 과시한 정치행사였다. 북미정상회담을 지렛대로 1년여 동안 5차례에 걸쳐 상호방문이 이뤄지고, 그때마다 김정은-시진핑 회담이 열렸다. 이 기간 동안 김정은 총비서는 조중 친선관계를 강화 발전시키는 것이 조미관계 개선보다 백배나 중요하며, 전략적 중요성이 있다고 봤던 것 같다. 이러한 인식하에서 조미회담이라는 미끼를 던져 놓고 미국을 통제 제압하는 동안, 다섯 차례에 걸친 조중 정상회담과 상호방문을 통해 조중 친선관계 발전에 걸림돌이 되었던 모든 장애물을 제거하고, 조중 전략적 협력 협동 관계를 공고히 구축하는 데 성공했다.

시진핑은 회담에서 '비핵화에 관한 조선 측의 입장과 결심 지지!', '중국 측은 지난날과 마찬가지로 앞으로도 조선 동지들의 믿음직한 후방이며 견결한 동지, 벗으로서 쌍방의 근본이익을 수호하고 조선반도의 정세 안정을 위해 적극적이며 건설적인 역할을 발휘해 나갈 것', '노세대 영도자들이 공동의 이상과 신념, 두터운 혁명적 우의를 지니고 사회주의 위업의 승리적 전진에 기여하는 과정에 친히 마련하고 정성껏 키워온 중조친선을 중시하고 끊임없이 계승 발전시켜 나가는 것은 중국 당과 정부의 전략적 선택이며 확고부동한 의지'라고 밝혔다. 이것은 나라와 나라의 관계를 뛰어 넘어 공동의 이상과 신념(사회주의 이상)을 추구하는 동지적 관계라는 입장에서 북중관계를 발전시켜 나갈 것임을 천명한 것이다.

2018년 이후 중국은 실제로 안보리에서 북측의 입장을 전적으로 지지하고, 미국이 주도하는 국제적 제재와 압박소동에 동참하지 않았을 뿐 아니라, 대북 제재를 노린 미국의 횡포한 안보리 결의안 추진에 거부권을 일관되게 행사함으로써 실천적으로 북의 입장을 지지해 왔다. 이처럼 북중관계의 발전과 도약이야말로 대외관계에서 북이 거둔 가장 소중한 성과라 할 수 있다.

2. 사회주의 나라 사이의 단결과 협력 강화

1) 쿠바 내각 수상의 평양 방문

2018년 11월 4일, 쿠바의 미겔 마리오 디아스카넬 베르무데스 국가이사회 위원장 겸 내각 수상이 평양을 방문했다. 북은 멀리 대륙과 대양을 건너 평양을 방문한 쿠바의 내각 수상을 열렬히 환영했다. 김정은 총비서가 평양 국제 비행장에 직접 나가 쿠바의 내각 수상을 직접 영접했다.

김정은 총비서와 쿠바의 미겔 마리오 디아스카넬 베르무데스 내각 수상이 회담을 갖고 양국 협력을 논의했다

4일 오후 김정은 총비서와 쿠바의 내각 수상 사이에서 회담이 진행되었다. 회담에서 김정은 총비서는 열렬히 환영하면서 쿠바 대표단의 이번 방문은 두 나라 인민의 전통적인 우의와 신뢰, 친선단결의 불패성을 과시하는 계기로 되며, 조선인민의 정의의 위업에 대한 지지와 연대성의 표시로 된다고 말했다. 회담에서는 사회주의 건설 과정에서 거둔 성과와 교훈을 상호 통보했으며, 각 분야

의 협조와 교류 방안에 대해 토의했다. 또 공동 관심사로 되는 중대한 문제들과 국제 정세에 대한 의견들이 교환되었는데, 모든 문제에 대해 의견일치를 이루었다.

쿠바 수상을 환영하는 연회가 개최되었다. 연회에서 김정은 총비서는 이번 상봉이 두 나라 친선을 영원히 계승해 나가려는 의지를 과시하는 분수령으로 될 것이라고 밝히고, 쿠바의 투쟁에 대해 지지와 연대를 표시했으며, 전략적이며 동지적 친선 관계를 공고 발전시켜 나가려는 의지를 밝혔다.

김정은 총비서와 쿠바의 미겔 마리오 디아스카넬 베르무데스 국가이사회 위원장 겸 내각 수상은 함께 11월 5일 밤에 대집단 체조와 예술 공연《빛나는 조국》을 관람했다. 쿠바 수상은 2박 3일 일정을 마치고 11월 6일 평양을 출발했다. 김정은 총비서는 평양국제공항에 직접 나와 쿠바 내각 수상을 환송하였다.

2) 조선-베트남 정상회담

조선과 베트남 사이의 친선 협조 관계는 호찌민 전 주석이 1957년 평양을 국빈 방문하고, 1964년 김일성 주석이 베트남 하노이를 국빈 방문하면서 맺어졌다. 선대 지도자들의 노력으로 맺어진 친선 협조 관계는 베트남 전쟁 당시 베트남에 대한 북의 군사적 지원을 통해 더욱 공고해졌다. 베트남 전쟁 이후 2000년대에 이르기까지 이러저러한 사정으로 양자 관계는 그리 순탄치 않았었다.

2019년 3월 1일 오후 김정은 총비서는 베트남 주석부에서 베트남 공산당 총비서이자 국가 주석인 응우옌푸쫑과 회담을 갖고 양국 협력에 대해 논의했다. 사진은 김정은 총비서와 만나고 있는 베트남 공산당 총비서 응우옌푸쫑

2019년 3월 1일 오후 베트남 주석부에서 베트남 공산당 총비서이자 국가 주석인 응우옌푸쫑과 회담이 있었다. 회담에서는 각기 자기 나라의 정치경제 형편들이 상호 통보되었다. 두 당, 두 나라 사이의 친선 협조 관계를 새 시대의 요구에 맞게 여러 분야에 걸쳐 더욱 확대 발전시키는 문제와 공동 관심사로 되는 문제에 대한 의견을 서로 교환했다.

회담에서 김정은 총비서는 선대 수령들의 뜻을 받들어 피로서 맺어진 두 나라, 두 당 사이의 친선 협조 관계를 대를 이어 계승해 나가는 것은 조선의 당과 국가의 일관된 입장이라고 밝혔다. 그리고 당 차원, 정부 차원에서 내왕을 활발히 벌이며, 경제, 과학기술, 국방, 체육 문화예술, 출판 보도 부문 등 모든 분야에서 협조와 교류를 정상화하고 새로운 높은 단계로 발전시켜 나가야 한다고 말했다.

베트남 주석은 당과 국가와 인민을 대표해 김정은 총비서의 베트

남 방문을 열렬히 환영한다면서 이번 방문은 양국 관계 발전에서 이정표적 사변으로 된다고 밝혔다. 또한 양국 사이의 친선 협조 관계는 호지명 주석과 김일성 주석께서 몸소 마련해 주시고, 가꾸어 주신 전통적인 친선 협조 관계이며 베트남 당과 정부와 인민은 베트남의 독립과 민족 해방투쟁에 조선이 커다란 지지 성원을 준 데 대해 영원히 잊지 않고 고맙게 생각하고 있다고 하면서 두 나라 사이의 관계를 더욱 발전시켜 나가려는 것은 베트남 당과 정부의 확고한 입장이라고 밝혔다.

김정은 총비서의 베트남 방문과 베트남 공산당 총비서와의 회담은 조선-베트남 친선과 우호 협력 관계에서 새로운 이정표로 되었다.

3. 김정은 - 푸틴 정상회담

2019년 4월 25일 김정은-푸틴 정상회담이 블라디보스토크에서 열렸다

2018년 조선- 러시아 관계에서도 새로운 움직임이 가시화되었다. 세르게이 라브로프 러시아 외무상이 2018년 5월 31일 조선을 방문하여 김정은 총비서를 접견하였다. 접견에서 러시아 외무상은 푸틴 대통령의 친서를 직접 전달했다. 이어 담화가 있었는데, 담화에서는 한반도를 둘러싼 정세 흐름과 전망에 대한 북러 양측 지도부의 의사와 견해가 교환되었으며 두 나라의 정치경제적 협조관계를 더욱 확대 발전시키고 긴밀히 협력해 나가기 위한 문제들이 논의됐다. 이어 9월에는 러시아 연방의회 의장이 조선민주주의인민공화국 건국 70주년을 함께 경축하기 위해 평양을 찾았다. 연방의회 의장은 김정은 총비서를 접견하고 푸틴 대통령의 친서를 전했다.

2019년 4월 24일 김정은 총비서는 푸틴 대통령과의 정상회담을 위해 러시아를 찾았다. 김정은 총비서는 4월 24일 아침 국경을 넘어 하싼역에 도착하였다. 하싼역에는 푸틴 대통령의 지시에 따라 러시아 극동 및 북극 개발부 장관이 직접 영접을 나왔다. 하싼역에서 그와 환담을 한 후 김정은 총비서는 회담 장소인 블라디보스톡으로 향했다. 김정은 총비서는 오후 6시 블라디보스톡역에 도착했다. 불라디보스톡시는 환영분위기에 휩싸였다. 역 광장에는 러시아 연방 육해공군 명예 위병대와 군악대가 정렬해 있었다. 김정은 총비서가 전용 열차에서 내리자, 대기하고 있던 알렉산드르 코즐로프 러시아극동 북극 개발부 장관, 러시아 이골리 모르굴로프 외무성 부상, 올렉 코제마코 연해주 장관이 영접했다. 이어서 김정은 총비서의 방러를 환영하는 의식이 거행되었다. 김정은 총비서는 의식이 끝난 후 환영 나온 사람들과의 인사를 마치고 숙소로 향했다.

2019년 4월 25일 김정은-푸틴 단독회담이 진행되었다. 북의 언론에 따르면 회담은 친선적이고 허심탄회한 분위기였으며, 두 지도자는 격의 없는 담화를 나누었다. 두 지도자는 각기 자기 나라 형편을 통보하고, 상호 이해와 신뢰, 친선과 협조를 더욱 증진시키고, 새 세기를 지향한 조러 친선 관계의 발전을 추동하기 위한 구체적인 방안과 방도를 합의하였으며, 당면 협조 문제들을 진지하게 토의하고 만족할 만한 견해의 일치를 본 것으로 전해졌다. 또 한반도와 국제정세에 대한 여러 문제들에 대해 서로의 견해를 공유하고 공동으로 정세를 관리하기 위한 솔직하고 기탄없는 의견을 나누었다고 한다. 회담의 성과에 대한 양측의 견해에 따르면 김정은-푸틴 단독회담이 오랜 친선의 역사와 전통을 갖고 있는 두 나라 사이의 친선관계를 보다 공고하고 건전하게 발전시키며 '하노이 회담' 이후 불안정한 한반도 정세를 전략적으로 유지 관리해 나가는 데서 중요한 의의를 가지는 유익한 계기로 되었다. 또 담화는 격의 없는 친근한 감정 속에 오랜 시간 진행되었다고 한다.

김정은-푸틴 단독회담 이후 양국 정상회담이 진행되었다. 회담에서는 여러 분야에서 쌍무협조를 확대 발전시켜 나가기 위한 방도를 토의하였다. 이에 관해 최고위급 상봉과 접촉을 포함한 고위급 왕래를 강화하며, 두 나라 정부와 국회, 지역, 단체 사이의 협력과 교류, 협조를 다양한 형식으로 발전시켜 나가는 문제를 토의했다.

쌍방은 정부 간 무역, 경제 및 과학기술 협조위원회의 사업을 더욱 활성화하며 두 나라 사이의 호혜적인 경제 무역 관계를 보다 높은 단계에 올려 세우기 위해 여러 분야에서 적극적 대책을 취해 나가기로 했다. 쌍방은 중대 고비에 직면한 한반도 정세 추이에 대해 분석 평가하고, 조러 두 나라가 한반도와 지역의 평화와 안전 보장을 위한 여정에서 전략적 의사소통과 전술적 협동을 잘 해 나가기 위한 방도를 진지하게 토의했다.

김정은-푸틴 정상회담은 반제 자주를 지향하는 양국 간 전략적 협력의 중요한 계기로 작용했다.

4. 역사적인 조미 정상회담 개최

1) 조미관계의 새 역사를 개척한 세기적 만남

2018년 6월 12일 역사적인 조미정상회담이 싱가포르 센토사섬 카펠라 호텔에서 열렸다. 미국이 조선민주주의인민공화국의 힘에 압도되여, 협상의 테이블에 마주 앉았다. 세계의 이목은 싱가포르 조미 정상회담장으로 쏠렸다. 역사상 첫 번째 조미 정상회담을 취재하기 위한 전 세계 수백 명의 기자들이 싱가포르로 달려왔다. 역사적인 조미 정상회담이 시작되었다. 김정은 총비서와 트럼프 대통령은 포토라인에서 기념 촬영을 하였다. 촬영이 끝나고 회담장으로 향했다. 회담은 단독회담과 확대회담 순서로 진행되었다.

역사적인 조미 정상회담에 앞서 사진촬영을 하고 있는 김정은 총비서와 트럼프 대통령

김정은 총비서는 회담의 서두에 "오늘 여기까지 와 닿는 과정이 결코 헐치 않았다"고 하면서, "과거의 역사가 우리의 발목을 붙잡고, 그릇된 편견과 관행들이 우리의 눈과 귀를 가리우기도 했지만 모든 것을 과감히 짓밟고, 이렇게 이 자리에 까지 왔으며, 새로운 출발점에 서게 되었다"고 소회를 밝혔다. 단독회담에 이어 확대회담이 열렸다. 회담에서는 새로운 조미관계 수립과 한반도에서 항구적이며 공고한 평화체제 구축에 관한 문제들이 논의되었다.

김정은 총비서는 조선반도에서 항구적이며 공고한 평화체제를 수립하는 것이 지역과 세계 평화와 안전 보장에 중대한 의의를 갖는다면서, 당면해서 상대방을 자극하고 적대하는 군사 행동을 중지하는 용단부터 내려야 한다고 제기했다. 트럼프는 이를 이해한다며, 북미 간의 선의의 대화가 진행되는 동안 북이 도발로 간주하는 한미합동군사훈련을 중지하고 안전 담보를 제공하고, 대화와 협

상을 통한 관계 개선이 진척되는 데 따라 대북제재를 해제할 수 있다는 의사를 표했다. 이에 대해 김정은 총비서는 미국이 조미관계 개선을 위한 진정한 신뢰 구축 조치를 취해 나간다면 그에 상응하게 계속 다음 단계의 추가적 선의의 조치를 취해 나갈 수 있다는 입장을 피력했다. 양 정상은 한반도의 평화와 안정, 한반도의 비핵화를 이룩해 나가는 과정에서 단계별, 동시 행동 원칙을 준수하는 것이 중요하다는 데 대해 인식의 일치를 보았다.

양측은 확대회담을 마치고 오찬을 한 후 북미 공동성명에 서명하는 의식을 가졌다. 6.12 싱가포르 북미 공동성명의 전문은 다음과 같다.

김정은 조선민주주의인민공화국 국무위원장과 도널드 트럼프 미합중국 대통령의 싱가포르 정상회담 공동성명

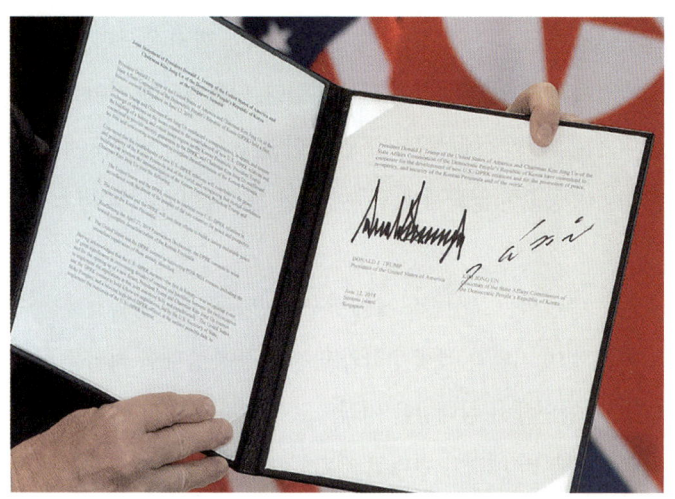

김정은 조선민주주의인민공화국 국무위원장과 도널드 트럼프 미합중국 대통령의 싱가포르 정상회담 공동성명

트럼프 대통령과 김정은 위원장은 미국과 조선민주주의인민공화국의 새로운 관계 수립과 한반도의 지속적이고 견고한 평화체제 구축과 관련한 사안들을 주제로 포괄적이고 심층적이며 진지한 방식으로 의견을 교환했다. 트럼프 대통령은 조선민주주의인민공화국의 안전보장을 제공하기로 약속했고, 김정은 위원장은 한반도의 완전한 비핵화를 향한 흔들리지 않는 확고한 약속을 재확인했다.

새로운 북미관계를 수립하는 것이 한반도와 세계의 평화, 번영에 이바지할 것이라는 점을 확신하고, 상호신뢰를 구축하는 것이 한반도 비핵화를 증진할 수 있다고 인정하면서 트럼프 대통령과 김 위원장은 아래와 같은 합의사항을 선언한다.

1. 미국과 조선민주주의인민공화국은 평화와 번영을 위한 양국 국민의 바람에 맞춰 미국과 조선민주주의인민공화국의 새로운 관계를 수립하기로 약속한다.
2. 양국은 한반도의 지속적이고 안정적인 평화체제를 구축하기 위해 함께 노력한다.
3. 2018년 4월 27일 판문점 선언을 재확인하며, 조선민주주의인민공화국은 한반도의 완전한 비핵화를 향해 노력할 것을 약속한다.
4. 미국과 조선민주주의인민공화국은 신원이 이미 확인된 전쟁포로, 전쟁실종자들의 유해를 즉각 송환하는 것을 포함해 전쟁포로, 전쟁실종자들의 유해 수습을 약속한다.

역사상 처음으로 이뤄진 조미 정상회담이 거대한 중요성을 지닌 획기적인 사건이라는 점을 확인하고, 북미 간 수십 년의 긴장과 적대행위를 극복하면서 새로운 미래를 열어나가기 위해 트럼프 대통령과 김 위원장은 공동성명에 적시된 사항들을 완전하고 신속하게 이행할 것을 약속한다. 미국과 조선민주주의인민공화국은 조미정상회담의 결과를 이행하기 위해 마이크 폼페이오 미국 국무장관, 관련한 조선민주주의인민공화국 고위급 관리가 주도하는 후속 협상을 가능한 한 가장 이른 시일에 개최하기로 약속한다.

> 도널드 트럼프 미합중국 대통령과 김정은 조선민주주의인민공화국 국무위원장은 조미관계의 발전, 한반도와 세계의 평화, 번영, 안전을 위해 협력할 것을 약속했다.
>
> 2018년 6월 12일
> 싱가포르 센토사 섬에서.
> 트럼프·김정은, 북미정상회담 공동합의문에 서명

역사상 처음으로 되는 조미 정상회담은 세계에 충격을 던져주었으며, 폭풍 같은 반응을 불러일으켰다. 세계의 언론을 역사적인 북미 정상회담과 공동성명의 채택은 '역사적 사변', '새로운 역사의 창조', '세계를 35분간 정지시킨 북미 단독 정상회담', '새로운 출발을 알리는 역사적 성명' 등의 말로 이 회담을 평하였다.

6.12 싱가포르 공동성명의 특징은 다음과 같다.

첫째 역사상 처음으로 조선과 미국의 최고 지도자 회담에서 도출된 합의로써, 향후 북미관계(조미관계)의 기본 토대로 된다. 비록 하노이 회담 결렬로 싱가포르 공동성명의 이행은 중도반단 되었지만, 여기에서 합의된 정신은 여전히 살아있다.

둘째 조선이 핵 보유국이라는 점을 실질적으로 인정한 토대 위에서 회담을 진행했다는 점이다. 양 정상은 한반도 비핵화를 실현해 나가는 길에서 단계별, 동시행동 원칙을 준수하기로 했다. 이것이 의미하는 바는 현재 핵무장 국가라는 것을 인정하고 여기에서 동시행동의 원칙(일방적 선핵 포기 노선의 폐기)에 따라 단계별(실질적인 핵군축 방식)로 문제를 풀어나가기로 한 것이다. 즉 상호 핵 군축 과정을 통해 비핵화로 나가기로 했다는 점을 주목할 필요가 있다. 미국의 대북 핵 위협 축소에 조응해 북의 비핵화를 단계적으로 추진해 나가는 것, 이것이 합의의 본질이다.

셋째 한반도 핵 문제를 해결하려면 새로운 북미 관계의 수립과 상호 신뢰의 구축이 선행되어야 한다는 점을 확인했다는 점이다. 선 새로운 북미관계 수립(대북적대정책의 폐기와 관계 정상화), 후 핵 문제의 해결이라는 공식을 상호 확인한 것이다.

2) 하노이 회담의 충격

노딜로 끝난 하노이 회담에 앞서 환담을 나누고 있는 김정은 총비서와 트럼프 대통령

2018년 10월 7일 미 국무장관이 평양을 방문했다. 김정은 총비서는 마크 폼페오를 접견하고 비핵화 해결을 위한 방안과 쌍방의 우려 사항에 대해 상세히 설명하고, 건설적 의견을 나눴으며, 제2차 북미정상회담 개최 문제를 협의했다. 우여곡절 끝에 2019년 2월 27일 베트남의 하노이에서 제2차 북미 정상회담이 개최되었다.

전 세계의 시선이 하노이로 쏠린 가운데 2019년 2월 27일 오후 6시 30분(현지시간), 김정은-트럼프의 단독회담과 만찬이 있었다. 단독회담에서 김정은 총비서는 불신과 오해, 적대적인 눈초리들과 낡은 관행이 우리가 가는 길을 막으려고 하였지만, 우리는 그것들을 다 깨 버리고 극복하며 다시 마주 걸어 260일 만에 하노이까지 왔다. 이 시간은 그 어느 때보다 많은 고민과 노력, 인내가 필요했던 기간이었다. 이번 회담에서 모두가 반기는 훌륭한 결과가 만들어질 것이며, 최선을 다할 것이라는 취지의 말을 하였다. 이에 트럼프 대통령은 김 위원장을 다시 만나게 되어 영광스럽게 생각하며 기쁘다면서 우리는 매우 훌륭한 관계를 맺고 있으며, 이번 회담이 대단히 성공적인 회담이 될 것이라고 확신한다고 말했다. 2월 28일 오전 9시(현지시간) 김정은-트럼프 단독회담과 확대회담이 계속되었다. 회담에서는 북미관계의 새로운 시대를 열어 나가기 위한 실천적 문제들에 대해 허심탄회한 의견교환이 이루어졌다. 하지만 하노이 회담에서는 싱가포르 공동성명을 이행해 나가기 위한 실천적 방안에 대한 합의가 이루어지지 못한 채, 합의서 없이 회담이 끝나고 말았다. 이로서 모처럼 형성됐던 북미 데탕트 흐름은 멈춰 섰고, 북미 관계는 새로운 위기를 맞게 되었다.

북으로서는 미국의 완전한 굴복을 받아내지는 못했지만 2018년부터 시작된 북미대화와 협상 흐름 속에서 매우 귀중한 성과를 거두었다.

첫째는 전략 국가로서의 면모를 유감없이 발휘했다. 이 흐름 속에서 중국, 러시아, 미국이라는 3대 강대국의 최고지도자와 연쇄 회담을 통해 한반도와 동북아시아 국제질서 새판 짜기에 완전히 성공했다. 북중 전략적 협력관계를 확고히 복원 발전시켜냈으며, 북러 전략적 협력관계를 공고히 했다. 그동안 한반도 핵 문제 해결 방향을 둘러싸고 의견일치를 보지 못했던 중국, 러시아와의 이견을 완전히 해소함으로써 미, 중, 러 공조 체제를 완벽하게 깨뜨려 버렸다. 더 나가 북, 중, 러 협력체세을 구축했다.

둘째는 명실상부한 핵무장 국가로 등장했다. 북미회담 자체가 북의 핵무장 국가를 인정한 토대 위에서 점진적 단계적 비핵화(실질적으로 핵 군축회담)를 추진하기로 함으로써 북의 핵 보유를 실질적으로 인정했다. 북은 북미회담이라는 지렛대를 통해 미국의 모험적이고 돌발적 군사적 도발을 통제함으로써 핵무장 국가로서 지위를 공고히 하는 데 성공했다. 싱가포르 공동성명은 공고한 한반도 평화체제가 만들어지기 전에는 한반도 비핵화가 실현될 수 없다는 점을 북미 양측이 인정한 것이라는 점을 주목할 필요가 있다.

셋째는 북미회담을 지렛대로 해서 사회주의 국가들과의 전략적 협력 체제를 구축하는 데 성공했다는 점도 부수적 성과이다.

결론적으로 북은 비록 미국의 완벽한 굴복을 받아내지는 못했지만, 남는 장사를 한 셈이다.

4절 _ 새로운 혁명노선, 정면돌파전 제시

조선로동당 제7기 5차 전원회의 4일째 회의를 진행하고 있는 김정은 총비서

하노이 회담이 결렬되고 4월 최고인민회의 연설에서 김정은 총비서는 미국에게 새로운 계산법을 요구하면서 연말까지 기다려보겠다고 밝혔다.

김정은 총비서는 다음과 같이 말했다.

『지난 2월 하노이에서 진행된 제2차 조미수뇌회담은 우리가 전략적 결단과 대용단을 내려 내짚은 걸음들이 과연 옳았는가에 대한 강한 의문을 자아냈으며 미국이 진정으로 조미관계를 개선하려는 생각이 있기는 있는가 하는데 대한 경계심을 가지게 한 계기로 되었습니다.…

조미 사이에 뿌리 깊은 적대감이 존재하고 있는 조건에서 6.12 조미공동성명을 이행해나가자면 쌍방이 서로의 일방적인 요구 조건들을 내려놓고 각자의 이해관계에 부합되는 건설적인 해법을 찾아야 합니다. 그러자면 우선 미국이 지금의 계산법을 접고 새로운 계산법을 가지고 우리에게 다가서는 것이 필요합니다. 미국이 올바른 자세를 가지고 우리와 공유할 수 있는 방법론을 찾은 조건에서 제3차 조미수뇌회담을 하자고 한다면 우리로서도 한번은 더 해 볼 용의가 있습니다. 그러나 지금 이 자리에서 생각해보면 그 무슨 제재해제 문제 때문에 목이 말라 미국과의 수뇌회담에 집착할 필요가 없다는 생각을 하게 됩니다. 어쨌든 올해 말까지는 인내심을 갖고 미국의 용단을 기다려 볼 것이지만 지난번처럼 좋은 기회를 다시 얻기는 분명 힘들 것입니다.』(최고인민회의 제14기 제1차 회의 시정연설에서 발췌 인용)

이처럼 인내를 갖고 미국의 태도 변화를 주시하였지만, 연말이 다가도록 미국은 기존 입장을 바꾸지 않고, 대북 적대정책을 더욱 노골화했다. 이러한 상황에서 조선로동당 중앙위원회 제7기 5차 전원회의가 12월 28일 평양에서 열렸다. 회의는 12월 28일부터 31일까지 조선로동당 중앙위원회 본부 청사에서 진행되었다.

조선로동당 중앙위 제7기 4차 전원회의 이후 투쟁의 성과

군사 분야	국가의 힘, 국방력강화에서 거대한 성과들을 끊임없이 비축 - 세계 첨단무기체계 개발사업; 과학기술적 측면에서 혁신적인 해결책을 누구의 도움도 없이 우리 스스로 찾을 것을 전제로 했는데, 주체적 역량, 즉 과학자, 설계가, 군수노동계급에 의해 완벽하게 수행되어, 당에서 구상하던 전망적 전략무기체계가 수중에 하나씩 쥐어지게 됨 - 첨단국방과학의 비약은 우리의 군사 기술적 강세를 불가역적인 것으로 만들고, 국력 상승을 촉진시킬 것이며, 주변 정치정세의 통제력을 제고하고, 적들에게는 심대하고도 혹심한 불안과 공포의 타격을 안겨주게 될 것임 - 앞으로 미국이 시간을 끌면 끌수록, 조미관계의 결산을 주저하면 할수록 예측할 수 없이 강대해지는 조선민주주의인민공화국의 위력 앞에 속수무책으로 당할 수밖에 없게 되어 있으며 더욱 막다른 처지에 빠져들게 되어 있음
경제 분야	- 2019년 농사에서 최고 수확년도 돌파 - 삼지연시 2단계 공사완료; 혁명전통교양의 중심지에 산간문화도시의 훌륭한 표준, 이상적인 본보기 지방도시 건설 - 중평남새온실농장과 양묘장, 양덕온천문화휴양지건설 완공 - 원산갈마해안관광지구, 순천린비료공장, 어랑천발전소와 단천발전소 건설 면밀하게 추진 - 금속, 석탄, 건재공업과 경공업을 비롯한 경제 모든 부분이 현저한 장성추세

미국의 전략과 우리(북)의 대응

미국의 전략	대화와 협상의 간판을 걸어놓고 흡진갑진(할 듯 말 듯 애매한 태도를 취하며 쓸데없이 시간만 끄는 모양)하면서, 저들의 정치외교적 잇속을 차리는 동시에 제재를 계속 유지하여 우리의 힘을 점차 소모 약화시키자는 것
향후 정세	- 미국이 우리 국가의 근본 이익과 배치되는 요구를 내대고 강도적인 태도를 취하고 있어, 조미 교착상태는 불가피하게 장기성을 띠게 되어있다 - 근간에 미국이 또다시 대화 재개 문제를 여기저기 들고 다니면서 지속적인 대화 타령을 횡설수설하고 있는데 이것은 애당초 대조선 적대시 정책을 철회하고 관계를 개선하며 문제를 풀 용의가 있어서가 아니라 사면초가의 처지에서 우리가 정한 연말 시한부를 무난히 넘겨 치명적인 타격을 피할 수 있는 시간벌이를 해보자는 것일 뿐 - 대화타령을 하면서도 우리 공화국을 완전히 질식시키고 압살하기 위한 도발적인 정치군사적, 경제적 흉계를 더욱 노골화하고 있는 것이 날강도 미국의 이중적 행태 - 세기를 이어온 조미대결은 오늘에 와서 자력갱생과 제재의 대결로 압축. 핵 문제가 아니고라도 미국의 군사 정치적 위협은 끝나지 않을 것
우리의 대응	- 우리는 결코 파렴치한 미국이 조미대화를 불순한 목적 실현에 악용하는 것을 절대로 허용하지 않을 것이며, 이제껏 우리 인민이 당한 고통과 억제된 발전의 대가를 깨끗이 다 받아내기 위한 충격적인 실제 행동에로 넘어갈 것 - 우리에게 있어서 경제건설에 유리한 대외적 환경이 절실히 필요한 것은 사실이지만 결코 화려한 변신을 바라며 지금껏 목숨처럼 지켜온 존엄을 팔 수는 없다 - 미국과의 장기적 대립을 예고하는 현 정세는 우리가 앞으로도 적대세력의 제재 속에서 살아가야 한다는 것을 기정사실화하고, 각 방면에서 내부적 힘을 보다 강화할 것을 절박하게 요구하고 있음 - 적과의 치열한 대결은 항상 자체의 역량강화를 위한 사업 동반하며, 자기를 강하게 만드는 사업이 선행되어야 주동에 서서 승리를 쟁취할 수 있음

정면돌파전

김정은 총비서는 전원회의 보고에서 고생과 투쟁이 없이는 위대한 승리를 가질 수 없으며, 혁명의 승리는 필연적이지만 그 어떤 장애도 곤란도 없이 성취되는 것은 아니라고 밝히면서 다음과 같이 정면돌파전을 제기했다.

『적대세력들의 제재 압박을 무력화시키고 사회주의 건설의 새로운 활로를 열기 위한 정면돌파전을 강행해야 합니다. 정면돌파전은 우리 혁명의 당면임무로 보나 전망적인 요구로 보나 반드시 수행해야 할 시대적 과제입니다. 만일 우리가 제재해제를 기다리며 자강력을 키우기 위한 투쟁에 박차를 가하지 않는다면 적들의 반동 공세는 더욱 거세어질 것이며 우리의 전진을 가로막자고 덤벼들 것입니다. 우리가 자체의 위력을 강화하고 자력갱생, 자급자족의 값진 재부들을 더 많이 창조할수록 적들은 더욱더 커다란 고민에 빠지게 될 것이며 사회주의 승리의 날은 그만큼 앞당겨질 것입니다. 모든 당조직들과 일군들은 시대가 부여한 중대한 임무를 기꺼이 떠메고 자력갱생의 위력으로 적들의 제재봉쇄 책동을 총파탄시키기 위한 정면돌파전에 매진하여야 합니다.

《우리의 전진을 저애하는 모든 난관을 정면돌파전으로 뚫고 나가자!》, 이것이 오늘 전당과 전체 인민이 들고 나가야 할 투쟁구호입니다.』(조선로동당 중앙위원회 제7기 5차 전원회의

보고에서 인용)

북에서는 정면돌파전을 주제로 한 우표를 발행했다

정면돌파전이란 무엇이며, 그것을 제기한 취지는 무엇일까? 정면돌파전이란 전진도상에 가로놓인 난관을 오직 자력갱생의 힘으로 뚫고 나가는 것을 말한다. 그것을 제기한 취지에 대해 로동신문 사설에 다음과 같이 실명하고 있다.

『이번 전원회의의 기본사상, 기본정신은 정세가 좋아지기를 앉아서 기다릴 것이 아니라 정면돌파전을 벌려야 한다는 것이다. 다시 말하여 미국과 적대세력들이 우리가 편하게 살도록 가만 두리라는 꿈은 꾸지도 말아야 하며 사회주의 건설의 전진도상에 가로놓인 난관을 오직 자력갱생의 힘으로 정면 돌파해야 한다는 것이다.』(로동신문 2020년 1월 3일자 사설에서 인용)

김정은 총비서는 보고에서 정면돌파전의 기본전선은 경제전선이라고 밝히고, 나라의 경제토대를 재정비하고 가능한 생산 잠재력을 총발동하여 경제발전과 인민생활에 필요한 수요를 충분히 보장하는 것을 당면과제로 제시했다. 한마디로 제재 해제에 대한 기대를 접고, 장기적 제재가 계속되는 것을 전제로, 오직 자체의 힘과 기술력으로 경제발전의 돌파구를 열어나가자는 것이다. 그렇다면 과연 그럴 수 있겠는가? 가혹한 제재가 계속되고, 부족한 것도 없는 것도 많고 수많은 난관이 가로놓여 있는데, 어떻게 경제발전을 이룩하고 경제 강국으로 도약할 수 있겠는가? 북은 일심단결의 불가항력, 불패의 군력, 자립적 민족경제의 토대, 과학기술의 힘에 의거하면 돌파하지 못할 난관이란 없다고 보고 있다. 바로 이 점이 북 사회의 기본 특징이라고 볼 수 있다.

북은 정면돌파전 이야말로 주도권을 틀어쥐고 주동적인 공격으로 난국을 유리하게 바꿔 나가는 투쟁방식이며 전진방략이라고 말한다. 또한 도전과 난관의 근원을 뿌리째 제거하기 위한 혁명적이며 적극적인 공세라고 본다. 그러나 무엇보다 정면돌파전은 당면 임무로 보나 전망적 요구로 보나 반드시 수행해야 할 시대적 과제라 본다. 왜 그렇게 보는가? 미국이 마지막 수단으로 삼고 있는 것이 제재무기인데, 이것을 무용지물로 만들고 그들을 완전히 굴복시키지 않는 한 정세완화나 정상적 경제발전이란 있을 수 없다는 것이다. 만약 미국의 제재완화에 미련을 갖고 자강력을 키우기 위한 투쟁에 박차를 가하지 않는다면 미국의 공세는 더욱 거세져 더 큰 위기로 빠져들게 될 것이다. 반대로 정면돌파전으로 주체적 힘, 내적 동력을 크게 강화하고 자력갱생, 자급자족의 성과들이 더욱 더

풍성해질수록 미국은 더욱 궁지에 빠지게 될 것이다. 그렇기 때문에 정면돌파전은 반드시 수행해야 할 투쟁의 방략이며, 승리를 개척해 나가는 유일한 활로라는 것이 북의 결론이다.

정면돌파전은 과연 승산이 있는 투쟁방략인가? 이에 대해 북은 승산이 확고한 투쟁이라고 보고 있다. 왜 그러한가? 최근 년 간 다른 나라 같으면 하루도 지탱할 수 없을 만큼의 살인적인 제재 압박 공세가 퍼부어졌지만 나라의 발전 잠재력을 말살할 수 없었으며, 나라의 위상과 영향력도 더욱 강화되었다. 그리고 시간도 미국의 편이 아니었다. 앞으로 미국이 시간을 끌면 끌수록, 북미관계의 결산을 주저하면 할수록 속수무책으로 당할 수밖에 없을 것이며, 더욱 더 궁지에 빠져들게 될 것이라는 게 북의 견해이다.

무엇보다 승산 있는 투쟁인 까닭은 북의 인민들의 한결같은 요구이며 지향이기 때문이라고 본다. 대부분의 사람들이 난관을 맞받아 나가는 공격전은 당의 영도 따라 장구한 혁명노정에서 체질화되고 일관되게 견지해온 투쟁방식으로 백승의 보검이라고 생각한다. 북 인민은 미증유의 장기적이고 가혹한 환경과 투쟁 속에서 지금 당장은 경제적으로 화려하게 변화시키지는 못해도, 먹고 입고 쓰는 문제를 풀 수 있는 자기 식의 길을 찾았다. 자체의 힘으로 살아가는 법, 적과 난관을 이기는 법, 자기의 존엄과 권리를 지키는 법을 배웠으며, 더 강하게 성장했다. 이러하기 때문에 정면돌파전에서 반드시 승리할 것이라고 대부분의 북의 인민들은 생각하고 있다.

4부

전면적 발전의 시대로 접어들다

평양 '창전거리'

조선로동당 제8차 대회

조선로동당 제8차 대회가 2021년 1월 5일~12일 평양 4.25문화회관에서 열렸다

조선로동당 제8차 대회가 2021년 1월 5일 오전 9시에 4.25 문화회관에서 개최되었다. 대회는 1월 12일까지 무려 8일 동안 계속되었다. 대회 안건은 △조선로동당 중앙위원회 사업 총화 △조선로동당 중앙검사위원회 사업 총화 △조선로동당 규약개정에 대하여 △조선로동당 중앙지도기관 선거 네 가지였다. 대회진행은 개회사 → 사업보고 → 사업총화 토론 → 조선로동당 중앙검사위원회 사업 총화 보고 및 토론, 결정서 채택 → 조선로동당 규약개정 토론 결정서 채택 → 중앙지도기관 선거 토의 → 조선로동당 중앙위원회 8기 1차 전원회의 → 당 대회 초안 작성위원회 선출 → 부문별 협

의회 진행 → 김정은 총비서의 결론 → 결정서《조선로동당 중앙위원회 제7기 사업총화보고에 제시된 과업을 철저히 관철할 데 대하여》채택 → 폐회사 순으로 무려 8일에 걸쳐 진행되었다.

1절 _ 주목되는 개회사

2020년 8월 19일 조선로동당 중앙위원회 제7기 6차 전원회의가 조선로동당 본부청사에서 열렸다. 회의에서는 혁명발전과 변화된 정세의 요구에 기초해 새로운 투쟁노선과 전략전술적 방침을 제시하고 당을 조직사상적으로 더욱 강화하기 위해 조선로동당 제8차 대회를 2021년 1월에 소집하기로 결정했다.

이날 회의에서 김정은 총비서는 매우 중요한 발언을 했다. 첫째는 총화의 주된 방법에 대해 새롭게 제시했다. 물론 성과도 정확히 평가해야겠지만, 그 보다는 사업과정에서 나타난 편향과 결함을 전면적, 입체적, 해부학적으로 분석 총화하자고 제안했다. 둘째는 당의 최고기관인 당 대회를 정기적으로 소집하고, 당의 노선과 전략전술적 대책을 확정하며, 그 집행을 담보할 수 있는 당의 지도기관을 정비 보강해야 한다고 말했다. 셋째는 당 8차 대회에서는 2023년 사업방향을 포함한 새로운 국가경제발전 5개년 계획을 제시할 것이라고 언명했다.

북에서 당의 최고 지도기관인 당 대회 소집은 통상 4~6개월 전에 결정한다. 그 기간 동안 아래 단위(초급 당조직)에서부터 당원 총회를 소집해 이전 당 대회이후의 전체적 활동을 집중적으로 평가 분석하고 그에 기초해서 당 활동 목표와 방향, 그리고 새로운 당 지도기관을 선출한다. 이처럼 아래 단위에서부터 윗 단위까지 총회를 진행하고 최종적으로 당 대회를 연다.

이러한 과정을 거쳐 2021년 1월 5일 조선로동당 제8차 대회가 평양 4.25 문화회관에서 오전 9시에 개막되었다. 김정은 총비서가 개회사를 했는데, 여기에는 대회 개최의 취지와 준비 과정, 대회 규모가 담겨있다. 이것을 도표로 정리하면 다음과 같다.

조선로동당 제8차 대회에서 개회사를 하고 있는 김정은 총비서

개최 취지	- 조선로동당 제8차대회를 <일하는 대회, 투쟁하는 대회, 전진하는 대회>로 되게 할 것을 만천하에 천명; 총결기간 중앙위 사업을 엄정히 총화하고 우리식 사회주의건설에서 새로운 승리를 쟁취하기 위한 정확한 투쟁방향과 임무를 다시 명백히 확정하며, 실제적 대책을 마련하겠다는 것을 약속한 것 - 총결기간 동안 성과는 적지 않지만, 내세웠던 목표는 거의 모든 부문에서 엄청나게 미달 - 현존하는 첩첩난관을 가장 확실하게, 가장 빨리 돌파하는 묘술은 바로 우리 자체의 힘, 주체적 역량을 백방으로 강화하는 데 있음 - 결함의 원인을 객관이 아니라 주관에서 찾고 주체의 역할을 높여 모든 문제를 풀어나가는 원칙으로부터 이번 당 대회에서는 총결 기간 얻은 경험과 교훈, 범한 오류를 전면적으로 깊이 있게 분석 총화하고 그에 기초하여 우리가 할 수 있고 반드시 해야 할 과학적인 투쟁 목표와 투쟁 과업을 확정하고자 함 - 당 제8차대회가 투쟁의 대회로서 자기 사업을 실속 있게 하고 옳은 로선과 전략전술적 방침들을 내놓으면 조선혁명은 새로운 도약기, 고조기를 맞이하게 될 것. 또한 이 대회를 분수령으로 하여 국가의 부흥발전과 인민의 행복을 위한 조선로동당의 투쟁은 새로운 단계에로 이행하게 될 것
준비 과정	당중앙위원회는 이번 대회를 일하는 대회, 투쟁하는 대회, 전진하는 대회로 실속 있게 준비하기 위하여 ● 우선 당 제7차 대회 결정 집행 정형을 전면적으로, 입체적으로, 세부적으로 분석 총화하고 앞으로의 전진 발전을 위한 경험과 교훈을 찾는 사업 진행 - 비상설 중앙검열위원회 조직, 아래에 파견, 실태요해, 현장에서 일하는 노동자, 농민, 지식인 당원들의 의견 청취 - 요해사업: 소조를 도에 파견해 실태 파악 후 성, 중앙기관에 방향별 부문별로 내보내, 전격적으로, 전면적으로, 구체적으로 진행토록 함 - 요해 검열사항: 7차대회 결정 관철에서 잘못한 것은 무엇인가, 할 수 있는 것을 하지 않고 태공한 것은 무엇인가, 실리적으로 한 것은 무엇이고 형식적으로 한 것은 무엇인가, 잘못한 것이 있다면 그 원인은 무엇인가, 당적지도에서의 결함은 무엇인가 하는 것을 비롯하여 그 진상을 빠개놓고 투시함

준비 과정	• 중앙당 부서들과 전국의 당 조직들이 지난 5년간의 사업 정형을 총화한 자료들과 함께 앞으로의 투쟁 목표와 계획에 대한 혁신적이며 구체적인 의견들을 당중앙위원회 정치국과 대회 준비위원회에 제기하여옴 • 당 대회 준비사업의 일환으로 지난 5년간의 당 재정사업을 분석 총화하고 개선대책을 연구하는 사업도 진행 • 당 규약에서 지난 시기의 낡은 것, 남의 것을 기계적으로 답습하여 현실과 맞지 않았던 문제들을 혁명 발전의 요구와 주체적 당 건설 원리에 맞게 바로잡기 위한 심도 있는 연구 진행 • 7기 당중앙지도기관 성원들의 사업정형을 전면적으로 요해하고 당의 강화발전과 혁명 사업에 이바지한 정도 평가
대회 규모	- 대회에는 제7기 당중앙지도기관 성원 250명과 전당의 각급 조직들에서 선출된 대표자 4,750명이 참가 - 대표자구성; 당, 정치일꾼 대표 1,959명, 국가 행정경제일꾼 대표 801명, 군인대표 408명, 근로단체일꾼 대표 44명이며 과학, 교육, 보건, 문학예술, 출판보도부문 일꾼 대표 333명, 현장에서 일하는 핵심당원 대표 1,455명 - 총대표자가운데 여성대표자는 501명으로서 10% - 방청으로 2,000명이 참가

2절 _ 8차 당 대회 사업 보고

8차 당 대회 사업 보고는 김정은 총비서가 직접 9시간에 걸쳐 보고했다. 북의 언론에 따르면 보고는 7기 중앙위원회 사업 정형을 전면적으로 심도 있게 분석 총화하고 사회주의 건설의 획기적 전진을 위한 새로운 투쟁노선과 전략 전술적 방침을 제시했으며 조국통일과 대외관계를 진전시키고 당 사업을 강화 발전시키는데서 나서는 중요 과업을 제기했다. 특히 당 사업에 나타난 심중한 결함을 인정하고 당과 국가사업 전반을 혁신하는 방도를 제시했다. 보고의 핵심은 우리 자체의 힘, 주체적 역량을 백방으로 강화해 현존하는 위협과 도전을 과감히 돌파하고 사회주의 건설에서 새로운 비약을 일으키며 확실한 전진을 이룩해야 한다는 것으로 요약된다. 사업 총화보고는 △총결기간 이룩된 성과 △사회주의 건설의 획기적 전진을 위하여 △조국의 자주적 통일과 대외관계 발전을 위하여 △당 사업의 강화발전을 위하여 라는 체계로 이루어졌다.

1. 총결 기간 이룩된 성과

김정은 총비서는 이 부분 서두에서 당 7차 대회 이후 부딪힌 모든 장애를 승리로 전환시키기 위한 공격 투쟁을 벌였으며, 그 과정에서 새로운 발전의 시대, 우리국가제일주의 시대를 열어 놓았다고 밝혔다. 그는 우리국가제일주의 시대는 "조선로동당이 역사의 온갖 도전을 과감히 맞받아 인민을 위함에 일심전력하고 자체의 힘을 완강히 증대시킨 결과로써, 국가의 존엄과 지위를 높이기 위한 결사적인 투쟁의 결과로써 탄생한 자존과 번영의 새 시대" 라고 천명했다. 보고 내용을 요약 정리해 본다.

■ 인민대중제일주의 정치를 구현하는 과정에 이룩된 성과

- 지난 5년간 투쟁에서 이룩된 가장 빛나는 성과는 혁명의 제일 동력인 정치사상적 힘이 비상히 확대 강화된 것
- 총결 기간 인민대중제일주의정치를 당의 존망과 사회주의의 성패를 좌우하는 근본문제, 기본 정치방식으로 전면에 내세우고 강력히 일관하게 실시
  - 당과 인민의 일심단결 강화, 주체를 강화하고 그 역할을 높이는 데서 뚜렷한 성과 거둠. 총결기간 영도사상의 중핵;《모든 것을 인민을 위하여, 모든 것을 인민대중에게 의거하여!》
  - 혁명전통 교양 강도 높게 진행 ⇒조선혁명가들의 고귀한 투쟁정신과 기질이 확고히 계승되도록 한 것은 총결 기간 거둔 중요한 성과
  - 혁명발전의 원동력을 인민대중의 심장 속에서 찾고 그들의 심장에 불을 다는 인민대중제일주의 정치의 위력은 부닥치는 난국과 정세변화에 대처하여 인민들의 정신력과 창조력을 최대로 발동하는 데서 집중적으로 표현
- 당과 국가의 모든 사업이 인민에 대한 헌신복무로 철저히 일관
- 인민대중제일주의 정치에 의하여 혁명의 정치사상 진지가 튼튼히 다져지고 어떤 장애와 도전도 뚫고나갈 수 있는 불가항력적 힘이 축적되었으며 인민대중 중심의 우리 식 사회주의의 우월성과 생활력이 뚜렷이 부각됨

■ 당과 인민이 자체의 힘을 증대시키기 위한 투쟁에서 이룩된 성과

- 지난 5년간의 투쟁은 자력갱생을 자존과 자강의 생명선으로, 강력한 발전동력으로 틀어쥐고 겹쌓이는 난관을 뚫고 헤치며 새로운 활로를 열어나가기 위한 적극적인 공격전
- 자력갱생 전략은 적의 제재 책동을 자강력 증대, 내적 동력 강화의 절호의 기회로 반전시키는 공격적 전략으로, 사회주의 건설에서 항구적으로 틀어쥐고 나가야 할 정치노선으로 심화 발전됨
- 자력갱생은 주체 조선의 국풍으로, 조선 혁명의 유일무이한 투쟁정신으로 더욱 공고화됨

■ 경제건설 분야에서 이룩된 성과

- 전략목표에 도달하지는 못했지만, 자체의 힘으로 경제발전을 지속시킬 수 있는 소중한 밑천이 마련됨
  - 우리식 사회주의의 존립의 물질적 기초이고 생명선인 자립적 민족경제, 사회주의 경제의 기틀을 견지하고 그 명맥을 고수함
  - 경제 사업에 대한 국가의 통일적 지도와 전략적 관리를 강화하기 위한 혁명적 조치를 취하고 경제 분야에서 사회주의 원칙을 견결히 고수하도록 함으로써 경제전반을 재정비하고 공고 발전시켜 나갈 수 있는 새로운 잠재력을 축적함
  - 건설 사업을 힘 있게 추진해 나라의 면모를 크게 일신시킴
  - 농업부문에서 과학농사, 다수확 열풍을 일으켜 알곡생산량을 전례 없이 높이는 성과를 거둠
  - 금속공업과 화학공업에서 주체화, 자립화 실현을 위한 돌파구를 열고, 전력, 석탄, 기계, 철도운수 부문을 추켜세우고 정보통신분야를 발전시키기 위한 기술 준비와 토대 축성에서 성과가 이룩됨
  - 경공업 부문에서 주요 공장, 기업소를 개건해 인민소비품의 질과 생산량을 높일 수 있는 잠재력 확보, 수산부문에서 생산을 계통적으로 성장시킬 수 있는 토대 구축
  - 100여만 정보의 산림이 새로 조성됨
  - 과학기술 분야에서 국가 중점대상 과제를 포함한 가치 있는 과학기술 성과들과 발명이 이룩됨
  - 보건부문의 물질기술적 토대 강화, 위생방역 부문의 정연한 사업 체계와 토대가 확립
- 5년간의 투쟁에서 이룩된 성과들은 장기간의 극악한 제재 봉쇄와 혹심한 재난 속에서 자력으로 이루어 낸 것으로 평온한 시기의 경제건설 숫자에 비할 수 없는 몇십 배의 강력한 분발력, 발전력의 결실이며, 난관을 뚫고 축적한 자강의 억센 힘이 있기에 사회주의 강국을 지향하며 나가는 장엄한 진군은 더 방대한 폭과 심도로 더 세차게 가속화될 것임

■ 핵전쟁 억제력과 자위적 국방력 강화 투쟁에서 이룩된 성과

- 핵무력 건설대업을 완성하는 것은 선차적으로 점령해야할 전략적이며 지배적 고지
  - 조선혁명의 특수성과 지정학적 특성은 핵무력 건설을 강행 추진할 것을 요구함
  - 당 중앙은 강행돌파전 작전, 병진노선 관철 추진, 국방과학자들과 핵 과학자들을 참다운 혁명가, 애국자, 결사대로 준비시키기 위한 사상전 조직 전개
  - 당 중앙의 탁월한 영도활동은 조선로동당식 전략무기 탄생을 낳은 기적의 역사를 창조함
- 보고에서는 핵무력의 현대화 목표 달성을 지향한 완전히 새로운 핵능력을 갖추기 위한 혁명적 대전환을 주도한 역사적 과정을 상세히 언급함
  - 《화성포》계열의 중거리, 대륙간 탄도로케트들과 《북극성》계열의 수중 및 지상발사 탄도로케트들이 특유한 작전적 사명에 맞게 우리 식으로 탄생⇒완전무결한 핵 방패를 구축하고, 그 어떤 위협에도 대응할 수 있는 강력하고 믿음직한 전략적 억제력을 굳혀 나갈 수 있게 함
  - 총결기간 핵기술이 더욱 고도화되어, 핵무기 소형경량화, 규격화, 전술무기화 실현, 초대형 수소탄 개발 완성, 2017년 11월 29일 화성 15형 시험발성 대성공으로 국가 핵무력 완성의 역사적 대업, 로케트 강국 위업 실현 선포. 핵무력 완성은 병진노선 제시 후 4년 만에 실현한 것은 역사에 다시없는 기적이며, 제7기 중앙위원회의 가장 의의 있는 민족사적 공적
  - 핵무력 완성 선언이후에도 핵무력 고도화를 위한 투쟁에서 거대하고도 새로운 승리 쟁취. 더 강력한 핵탄두와 탄두조종능력이 향상된 전 지구권 타격로케트 개발 성공
- 보고는 국방과학부문에서 첨단무기 체계를 연속 개발 완성함으로써 군사기술적 강세를 불가역적인 것으로 되게 하고 전쟁억제력, 전쟁 수행 능력을 최상의 경제에 올려 세운 데 대해 총화
  - 초강력 다연발 공격무기 초대형 방사포 개발 완성, 상용탄두위력이 세계를 압도하는 신형전술로케트와 장거리 순항미사일 등 첨단전술무기 개발
  - 우리식 주력 탱크 개발, 반항공로케트종합체, 자행평곡사포, 반장갑무기 세계적 수준에서 개발

- 총결 기간 다탄두 개별 유도 기술을 더욱 완성하기 위한 연구 사업을 마감 단계 진행, 극초음속 활동비행전투부 시험 제작 준비
- 핵잠수함 설계연구 종료, 최종 심사 중, 각종 전자무기, 무인타격장비, 정찰탐지수단, 군사정찰 위성 설계완성
- 국방과학부문, 군수공업부문에서 이룩된 대담한 도약은 우리의 국가방위력을 세계의 전렬에 당당히 올려 세운 동시에 전반적 조선혁명을 상승시키기 위한 당 중앙의 전략적 구상 실현에서 거대한 의의를 가진다고 보는 평가

■ 보고에서는 총결기간 인민군대를 최정예화, 강군화하기 위한 사업에서 커다란 전진이 이룩된데 대하여 총화

■ 명실 공히 세계적인 핵 강국, 군사 강국으로 부상, 대국들이 국가와 민족의 이익을 제멋대로 흥정하려 들던 시대를 영원히 끝장냄. 존엄 높은 강대한 나라에서 영원히 전쟁의 참화를 모르고 번영과 행복을 마음껏 창조해 나갈 수 있게 한 것이야말로 경애하는 제7기 중앙위원회가 당 대회 결정 관철에서 이룩한 가장 뜻깊고 긍지 높은 대승리

■ 핵대외적 지위가 비약적으로 상승

- 병진노선 승리 이후 적극적 대외활동으로 국가의 존엄과 위상을 높은 경지에 올려 세움
    - 대외환경은 엄혹했으나 자주적 대를 더욱 강하게 견지하면서 나라의 최고이익과 존엄을 건드리려는 그 어떤 시도도 단호히 배격하고, 혁명적 원칙을 추호도 양보하지 않았으며, 이것은 자주권을 그 누구도 침해할 수 없고 자주권 존중을 떠난 관계 개선이란 절대로 있을 수 없다는 것을 만천하에 각인시킴
    - 대담한 노선전환과 공격적 전략으로 국제사회가 공감하는 평화기류를 조성하고 대화 분위기를 마련했으며 나라의 국제적 지위를 높이기 위한 영활한 대외활동을 조직 영도함
    - 조중관계 발전에 선차적 힘을 넣음으로써 중국과의 친선관계를 새 세기의 요구에 맞게 발전시키고 사회주의를 핵으로 하는 조중 친선관계의 새로운 장을 열어놓음. 5차례의 조중 수뇌회담을 통해 전략적 의사소통과 상호이해를 깊이하고 두 당사이의 동지적 신뢰를 두터이 함으로써 조중관계를 새롭게 강화 발전시킬 수 있는 확고한 담보를 마련함

> - 러시아와의 친선관계를 확대 발전시킬 수 있는 초석 마련
> - 쿠바와 평양수뇌상봉과 베트남과의 하노이 수뇌상봉을 통해 사회주의 위업실현을 위한 공동투쟁에서 검증된 쌍무관계를 특수한 동지적 관계, 전략적 관계를 승화 발전시킴으로써 사회주의 나라들과의 단결과 연대성을 비상히 강화함
> - 조미(북미) 사이의 역학관계를 극적으로 변화시켜 국가의 존엄과 위상을 훌륭히 과시함
>   - 첫 조미 수뇌회담에서 자주적 대를 갖고 조미관계 수립을 확약하는 공동선언 채택
>   - 공화국의 전략적 지위를 만천하에 시위한 여러 차례의 조미 수뇌회담은 세계 정치사의 특대사변
> - 공화국의 전략적 지위와 위상을 크게 올려 세웠으며, 이것은 조선로동당의 존엄과 권위, 위대한 우리 인민의 지위를 상징. ⇒ 당과 인민이 장기간에 걸친 피어린 투쟁으로 안아온 고귀한 결실이며, 당과 인민의 위대한 단결이 낳은 거대한 역사적 기적

2. 사회주의 건설의 획기적 전진을 위하여

1) 국가경제발전 5개년 전략 수행의 결함과 교훈

8차 당 대회 사업 보고 「사회주의 건설의 획기적 전진을 위하여」부분의 특징은 국가사업 전반을 결함과 교훈을 위주로 분석 총화하면서 향후 중요 과업을 제기하는 방식으로 진행되었다는 점이다.

보고에서는 혹독한 대외, 대내 정세가 계속되고 예상치 않았던 도전들이 연이어 나타나는 데 맞게 경제 사업을 혁명적으로 개선해야 했는데 그러지 못했다. 이로부터 국가 경제의 성장목표가 매우

미달되었으며, 인민생활 향상에서 뚜렷한 진전을 달성하지 못했다고 평가했다.

물론 객관적으로는 최악의 야만적 제재와 봉쇄, 혹심한 자연재해, 세계적 보건위기로 인해 국가경제발전 5개년 전략에서 세워두었던 국가적 투자가 제대로 실행되지 못했기 때문에 경제발전의 성장목표가 미달되었다. 하지만, 이런 평가에만 그친다면 객관적 조건이 불리하면 아무 일도 할 수 없고, 주체의 작용과 역할이 필요 없게 되며, 불리한 외적 요인이 없어지지 않는 한 혁명 투쟁과 건설 사업을 진전시켜 나갈 수 없다는 결론에 떨어지게 된다. 보고서에서는 이렇게 지적하면서, 그러한 객관적 요인 말고 5개년 전략 수행이 미달된 진짜 원인(주체적 요인)을 다음과 같이 밝혀 놓았다.

- 국가경제발전 5개년 전략이 과학적인 타산과 근거에 기초하여 똑똑히 세워지지 못했다.
- 과학기술이 나라의 경제 사업을 견인하는 역할을 하지 못했다.
- 불합리한 경제사업 체계와 질서를 정비 보강하기 위한 사업이 제대로 추진되지 않았다.

보고에서는 지금까지 만연되어 온 그릇된 사상관점과 무책임한 사업 태도, 무능력을 그대로 두고서는 그리고 지금과 같은 구태의연한 사업방식을 가지고서는 언제 가도 나라의 경제를 추켜세울 수 없다고 지적하였다. 그리고 다음과 같은 방향을 제시했다.

- 당과 국가의 전반 사업을 새로운 혁신, 대담한 창조, 부단한 전진을 지향하고 장려하는 데로 확고히 전환한다.
- 우리의 전진을 구속하는 낡은 사업체계와 불합리하고 비효율적인 사업방식, 장애물들을 단호히 제거하기 위한 조치를 강구한다.
- 이렇게 함으로써만 국가경제의 전망목표를 달성할 수 있고, 인민들에게 실제 복리를 가져다 줄 수 있는 혁명 사업으로 되게 할 수 있다.

2) 향후 5년간 경제 분야의 투쟁전략과 총적 방향, 중심 과업

① 투쟁전략; 정비 전략, 보강전략
 - 경제사업 체계와 부문들 사이의 유기적 연계 복구 정비
 - 자립적 토대를 다지기 위한 사업 추진
 - 목적; 경제를 그 어떤 외부적 영향에도 흔들림 없이 원활하게 운영되는 정상궤도에 올려 세우는 것
② 총적 방향; 경제발전의 중심 고리에 역량을 집중해 인민경제 전반을 활성화하고 인민생활을 향상시킬 수 있는 튼튼한 토대를 구축하는 것
③ 중심과업
- 금속공업과 화학공업을 관건적 고리로 틀어쥐고 투자를 집중
- 인민 경제 모든 부문에서 생산을 정상화
- 농업 부문의 물질 기술적 토대를 강화하고, 경공업 부문에 원료자재를 원만히 보장해 인민소비품 생산을 늘이는 것

3) 새로운 5개년 계획

기본 전제		△ 내각이 경제사령부서로서 내각책임제, 내각중심제를 철저히 관철할 것 △ 국가 경제의 주요 명맥과 전일성을 강화하기 위한 사업을 강하게 추진할 것 △ 경제 관리를 결정적으로 개선할 것 △ 과학기술의 힘으로 생산정상화와 개건 현대화, 원료 자재의 국산화를 적극 추동할 것 △ 대외경제활동을 자립경제의 토대와 잠재력을 보완, 보강하는 데로 지향시킬 것
초점		△ 현실적 가능성 고려, △ 경제자립구조 완비, △ 수입의존도 축소, △인민생활 안정
기본 종자		△ 자력갱생: 국가적 자력갱생, 계획적 자력갱생, 과학적 자력갱생, △ 자급자족
주요 부문별 현황과 정비 발전 방향	기간 공업	△ 금속공업: 주체철 생산체계 기술적 완성과 능력 확장(에너지 절약형 새로운 제철로 건설을 통한 능력 확장), 갈탄 이용 선철 생산 문제의 과학기술적 해결 △ 화학공업: 화학공업구조 개선(첨단기술의 명맥 장악, 화학공업구조의 주체공업으로 전환) △ 전력생산: 중장기적 전략(조수력발전소 건설에 집중, 핵동력공업 창설 본격적 진입계획) △ 석탄생산: 유연탄공업발전에 힘을 넣을 것 △ 기계공업: 기본과업은 나라의 기계공업을 기초가 든든한 공업으로 만들고, 개발창조형 공업으로 방향을 전환하는 것
	교통 운수	△ 철도운수 기본 목표: 철도현대화 적극 추진 △ 육해운 부문: 대형화물선 제조, 자동차통합운수관리체계 구축, 수송지휘의 정보화 실현 △ 새 형의 지하전동차, 무궤도전차, 궤도전차, 여객버스 다량생산

주요 부문별 현황과 정비 발전 방향	건설 부문	△ 기본과업: 살림집건설을 비롯한 기본 건설의 대대적 진행 △ 산업건설과 인민의 물질문화적 요구 보장 건설의 동시 진행 △ 평양시 5만 세대 살림집 건설, 검덕지구 25,000세대 살림집 건설 △ 건재공업 발전 과업: 800만톤 시멘트 생산 달성 △ 영탄소 건물, 영에너지 건물 다량 건설
	체신	△ 통신 하부구조의 기술 갱신, △ 차세대이동통신으로 이행
	상업 부문	△ 가장 긴급하고 절실한 문제: 국영상업을 발전시키고, 급양 편의 봉사의 사회주의적 성격을 살리는 것 △ 주요 과제: 상업봉사활동 전반에서 국가의 주도적 역할, 조절통제력을 회복하고 인민을 위하여 복무하는 사회의 상업의 본태를 살펴나가는 것 △ 상업봉사단위는 올바른 경영전략을 갖고 상업봉사활동에서 인민성, 문화성, 현대성, 다양성을 구현해 우리식 새로운 사회주의 봉사문화를 창조해 나가야 함
	경제 관리 개선	△ 우리 국가 경제는 자립경제, 계획경제, 인민을 위해 복무하는 경제 △ 국가의 경제조직자적 기능 향상, 생산물에 대한 통일적 관리 실현 △ 사회주의 경제 관리의 근본요구, 근본 방향은 사회의 주인인 인민대중을 중심에 놓고 인민들의 요구와 이익을 우선시하는 것. 원가저하와 질 제고를 경제관리 개선의 기본으로 틀어쥐고 나가야 함 △ 국가의 통일적 지도를 실현하기 위한 기강을 바로 세우고, 국가적인 일원화 통계체계를 강화하며, 국가경제의 명맥을 추켜세우기 위한 사업을 올바로 전개하고, 공장 기업의 경영활동 조건을 개선해야 함 △ 전인민경제적 범위에서 경제적 효율을 높일 수 있도록 생산력을 합리적으로 재배치하며, 경제 부문들의 약한 고리들을 찾아내고 경제의 균형적 발전에 절실한 부분들을 보강해야 함

인민 생활 향상		△ 농업 　- 중심목표: 당이 이미 제시한 알곡 고지 무조건 점령하고 농업의 지속적 발전을 위한 물질기술적 토대를 구축하는 것 　- 농업생산 중대 전략적 과업: 종자혁명, 과학농사, 저수확지에서 증산, 새땅찾기와 간석지 개간, 농산과 축산, 과수 발전, 농촌경리의 수리화 기계화 △ 경공업 　- 원자재의 국산화, 재자원화를 생명선으로, 주된 방향으로 　- 현대화를 다그치며, 약한 부문들과 공정들을 보강하고, 없는 부문과 공정을 갖추면서 부단히 살을 붙일 것 　- 선질 후량의 원칙에서 제품의 질을 높이며, 새 제품개발에 힘을 넣을 것 △ 수산 　- 인민들의 식생활과 직결된 3대 부문의 하나로 규정 　- 어선과 어구의 현대화, 어로의 과학화, 수산사업소와 선박수리기지 구축
시군 강화 사업		△ 총적목표: 모든 시, 군을 문명 부강한 사회주의국가의 전략적 거점으로, 자기 고유의 특색을 가진 발전된 지역으로 만드는 것 △ 지역적 특성에 부합되는 발전전략과 전망목표를 현실성 있게 잘 세우고, 목적의식적으로 계획적으로 연차적으로 완강하게 실현함 △ 《새로운 승리를 향하여》라는 구호를 높이 들고 사회주의농촌건설에 힘을 넣어 농촌 특유의 문화발전, 우리 식의 새로운 발전을 이룩하여야 함 △ 전망목표: 농촌에서 3대혁명을 적극화하고 사회주의 농촌테제를 철저히 관철함으로써 노동계급과 농민의 차이, 공업과 농업의 차이, 도시와 농촌의 차이를 없애는 것 △ 당면과업: 농업근로자의 혁명화 노동계급화를 앞세워, 국가적 지원 강화해, 농촌마을을 지역적 특성이 살아나게 균형적으로 건설하는 것 △ 농촌 핵심진지 강화에 당적 국가적 관심을 돌릴 것

주요 부문별 현황과 정비 발전 방향	국방 공업	△ 핵기술 고도화, 핵무기의 소형경량화, 전술무기화 강화 발전: 전술핵무기 개발, 초대형핵탄두 생산 확대 △ 1만 5,000㎞ 사정권 안의 임의의 전략적 대상들을 정확히 타격 소멸하는 명중률을 더욱 제고하여 핵 선제 및 보복타격 능력을 고도화할 데 대한 목표 제시 △ 극초음속 활공비행전투부(미사일) 개발 도입 △ 수중 및 지상 고체발동기 대륙간탄도로케트개발사업을 계획대로 추진 △ 핵잠수함과 수중발사 핵전략무기 개발 보유 △ 군사정찰위성 운용, 500㎞ 전방 종심까지 정밀 정찰할 수 있는 무인정찰기들을 비롯한 정찰 수단들을 개발하기 위한 최중대 연구사업을 본격적으로 추진 △ 인민군대의 첨단화, 정예화. △ 무장 장비의 지능화, 정밀화, 무인화, 고성능화, 경량화 실현 △ 전민항쟁 준비 완성
	과학 기술 발전	△ 과학기술 발전은 사회주의 건설에서 나서는 중핵적 과제, 최선의 방략 △ 5개년 계획 수행에서 나서는 긴급하고 절실한 과학기술적 문제들을 적극적으로 풀어나가며, 핵심적이며 선진적인 첨단기술 개발을 촉진해야 함 △ 과학기술 발전을 위한 지도와 관리체계를 바로 세움 △ 연구성과 공유와 전민과학기술인재화 실현
	사회 주의 문화	△ 교육: 새 세기 교육혁명 지속 추진, 교원 능력 자질 제고, 교육조건과 환경 일신 △ 보건: 치료 예방기관, 제약 및 의료기구 가공공장 개건, 방역기반 축성 △ 출판보도: 신문, 보도, 방송, 출판 혁명 △ 체육: 체육 선진국 대열 진입

국가사회제도	△ 국가의 인민적 성격 강화, 통일적, 과학적, 전략적 관리 실현, 사회주의 법치국가 건설 요구에 맞게 혁명적 준법기풍 철저 확립 △ 근로단체 조직을 강력한 정치조직으로 강화 △ 근로단체가 사상교양단체로서의 본분에 맞게 동맹내부 사업을 주선으로 틀어쥐고, 당의 혁명사상으로 튼튼히 무장시키며, 청년동맹을 당의 교대자, 후비대로 준비시킬 것

3. 조국의 자주적 통일과 대외 관계 발전을 위하여

1) 조국의 자주적 통일 문제: 남북관계에 대한 조선로동당의 원칙적 입장

① 현 상황
- 중대기로: 심각한 교착상태를 수습하고 평화와 통일로 가는가, 아니면 대결의 악순환과 전쟁의 위험 속에 계속 분열의 고통을 당하는가.
- 남북관계 현 실태: 판문점 선언 이전 시기로 되돌아갔다 해도 과언이 아님, 남북관계 개선 전망 불투명.
- 일방의 노력으로 해결될 문제는 아니며 시간이 되면 저절로 해소될 일도 아님. 엄중한 상황을 더 이상 수수방관하지 말아야 하며 적극적 대책을 강구해야 함.

② 남북관계에 대한 원칙적 입장 천명

- 근본적 문제부터 풀어나가려는 입장과 자세를 가져야 함. 적대행위 일체 중지. 남북선언 성실 이행.
- 대결상황으로 되돌아간 주된 원인: 남측의 이중적이며 공평성이 보장되지 않는 사고관점.
- 지불한 것만큼, 노력한 것만큼 받게 되어 있음. 이전처럼 선의를 보여줄 필요가 없으며, 우리의 요구에 화답하는 만큼, 합의를 이행하기 위해 움직이는 것만큼 상대해 줄 것임. 남측의 태도 여하에 따라 봄날과 같이 새 출발점으로 돌아갈 수 있을 것.

2) 대외관계

① 총결기간 총화와 결론: 불법 무도하게 날뛰는 적대세력과 강권을 휘두르는 대국에 대하여서는 강대강으로 맞서는 전략을 일관하게 견지하여야 한다는 것.
② 대외사업 총적 방향: 국가의 전략적 지위에 상응하게 대외관계를 전면적으로 확대 발전시켜 사회주의 건설을 정치 외교적으로 믿음직하게 담보하는 것.
③ 원칙적 문제
- 당의 존엄 사수, 국위제고, 국익수호를 제일사명으로 틀어쥐고 자주적 원칙을 확고히 견지할 것.
- 적대세력의 책동을 짓부셔 버리고 국가의 정상적 발전권리를 지켜내기 위한 외교전을 공세적으로 전개할 것.
- 주적인 미국을 제압하고 굴복시키는 데 초점을 맞추고 지향시켜 나갈 것; 미국에서 누가 집권하든 미국이라는 실체와 대조선 정책

의 본심은 절대로 변하지 않는다는 것을 유념하고 대미전략을 책략적으로 수립하고 반제자주역량과의 연대를 계속 확대해 나갈 것.
- 사회주의 나라들과의 관계 확대발전, 혁명적 당과 진보정당과의 단결과 협력 강화, 세계적 범위에서 반제공동투쟁을 과감히 전재, 대외적 환경을 더욱 유리하게 전변시켜 나갈 것.
- 한반도와 세계 평화와 안정 수호 의지 표명.

> 이 행성에 우리나라처럼 항시적인 전쟁 위협을 받고 있는 나라는 없으며 그만큼 평화에 대한 우리 인민의 갈망은 매우 강렬하다. 우리가 최강의 전쟁억제력을 비축하고 끊임없이 강화하고 있는 것은 우리 스스로를 지키기 위해서이며 영원히 전쟁이 없는 진정한 평화의 시대를 열어놓기 위해서이다. 우리의 국가방위력이 적대세력들의 위협을 영토 밖에서 선제적으로 제압할 수 있는 수준으로 올라선 것만큼 앞으로 조선반도의 정세 격화는 곧 우리를 위협하는 세력들의 안보불안정으로 이어질 것이다.
> (사업보고 중에서 인용)

- 새로운 조미관계 수립의 열쇠는 미국이 대조선 적대시 정책을 철회하는 데 있다. 강대강, 선대선의 원칙에서 미국을 상대할 것이다.
- 책임적인 핵보유국으로서 침략적인 적대세력이 우리를 겨냥하여 핵을 사용하려 하지 않는 한 핵무기를 남용하지 않을 것임을 다시금 확언.

3절 _ 조선로동당 규약 개정

규약 개정의 취지

> 당 규약은 당 건설과 당 활동의 지침이며 당 조직들과 당원들의 행동규범이고 활동준칙이다.
>
> 조선로동당 규약은 우리 당을 김일성-김정일주의 당으로 끊임없이 강화 발전시키고 혁명과 건설을 힘 있게 전진시켜나가는 데서 중요한 역할을 한다. 당과 혁명 발전의 격변기는 당 규약의 혁신을 요구하며 당 건설과 당 활동의 진일보는 당 규약의 올바른 개정으로부터 시작된다. 당중앙위원회는 혁명 발전의 요구와 당 앞에 나선 새로운 투쟁 과업에 따라 당 사업 발전과 원리에 맞게 당 규약의 일부 내용들을 수정 보충하여 당 제8차 대회의 심의에 제기하였다.

조선로동당 규약 개정의 주요 내용

조선로동당 제8차 대회 5일째 회의(2021년 1월 9일)에서는 세 번째 의제로 《조선로동당규약개정에 대하여》가 제기되었다. 대표자들은 당 규약개정안을 연구 검토한 후 만장일치로 가결했다. 로동신문 1월 10일 자 《조선로동당 제8차 대회에서 조선로동당규약개정에 대한 결정서 채택》이란 제목으로 그 주요 내용을 보도했다. 보도 내용을 발췌 요약하면 다음과 같다.

『개정된 당규약에서는 우리 당의 영원한 지도사상인 위대한 김일성-김정일주의가 더욱 부각되고 당의 최고 강령과 사회주의 기본정치방식이 명백히 규제되었으며 당의 조직형식과 활동 규범들이 일부 수정 보충되었다.

영광스러운 김일성-김정일주의당으로서의 우리 당의 혁명적 성격을 더욱 뚜렷이 밝히는데 중심을 두고 당규약 서문의 일부 내용들이 정리되었다.

서문은 김일성-김정일주의는 주체사상에 기초하여 전일적으로 체계화된 혁명과 건설의 백과전서이며 인민대중의 자주성을 실현하기 위한 실천 투쟁 속에서 그 진리성과 생활력이 검증된 혁명적이며 과학적인 사상이라는데 대하여 정식화하였다. 그리고 김일성-김정일주의를 혁명과 건설의 영원한 기치로 높이 들고 나간다는 데 대하여 성문화함으로써 조선로동당의 창건자, 건설자이시며 영원한 수령이신 위대한 김일성동지와 위대한 김정일동지의 혁명사상과 업적을 변함없이 고수하고 빛내어 나가려는 우리 당의 확고부동한 의지를 반영하였다. 서문은 또한 우리 당의 혁명적 성격과 사명을 더욱 뚜렷이 하기 위하여 당의 최고 강령인 온 사회의 김일성-김정일주의화에 대하여 규제하였다.

우리 국가의 지위와 국력이 근본적으로 변화되고 승리에서 더 큰 승리를 향하여 힘차게 전진하고 있는 혁명 발전의 요구를 반영하여 인민대중제일주의정치를 사회주의 기본정치방식으로 정식화하였다. 이것은 자기 발전의 전 행정에서 인민의 요구와 이익을 첫 자리에 놓고 인민생활을 끊임없이 높이기 위하여 투쟁하여온 조선로동당의 혁명적 본태와 드팀없는 의지의 발현이다.

서문은 당의 당면한 투쟁 과업과 관련한 내용 가운데서 일부분을 수정 보충하였다. 우선 사회주의의 물질기술적 토대를 튼튼히 다지고 사회주의 제도적 우월성을 더욱 공고 발양시키면서 사회주의 완전승리를 앞당기며 공화국 무력을 정치사상적으로, 군사기술적으로 부단히 강화할 데 대한 내용을 보충하였다.

또한 해외동포들의 민주주의적 민족 권리와 이익을 옹호 보장하고 그들을 애국애족의 기치아래 굳게 묶어세우며 민족적 자존심과 애국적 열의를 불러일으킬 데 대한 내용을 새로 명기하였다.

그리고 조국 통일을 위한 투쟁과업 부분에 강력한 국방력으로 근원적인 군사적 위협들을 제압하여 조선반도의 안정과 평화적 환경을 수호한다는 데 대하여 명백히 밝히었다. 이것은 강위력한 국방력에 의거하여 조선반도의 영원한 평화적 안정을 보장하고 조국통일의 역사적 위업을 앞당기려는 우리 당의 확고부동한 입장의 반영으로 된다.』(2021년 1월 10일 로동신문 기사《조선로동당 제8차 대회에서 조선로동당 규약 개정에 대한 결정서 채택》에서 부분 인용)

이 밖에도 규약 본문에서도 일부 수정이 있었다고 밝혔다. 그 내용은 생략한다.

조선로동당 규약 개정의 의미를 둘러싼 논쟁들

2021년 6월 초 조선로동당 규약 전문을 입수했다고 국내 언론들이 일제히 보도했다. 이와 때를 같이하여 제8차 당 대회에서 개정된 규약을 놓고 설왕설래가 많았다. 그중에서 대표적인 몇 가지 쟁점을 소개하고, 그에 대한 견해를 밝힌다.

조선노동당 규약의 '남조선혁명론' 변화

	조선노동당 규약의 '남조선혁명론' 변화
6차 당대회 (1980년 10월 31일)	조선노동당의 당면 목적은…전국적 범위에서 민족해방과 인민민주주의의 혁명과업을 완수하는 데 있으며…
3차 당대표자회 (2010년 9월 28일)	…전국적 범위에서 민족해방민주주의혁명의 과업을 수행하는 데 있으며…
7차 당대회 (2016년 5월 9일)	…전국적 범위에서 민족해방민주주의혁명의 과업을 수행하는 데 있으며…
8차 당대회 (2021년 1월 9일)	…전국적 범위에서 사회의 자주적이며 민주적인 발전을 실현하는 데 있으며…

한겨레신문 2016년 6일 1일 인터넷 판 "북, 76년 지켜온 '남한 혁명통일론' 사실상 폐기" 제목으로 "31일 조선노동당 새 규약의 서문을 확인한 결과, '조선노동당의 당면 목적'으로 제시됐던 '전국적 범위에서 민족해방민주주의혁명 과업 수행'이라는 문구가 삭제됐다"고 보도했다. 그리고 그 의미에 대해 "이는 김일성 주

석이 1945년 12월17일 '민주기지론'(북은 남조선혁명과 조선반도 공산화의 전진기지라는 이론)을 제창한 이래 80년 가까이 유지해온 '북 주도 혁명 통일론'의 사실상 폐기이자, 남북관계 인식 틀의 근본적 변화를 뜻한다"고 해석했다. 한겨레신문 보도를 계기로 이를 둘러싸고 다양한 해석들이 쏟아졌다. 그 중에서 눈에 띄는 견해는 이종석 전 통일부 장관의 "북한이 통일을 지향한다는 것은 맞지 않으며, 남조선 혁명도 포기했다"라는 분석을 들 수 있다.

이러한 분석은 규약 개정 의미를 오독한 그릇된 견해이며, 반대로 통일에 대한 더욱 적극적 의지를 담은 것으로 봐야 할 것이다. 이 점을 이해하려면 2016년 당 대회 보고에서 "나라의 통일을 이룩하는 데는 평화적 방법과 비평화적 방법이 있을 수 있습니다. 우리는 어떤 경우에도 다 준비되어 있지만 조국 강토에서 전쟁이 일어나고 조선 민족이 또 다시 전쟁의 참화를 당하는 것을 바라지 않기 때문에 평화적 통일을 위해 할 수 있는 모든 노력을 다해 왔습니다"라고 말한 바를 상기할 필요가 있다.

기본적으로 민족해방민주주의 혁명은 비평화적 방식에 의한 통일 실현의 길이다. 사실 북은 이때까지만 해도 평화적 방식에 의한 통일 가능성을 높게 보지 않았다. 그런 까닭으로 평화적 방식에 의한 통일 실현을 위해 노력하면서도 규약에서 "전국적 범위에서 민족해방민주주의의 혁명"이란 규정을 계속 유지했던 것으로 보인다. 왜 그렇게 생각했을까? 미국이 한반도에 대한 군사적 지배력이 강한 조건에서 저절로 물러날 리 없다고 봤기 때문이다.

그런데 2017년 11월 29일 핵무력 완성 이후 상황이 달라지고 있다. 북은 당 대회 사업 보고에서 "우리의 국가방위력이 적대세력들의 위협을 영토 밖에서 선제적으로 제압할 수 있는 수준으로 올라선 것만큼 앞으로 조선반도의 정세 격화는 곧 우리를 위협하는 세력들의 안보 불안정으로 이어질 것이다"라고 밝혔다. 이것은 한반도에서 미국의 군사적 지배력이 무너지고 있으며, 미국이 감히 군사력을 동원해서 우리 민족의 자주적 통일 투쟁을 가로막기 어렵게 되었다는 것을 뜻한다. 이제 남과 북이 우리민족끼리 정신에 기초해 화해와 협력, 단결, 단합을 이룩한다면, 미국의 군사적 개입을 자주적 무장력으로 제압하고, 평화적 방식의 통일도 가능해졌다. 이것은 규약상 조국통일을 위한 투쟁 과업 부분에 "강력한 국방력으로 근원적인 군사적 위협들을 제압하여 조선반도의 안정과 평화적 환경을 수호한다"고 밝혀 놓은 데서도 잘 드러난다. 결론적으로 이제는 평화적 방식의 통일도 가능한 정세로 발전했다. 이러한 정세 발전을 반영하여 "전국적 범위에서 민족해방민주주의 혁명의 과업을 수행한다"는 규약을 "전국적 범위에서 사회의 자주적이며 민주주의적 발전을 실현한다"로 바꾼 것이다. 이것은 민족해방민주주의 혁명 과업을 배제한 것이 아니라, 단계적이며 평화적 방식까지 규약상에 포함시켜 놓은 것이라고 해석해야 한다. 좀 더 어려운 이론적 언술로 말한다면, 단계적 평화적 통일방식을 전술적 차원에서 전략적 차원으로 높여 놓았다고 봐야 할 것이다.

이러한 변화의 함의는 무엇일까? 남쪽에서는 이 규약 개정을 놓고 북이 민족해방민주주의 혁명을 폐기했다느니, 사실상 통일을 포기했다느니 하는 해석이 난무하다. 이것은 통일문제의 본질에 대한 무지로부터 초래한 그릇된 견해이다. 북에서 통일문제는 다음과 같이 정의한다.

> 『우리나라의 통일문제는 남조선에 대한 외세의 지배와 간섭을 끝장내고 전국적 범위에서 민족의 자주권을 확립하며 갈라진 민족의 혈맥을 다시 잇고 하나의 민족으로서 민족적 단합을 실현하는 문제이다.』(김정일,「위대한 수령 김일성동지의 조국통일유훈을 철저히 관철하자」, 1997년 8월 4일 발표한 저술)

즉 미군 철수 문제가 가장 본질적인 문제로 된다. 주한미군 철수는 자주통일을 가로막고, 한반도 평화를 위협하는 핵심 장애물 제거를 의미한다. 그렇게 되면 전국적 범위에서 민족의 자주권이 확립되고, 민족의 자주적 통일도 곧바로 실현될 수 있다. 지금 핵무력 완성 이후 북미 역관계에서 근본적 전환이 일어나고, 자주적 통일에 매우 유리한 정세가 조성되고 있다. 이것이 북에서 바라보는 정세관이다. 그런데 이러한 유리한 정세가 도래했는데, 자주통일을 포기한다니 그것이야말로 어불성설이다. 자주통일의 포기가 아니라 변화된 역관계를 적극적으로 활용해 자주통일을 더욱 더 빠르게 촉진시켜 나가겠다는 정책적 의지가 규약의 변화로 표현되어 있다. 결론적으로 2021년 당 대회 규약 개정은 민족해방민주주의 혁명만을 겨냥하지 않고 모든 다양한 가능성(평화적 방식, 비평화적 방식)을 모두 활용해서 자주통일을 아주 빠르게 실현하겠다는 적극적 의지의 산물이다.

4절 _ 최고 지도기관 선거

2021년 1월 10일 6일째 당 대회가 계속되었다. 회의에서는 넷째 의제《조선로동당 중앙지도기관 선거》를 토의하였다.《조선로동당 중앙지도기관 선거세칙》의 해당 조항이 전달되고 당중앙위원회 위원 및 후보위원 선거 절차를 시작하였다. 당중앙위원회 위원, 후보위원 후보자들에 대한 합리적인 추천 방법이 결정되고 후보자 추천과 선거가 진행되었다. 회의에서는 김정은 총비서를 비롯한 138명의 중앙위원과 111명의 후보위원이 선출되었다.

대회는 다음 순으로 당을 대표하고 영도하는 수반인 조선로동당 총비서 선거절차에 들어갔다. 조선로동당 총비서 선거와 관련한 제의를 리일환 대표가 하였다. 제의자는 혁명의 최고 뇌수, 영도의 중심, 단결의 중심으로서 수령의 지위를 차지하고 인민대중의 혁명 위업, 사회주의 위업수행에서 결정적 역할을 하는 당의 최고 영도자를 옳게 추대하는 것이 갖는 정치적 의의를 설명한 후, "경애하는 김정은 동지를 조선로동당의 수반으로 모시는 것은 우리시대의 엄숙한 요구이고, 수백만 당원들과 인민들의 드팀없는 신념"이라면서 "전당과 전체 인민의 총의를 모아 김정은 동지를 조선로동당 총비서로 높이 추대할 것"을 제의했다. 전체 대표자들은 열광적인 박수로 전적인 지지 찬동을 표시했다.

조선로동당 총비서 선거에서 리일환 대표의 제의로 김정은 총비서를 다시 조선로동당 총비서로 높이 추대할 것을 제의했으며, 전체 대표자들은 열광적인 박수로 전적인 지지 찬동을 표시했다. 사진은 총비서로 추대된 김정은 총비서의 모습이다

당중앙위원회 지도기관 선거가 끝난 다음 조선로동당 중앙위원회 제8기 1차 전원회의가 진행되었다. 조선로동당 중앙위원회 제8기 1차 전원회의가 1월 10일 당중앙위원회 본부회의실에서 진행되었다. 전원회의에는 당 제8차 대회에서 선거된 당중앙위원회 위원, 후보위원들이 참가하였다. 당중앙위원회 부서들과 도, 시, 군당위원회, 성, 중앙기관 책임일꾼들이 방청으로 참가하였다. 당중앙위원회 제8기 1차 전원회의에서는 조선로동당 총비서 동지를 수위로 하는 당중앙위원회 정치국과 정치국 상무위원회를 선거하였다. 당중앙위원회 비서들을 선거하고 비서국을 조직

하였다. 전원회의에서는 당중앙군사위원회를 선거하고 개정된 당 규약에 따라 당중앙검사위원회 선거를 진행하였다. 당중앙위원회 부장들과 당중앙위원회기관지《로동신문》책임 주필을 임명하였다.

조선로동당 중앙위원회 제8기 1차 전원회의에 관한 공보

정치국 상무 위원회		김정은, 최룡해, 리병철, 김덕훈, 조용원
정치국	위원	김정은, 최룡해, 리병철, 김덕훈, 조용원, 박태성, 박정천, 정상학, 리일환, 김두일, 최상건, 김재룡, 오일정
	후보위원	박태덕, 박명순, 허철만, 리철만, 김형식, 태형철, 김영환, 박정근, 양승호, 전현철, 리선권
비서국	총비서	김정은
	비서	조용원, 박태성, 리병철, 정상학, 리일환, 김두일, 최상건
중앙군사 위원회	위원장	김정은
	부위원장	리병철
	위원	조용원, 오일정, 김조국, 강순남, 오수용, 박정천, 권영진, 김정관, 정경택, 리영길, 림광일
중앙검사 위원회	위원장	정상학
	부위원장	박태덕, 리히용
	위원	리경철, 박광식, 박광웅, 전태수, 정인철, 김성철, 장기호, 강윤석, 우상철, 장광봉, 김광철, 오동일

중앙위원회 부장	김재룡, 오일정, 박태덕, 김성남, 허철만, 김형식, 박명순, 리철만, 리두성, 강순남, 김영철, 김세복, 박정남, 최휘, 김용수
로동신문 책임주필	박영민

5절 _ 8차 당 대회 폐막

장장 8일 동안 진행된 조선로동당 제8차 대회는 상정된 의안 토의를 마치고 1월 12일 폐막되었다. 폐막일인 대회 8일째 회의는 김정은 총비서의 강령적인 결론으로 시작됐다.

김정은 총비서는 강령적인 결론에서 혁명과 건설의 새로운 고조기, 격변기를 열어놓기 위한 당면 투쟁계획과 당의 강화발전에서 나서는 중대한 문제들을 상정하고 진지하게 토의하였다고 밝혔다. 이어 "전체 대표자들과 전당의 당원들이 존엄 높은 조선로동당의 최고령도 직책을 또다시 맡겨준 데 대하여 최대의 영광으로 받아 안으면서도 송구스러움과 무거운 마음을 금할 수 없다"면서 "위대한 김일성-김정일주의당을 대표하고 책임진다는 성스러운 사명감을 깊이 자각하고 당 대회가 제시한 투쟁 강령을 실현하기 위하여 전력을 다하며 위대한 우리 인민을 운명의 하늘로 여기고 참된 인민의 충복답게 위민헌신의 길에 결사 분투할 것"을 엄숙히 선서하였다.

김정은 총비서는 당 제8차 대회의 기본사상, 기본정신을 밝히고 전당이 《이민위천》,《일심단결》,《자력갱생》이 3가지 이념을 다시 깊이 새기고 더 높이 들고나갈 데 대하여 특별히 강조하였다. 결론의 일부 내용을 소개한다.

『오늘 우리 혁명의 외부적 환경은 의연 준엄하고 첨예하며 앞으로도 우리의 혁명사업은 순탄하게 이루어지지 않을 것입니다. 그러나 최악의 조건과 시련 속에서 남들 같으면 엄두도 내지 못하는 위대한 승리를 쟁취한 우리 당과 인민에게 있어서 이제 극복하지 못할 난관이란 있을 수 없습니다. 우리는 새로운 신심과 용기를 가지고 당과 혁명대오, 국가의 위력을 백방으로 다지기 위한 투쟁을 힘 있게 벌여 지속적인 전진 발전의 길에 속히 들어서야 합니다. 사회주의 건설의 주체적 힘, 내적 동력을 비상히 증대시켜 모든 분야에서 위대한 새 승리를 이룩해 나가자는 것이 조선로동당 제8차 대회의 기본사상, 기본정신입니다.

다시 말하여 우리의 내부적 힘을 전면적으로 정리 정돈하고 재편성하며 그에 토대하여 모든 난관을 정면 돌파하면서 새로운 전진의 길을 열어 나가야 한다는 것이 본 대회를 통하여 재확인된 조선로동당의 혁명적 의지입니다.

우리 혁명 앞에 나선 중대한 역사적 과제는 전당이 이민위천, 일심단결, 자력갱생을 다시 깊이 새기고 더 높이 들고 나갈 것을 요구하고 있습니다.

이민위천에는 전당이 인민을 위하여 복무함을 당 건설과 당 활동의 출발점으로, 절대불변한 원칙으로 하는 혁명적 당풍을 확고히 견지할 데 대한 우리 당의 항구적인 요구가 반영되어 있으며 일심단결과 자력갱생에는 우리 혁명의 생명선과 전진 동력에 관한 사상이론적 관점과 정책적 요구가 함축되어 있습니다. 《이민위천》,《일심단결》,《자력갱생》 바로 여기에 우리 당의 향도력을 높일 수 있는 근본 비결이 있고 우리 당이 군중 속에 더 깊이 뿌리박기 위한 근본 방도가 있으며 우리가 유일하게 살아 나가고 앞길을 개척 할 수 있는 근본 담보가 있습니다.

나는 이번 당 대회에서 그 어떤 요란한 구호를 내드는 것보다도 우리 당의 숭고한 《이민위천》,《일심단결》,《자력갱생》이 3가지 이념을 다시 깊이 새기는 것으로써 당 제8차 대회의 구호를 대신하자는 것을 제기합니다.』(김정은, 8차 당 대회 결론에서 인용)

김정은 총비서는 사회주의 위업의 새로운 승리를 쟁취하며 혁혁한 전진을 이루려면 보다 힘겨운 정면돌파전을 각오하여야 한다면서 모두 다 당 8차대회가 제시한 투쟁 강령의 빛나는 실현을 위하여, 영광스러운 조선로동당의 강화발전과 주체혁명위업의 승리적 전진을 위하여, 위대한 우리 인민을 위하여 더욱 힘차게 싸워 나가자고 열렬히 호소하였다.

다음으로 첫째 의정에 대한 결정서《조선로동당 중앙위원회 제7기 사업총화 보고에 제시된 과업을 철저히 관철할 데 대하여》를 전원 찬성으로 채택하였다. 김정은 총비서의 폐회사를 끝으로 8일간에 걸친 8차 대회는 마무리되었다.

6절 _ 조선로동당 중앙위원회 제8기 2차 전원회의

조선로동당 제8차 대회가 끝난 지 불과 한 달도 지나지 않은 2021년 2월 8일 조선로동당 중앙위원회 제8기 2차 전원회의가 개최되었다. 이것은 통상 일 년에 한 번 또는 두 번 정도 열린다고 보았을 때 상당히 이례적이었다. 김정은 총비서는 이에 대해 두 가지 기본취지를 밝혔다. 하나는 5개년계획 수행의 첫해부터 실제적인 변화, 실질적인 전진을 가져올 수 있는 구체화된 실천의 무기, 혁신의 무기를 안겨 주기 위해서이며, 다른 하나는 당 대회 결정은 5년 동안 수행해야 할 중장기 과업에 관한 것이었다면, 이번 전원회의는 2021년 사업계획을 구체적으로 따져보고 중앙위 결정으로 확정할 필요성이 있었기 때문이라고 밝혔다. 제8기 2차 전원회의는 2021년 2월 8일~11일까지 3일 동안 진행되었다.

내각의 인민경제계획 비판

회의에서 김정은 총비서는 《당 제8차 대회가 제시한 5개년계획의 첫해 과업을 철저히 관철할 데 대하여》라는 보고를 했는데, 이 보고에서는 매우 신랄하게 내각에서 2021년 인민경제계획을 비판했다. 그 요지는 다음과 같다.

△새로운 5개년 계획은 구태의연하고 진부한 모든 것과 결별하고 새 출발을 할 것을 요구하고 있으며 지금 온 나라 인민이 당 대회 결정 관철을 위한 사업이 어떻게 시작되고 어떤 변화가 일어나는가를 지켜보고 있다. 그러자면 그 작전도, 설계도인 계획부터 혁신적으로 실속 있게 수립해야 한다. 그런데 내각에서 작성한 인민경제계획은 그 전과 달라진 게 거의 없다. 금방 당 대회에서 결정하고 당 대회 문헌에 대한 집중학습과 방향 토의를 했음에도 제출된 경제사업계획에 당 대회의 사상과 방침이 반영되지 않았으며, 혁신적인 안목과 똑똑한 책략이 보이지 않는다.

△계획 작성에서 내각이 주도적 역할을 하지 않았으며, 성들에서 기안한 숫자들을 기계적으로 종합하다 보니 어떤 부문의 계획은 현실 가능성도 없이 주관적으로 높여 놓고, 어떤 부문에서는 정비 보강의 미명하에 능히 할 수 있고 반드시 하여야 할 것도 계획을 낮춰 세운 폐단이 나타났다.

 - 농업 부문에서는 알곡생산목표를 주관적으로 높이 세워놓아 지난 시기와 마찬가지로 계획단계에서부터 관료주의와 허풍을 피할 수 없게 됐다.

- 반대로 전력, 건설, 경공업 부문에서는 기본 지표 생산계획을 연말에 가서 비판을 받지 않을 정도로 낮춰 잡는 편향을 범했다. 전력 부문에서는 발전기의 원성능 회복이라는 조건을 내세워 올해 계획을 현재 전력생산 수준보다 낮게 잡았다. 건설부문에서도 자재와 노력 보장을 구실로 평양시 살림집 건설계획을 당 대회 결정한 목표보다 낮게 세웠는데, 이는 일꾼들이 조건과 환경을 내세워 숨고르기를 하면서 흉내나 내려는 보신과 패배주의의 씨앗이다. 경공업 부문에서는 자제보장 조건과 선질 후량에 빙자해 신발생산계획을 형편없이 낮게 세웠다.

△경제 사업에서 특별히 중시하고 혁신적으로 구현해야 할 문제는 국가적 자력갱생, 계획적 자력갱생, 과학적 자력갱생인데, 올해 계획에 인민경제 주요 부문에서 요구되는 자재들을 우선적으로 보장한다고 되어 있지만 국가적 보장대책을 세운 것은 얼마 되지 않는다. 반드시 수입해야할 물자도 아니고 국내에서 생산하는 제품들도 능력껏 사다 쓰라고 하는 것은 경제 지도기관들이 자력갱생의 구호를 왜곡해 자기의 책임을 아랫 단위에 전가하는 가장 전형적인 태만 행위이다. 이런 상태가 지속되면 국가의 경제권과 통제력이 점차 소실되고 국영기업들을 비법적인 돈벌이로 떠미는 결과를 낳게 된다. 내각에서는 인민경제 모든 부문과 기업의 생산물을 중앙집권적으로 통일적으로 장악하고 생산과 소비 연계를 맺어주어 수요를 원만히 보장하는 사업체계로 시급히 방향 전환을 해야 한다.

실제적 변화를 가져오기 위한 방략

보고에서는 모든 분야에서 실제적인 변화를 가져오자면 인재 육성사업에서부터 변화가 있어야 한다고 강조했다. 당과 국가사업, 경제사업과 인민생활에서 실제적인 변화를 가져오자면 인재 육성사업에서부터 변화가 일어나야 한다. 모든 부문 단위에서 장차 나라의 한 개 부문을 떠메고 나갈 과학기술 인재, 행정일꾼, 당일꾼을 육성하는 것을 5개년 계획의 중요 과제로 여기고 계획적으로 해나가야 한다. 이를 위해서는 자기 분야에 필요한 인재를 자체로 키우는 원칙에서 사업을 주도세밀하게 짜고 들며, 모든 사업에서 인재를 먼저 찾아내고 그들에 의거하는 것을 중요한 방법론으로 틀어쥐고 나가야 한다.

보고에서 또한 전당적, 전 국가적, 전 사회적으로 단위특수화와 본위주의에 종지부를 찍기 위한 투쟁을 강도 높이 벌여 나갈 데 대해 언급했다. 세도와 관료주의, 부정부패가 개별적 사람들이 저지르는 반당적, 반인민적 행위라면 단위 특수화와 본위주의는 부문과 단체의 모자를 쓰고 자행되는 더 엄중한 반당적, 반국가적, 반인민적 행위이며 인민대중제일주의 정치를 실현하고, 주체적 힘, 내적 동력을 다지는 데서 제일 장애로 된다고 낙인했다. 그리고 단위특수화와 본위주의를 세도와 관료주의, 부정부패 행위와 다를 바 없는 국가의 적으로 엄중시하고 전면적인 전쟁을 벌이기로 했다고 밝혔다.

건설의 대 번영기 III

1절 _ 건설의 대 번영기 2021

 조선로동당 제8차 대회에서 인민경제계획 5개년 계획을 발표했다. 여기에서 눈에 띈 것은 평양시 5만 세대 살림집 건설과 검덕지구 25,000세대 산악도시 건설 사업이다. 그런데 조선로동당 제8기 2차 전원회의에서 문제가 발생했다. 내각에서 2021년 평양 시내 살림집 건설을 당 대회에서 제시했던 1만 세대보다 줄여서 계획을 세운 것이다. 김정은 총비서는 내각에서 자재와 노력 보장을 구실로 원래 계획보다 줄여 잡은 것은 조건과 환경을 내세워 숨 고르기를 하면서 흉내나 내려는 보신과 패배주의의 씨앗이라고 이것을 격렬하게 비판했다. 자연히 2021년 평양시내 살림집 건설의 진행에 대한 내외의 관심이 고조되었다. 건설의 대번영기를 이어가느냐의 여부는 2021년 평양 시내 1만 세대 살림집 건설이 계획대로 실행되는가에 달려 있었다.

평양 시내 1만 세대 살림집 건설

2021년 3월 23일 평양 시내 송신 송화지구에서 평양시 1만 세대 살림집 건설 착공식이 김정은 총비서가 참석한 가운데 성대하게 열렸다. 김정은 총비서는 착공식에서 직접 한 연설을 통해 평양시 1만 세대 살림집 건설의 의미를 밝혔다. 그 내용 중 일부를 소개한다.

『이제부터 시작하는 5만 세대의 살림집 건설은 수도 평양의 도시구획을 동서 방향과 북쪽 방향으로 넓히면서 대규모의 현대적인 새 거리들을 일떠세우는 역사적인 건설 사업입니다. 평양시의 송신지구와 송화지구, 서포지구, 금천지구, 9.9절 거리 지구에 해마다 차례차례 1만 세대의 살림집들과 이채로운 공공건물들이 솟아오르면 우리 국가의 수도는 더욱 웅장 화려하게 변모될 것이며 이것은 가장 간고하고도 영광스러운 21세기 20년대를 상징하는 뜻깊은 기념비로 될 것입니다.… 건설은 시대가 도달한 정신적 높이와 국력의 집합체이며 문명과 발전에로의 큰걸음입니다. 우리국가제일주의를 들고 부강과 번영에로 나아가는 오늘 수도 5만 세대 살림집 건설장은 사회주의 건설의 새로운 고조기, 격변기를 상징하는 주되는 공격전선으로 될 것입니다. 5만 세대 살림집 건설을 통하여 우리는 수도의 면모를 또 한번 개변시킬 뿐 아니라 사회주의 건설을 단계별로 확신성있게 승화 발전시키는 새로운 전진의 시대, 역동의 시대를 열어놓게 될 것입니다.』(2021년 3월 24일 로동신문에서 보도된 김정은 총비서 연설에서 부분 인용함)

논란 속에 시작된 평양시내 1만 세대 살림집 건설은 예정대로 추진되어, 2022년 4월 11일 성대한 준공식을 거행했다. 준공식에는 김정은 총비서가 직접 참석해 준공 테이프를 끊었다.

2022년 4월 11일 준공된 송화지구 살림집 전경

4월 12일 자 로동신문에서는 "군민 건설자들은 1년 사이에 80층 초고층 살림집을 비롯해 1만 세대의 특색 있는 대 건축군을 일떠세우는 경이적인 기적을 창조했다"고 전했다. 이어서 "당 제8차 대회가 제시한 평양시 5만 세대 살림집 건설 계획에 따라 수도의 동쪽 관문에 일떠선 송화거리는 전면적 발전의 새 시대를 상징하는 첫 실체"라고 보도했다.

보통강안 다락식 주택지구 건설

2021년 3월 26일발 조선중앙통신은 김정은 총비서가 보통문주변 강안지구에 호안다락식 주택지구를 새로 건설할 구상을 밝히고 현지를 시찰했다는 소식을 전했다. 현지 시찰에서 김정은 총비서는 수도의 중심부를 감돌아 흐르는 경치 좋은 보통강변을 따라 현대적인 다락식 주택구를 형성하고 다층, 소층 살림집을 조화롭게 배치해 이 지구를 특색있게 변모시킬 구상을 밝혔다. 그는 우리나라의 훌륭한 자연경관이 살아나게 건축물들의 설계와 원림 설계를 잘해 도시의 특성과 매력을 살려 나가야 한다고 하며, 보통문 주변 강안지구 호안 다락식 주택구를 우리나라 주택구의 본보기가 될 수 있게 훌륭히 건설할 것이라고 천명했다.

그는 보통문 주변 강안 지구 호안 다락식 주택구 800세대 건설은 평양시 1만 세대 살림집 건설과는 별도로 당중앙위원회가 직접 틀어쥐고 건설을 내밀어 올해 중에 완공하여 당과 국가를 위해 헌신적으로 복무하고 있는 각 부문의 노력혁신자, 공로자들과 과학자, 교육자, 문필가를 비롯한 근로자들에게 선물하려 한다고 말했다. 이어서 우리 일군들이 도시녹화와 자연경관 설계에 대한 인식과 상식이 부족하고 관심도 없는데 대하여 지적하면서 도시건설을 건물과 자연을 하나로 융합시키고 생활공간과 생태공간을 과학적으로 배치하여 사업과 휴식, 교통 등을 유기적으로 결합시켜 해나가야 한다고 말하였다.

새로 건설된 800여 세대 강안 다락식 주택구의 전경

로동신문 2022년 4월 14일자에는 "우리 당의 인민대중제일주의 이념과 주체 건축의 비약적 발전상이 응축된 평양의 새 경관, 경애하는 김정은동지께서 보통강강안다락식주택구 준공식에 참석하시여 준공 테이프를 끊으시었다"라는 제목으로 새로 건설된 800여 세대 강안 다락식 주택구 준공소식을 전했다.

검덕지구 산악협곡도시 건설

로동신문 2022년 1월 1일자에는 "산악협곡도시에 펼쳐진 사회주의 새 선경"이란 제하로 검덕지구에 수천 세대 살림집을 건설하고, 새집들이를 했다는 기사가 보도되었다. 이것은 김정은 총비서가 2020년 수해를 당한 검덕지구에 방문해 해마다 5000세대의 산악협곡도시를 건설해 인민경제발전 5계년계획 기간 중에 2만 5천 세대의 살림집을 짓겠다는 약속을 하였는데, 그 첫 번째 해 성과가 나타났다. 이날 로동신문 "단천시 금골 1동, 금골2동, 금골 3동, 대흥2동, 백금산동, 탐사동의 깊은 협곡을 따라 단층, 소층, 다층, 고층, 다락식 살림집들이 조화를 이루며 즐비하게 솟아남으로써 지방이 변혁하는 새 시대의 선경이 또 하나 펼쳐졌다"고 전했다. 또 살림집 입사 모임들이 2021년 12월 30일과 31일 현지에서 진행되었다고 한다.

검덕지구에 새로 건설된 산악협곡도시의 전경과 새집들이 행사 장면

2절 _ 건설의 대 번영기 2022

련포온실농장 준공

조선로동당 창건 기념일인 2022년 10월 10일 련포온실농장 준공식이 성대하게 거행되었다. 북에서 최대의 명절로 내세우는 당 창건 기념일에 온실농장 준공식을 거행했다. 이것은 매우 상징적 의미를 띠고 있다. 당이 향후 나갈 길을 보여주었다고 할까. 준공식에는 김정은 총비서가 직접 참석했다.

10월 11일자 로동신문은 이를 보도하면서 "당중앙위원회 제8기 4차 전원회의 결정에 따라 세계 굴지의 대 온실 농장으로, 높은 수준에서 자동화가 실현된 현대적인 농장, 우리식 농촌문명 창조의 거점으로 희한하게 솟아난 련포온실농장은 우리 당이 인민들에게 안겨주는 또 하나의 사랑의 선물이고 번영의 재부이며 사회주의 농촌진흥의 새로운 변혁적 실체이다"라고 전했다.

이 온실농장은 착공한지 230여일 만에 완공되었다. 280정보의 드넓은 부지에 현대화, 집약화, 공업화된 850여 동의 수경 및 토양 온실들과 지방의 특색을 살린 1,000여 세대의 살림집, 학교, 문화회관, 종합봉사시설 등이 구획별로 이채롭게 건설되었다. 이날 보도된 련포온실농장의 전경 사진을 보고 많은 사람들이 깜짝 놀랐다. 다른 것에 놀란 것이 아니라 주택지구의 전경을 보고 놀랐다. 천여 세대의 살림집들 중에 모양이 똑같은 집이 하나도 없었으며, 농촌

호화주택을 보는 듯했다. 김정은 총비서는 이날 의미심장한 발언을 남겼다. 그는 련포지구에서 공산주의 농촌마을을 보게 하여야 한다고 말하면서, 련포온실농장을 본보기로 하여 나라의 전반적 농촌발전을 더욱 강력하고 확신성 있게 추진하자는 것이 당 중앙의 구상이라고 밝혔다. 매우 의미심장한 발언이었다. 그의 이 구상은 년 말에 있었던 조선로동당 중앙위원회 제8기 4차 전원회의에서 그 실체가 드러났다.

련포온실농장의 전경, 남쪽의 많은 사람들이 이 사진을 보고 깜짝 놀랐다. 북의 건축물에서 이처럼 서로 다른 모양의 주택군이 펼쳐지다니! 이러한 모습을 예전에는 본적이 없었다

화성지구 1만 세대 살림집 건설

화성지구 1만 세대 살림집 건설 착공식이 2022년 2월 12일에 현지에서 거행되었다. 착공식에서 김정은 총비서가 《화성지구의 천지개벽으로 수도건설의 대번영기를 더욱 빛내이자》라는 연설을 하였다. 연설에서 그는 "올해 건설부문 앞에 나선 가장 주되는 과업

의 하나인 화성지구 1만 세대 살림집 건설은 지난해에 시발을 뗀 우리 당의 숙원사업인 평양시 살림집 전망 목표 수행의 두 번째 공사인 동시에 이 지구에 새로운 현대적 도시구획을 일떠세우기 위한 첫 단계의 건설"이라고 그 취지를 밝혔다.

화성지구 1만세대 살림집 완공

화성지구 1만 세대 살림집 건설 준공식이 2023년 4월 16일에 야간 행사로 거행되었다.
김정은 총비서가 살림집 준공식에 참석했다. 리일환 조선로동당 중앙위 비서가 준공사를 맡았는데 그는 준공사에서 다음과 같이 발언했다.

『화성지구 1단계 살림집은 강대한 우리의 힘이 무엇을 위해 더욱 강해져야 하고 우리의 사회주의 이상이 어떤 것이며 우리 국가, 우리 위업은 무엇으로 승리하는가 하는 것을 웅변으로 실증하는 위대한 김정은시대의 기념비입니다. 금수산태양궁전 일대를 인민의 행복과 사회주의 문명이 개화 만발하는 이상향으로 전변시킬 구상을 무르익혀 오신 경애하는 원수님께서 평양시 5만 세대 살림집 건설의 두번 째 단계로 화성지구에 또 하나의 대건설 전역을 전개하도록 하시였으며 그 실현을 위한 목표와 건설 방향을 구체적으로 밝혀주시고 현대도시의 표본구역으로 되도록 공사 전 과정을 정력적으로 이끌어주셨습니다. 인민을 이 세상 제일로 귀중히 여기시며 사색도 실천도 철두철미 인민의 복리를 위한 것으로 일관시켜 나가시는 경애하는 원수님의 열화같은 사랑과 헌신에 떠받들려 화성지구의 거창한 전변이 이룩되었습니다.』 (로동신문 2023년 4월 17일자 보도 내용을 구어체로 바꿈)

새로운 사회주의 농촌혁명 강령

내외 커다란 관심과 기대가 집중되는 속에 2021년을 평가하고 새로운 발전 지침을 책정하기 위한 조선로동당 중앙위원회 제8기 4차 전원회의가 2021년 12월 27일부터 31일까지 당중앙위원회 본부 청사에서 개최되었다

로동신문은 이 사실을 다음과 같이 보도했다.

『전원회의는 전당, 전국, 전민이 당 제8차 대회가 제시한 웅대한 전략사상과 실천강령을 받들어 5개년계획 수행의 첫해를 자랑찬 승리로 빛내이고 사회주의건설의 전면적 발전을 향한 다음 단계의 투쟁에로 신심 드높이 이행하고 있는 역사적인 시기에 소집되었다.』

4차 전원회의에서는 2021년 당 및 국가 정책 집행이 총화되었고 사회주의 건설의 새로운 발전기를 열어나가기 위한 전략 전술적 방침과 실천 행동 과업이 토의 결정되었다. 전원회의 보고에서 김정은 총비서는 2021년의 사업에 대해 "엄혹한 난관 속에서 사회주의 건설의 전면적 발전에로의 거창한 변화의 서막을 열어놓은 위대한 승리의 해"라고 총평을 내렸다. 2021년 사업에서 내세운 총적 목표와 지향은 제8기 2차 전원회의에서 제시된 과업들을 무조건 수행해 실제적인 변화, 실제적인 성과를 가져오는 것이었으며, 당중앙위원회는 계획 작성에서부터 발전지향성과 견인성, 과학성을 보장하고, 그 집행에서 무조건성과 철저성, 정확성의 기풍을 세우는 데 특별한 힘을 넣었으며, 일꾼들을 제때에 각성 분발시키고, 경제사업과 인민 생활의 절실한 현안들에 대한 해결책을 적시에 수립했다고 보고했다. 그리고 올해 사업을 통해 당당히 자부할만한 성과들이 이룩되었다고 보고했다. 구체적으로는 평가할 수 있는 성과, 자신심을 가지게 하는 뚜렷한 진일보가 이룩되었으며, 방대한 대 건설과제(삼지연시 꾸리기 3단계 공사, 송신 송화지구 1만세대 살림집 건설, 검덕지구 5000세대 살림집 건설 등)을 박력 있게 추진해 우리식 사회주의의 약동하는 발전상과 저력을 크게 과시했다고 평가했다.

조선로동당 제8기 4차 전원회의에서 특별하게 눈에 띤 것은 총평에서 제시된 2021년도를 '사회주의의 전면적 발전에로의 거창한 변화의 서막을 열어놓은 해'로 평가했다는 것, <우리나라 사회주의 농촌문제 올바른 해결을 위한 당면과업>을 의제로 채택했다는 점이다. 이에 대해 보다 구체적으로 알아보도록 하자.

1절 _ 사회주의 전면적 발전에 관한 사상

3대혁명선구자대회에 보낸 서한

2021년 11월 18일 제5차 3대혁명선구자대회가 평양에서 개최되었다. 김정은 총비서는 이 대회에 서한《3대혁명의 불길을 세차게 지펴 올려 사회주의의 전면적 발전을 이룩하자》을 보냈다. 이 서한에서《사회주의 전면적 발전》에 관한 사상을 제기했다. 그는 서한에서「모든 부문, 모든 단위, 모든 지역의 3대 혁명화이자 사회주의의 전면적 발전이며 자립, 자존으로 번영하는 사회주의 강국, 인민의 이상사회」라는 정식화를 제시했다. 그는 서한에서 사회주의 전면적 발전에 관한 사상을 다음과 같이 제시했다.

『우리 당은 사회주의의 전면적 발전을 가속화하여 가까운 앞날에 자립, 자존으로 번영하는 사회주의 강국을 일떠세우자고 합니다. 사회주의의 전면적 발전기는 3대혁명노선을 구현하기 위한 우리 당과 인민의 장구한 투쟁의 결과로써 도래한 역사의 분수령인 동시에 보다 높은 단계의 3대 혁명으로써 이룩될 발전의 새 시대입니다.

…

사회주의를 억척으로 수호하고 강력히 추동할 수 있는 결정적 요인과 기본조건이 마련된 지금에 와서 발전되고 번영하는 사회주의 강국은 먼 내일의 이상이 아니라 현실적인 목표로 되고 있습니다. 사회주의 강국에로의 위대한 전환은 곧 모든 사회성원들의 혁명화, 기술 경제력의 고도화, 사회 전반의 문명화과정입니다.

우리국가제일주의 시대의 요구에 맞게 사람들의 기품과 인격을 높이며 국가 경제를 전반적 발전에로 이행시키고 농업생산구조를 바꾸며 우리 식의 새 문화생활양식을 확립하는 문제를 비롯하여 사회주의강국건설을 위한 중대 과제들은 모든 분야, 모든 부문, 모든 사람들의 변화와 발전, 개명을 전제로 하며 전당, 전국, 전민이 참가하는 3대혁명 총진군을 요구합니다.

우리식 사회주의의 전면적 발전은 본질상 사상, 기술, 문화의 3대 영역에서의 새로운 혁명입니다. 전체 인민을 당의 사상으로 단합시키고 경제의 자립적이며 지속적인 발전을 담보하는 과학기술적 토대를 구축하며 전민을 인재화하고 온갖 문화적 낙후성을 청산하는 3대 혁명의 목표를 점령하여야 우리 국가의 선진성, 현대성을 새로운 높이에 올려 세울 수 있습니다.

세 폭의 붉은기를 더욱 세차게 휘날려 나가는 여기에 사회주의의 전면적 발전에 관한 우리 당의 이념, 우리 혁명의 요구를 현실화하는 지름길이 있습니다. 3대 혁명을 동력으로 국가사회생활의 모든 분야, 나라의 모든 지역의 동시적이며 균형적인 발전을 강력히 추동하자는 것이 이번 대회의 기본정신입니다.』(11월 19일 로동신문에 개제된 3대혁명선구자대회에 보낸 김정은 총비서의 서한내용 중에서 인용함)

사회주의의 전면적 발전에 관한 사상의 본질

2021년 11월 30일《로동신문》에 사회주의 전면적 발전에 관한 사상의 본질에 대한 기사가 실렸다. 기사에 따르면 전면적 발전에 관한 사상의 본질은 사회주의 건설의 모든 분야와 나라의 모든 지역, 인민 경제 모든 부문의 동시적이며 균형적 발전을 이룩해 나가야 한다는 것이다. 즉 3대 혁명을 동력으로 사상, 기술, 문화의 모든 영역에서 새로운 변혁을 일으킴으로써 진보와 낙후가 병존하는 불균형적, 비전형적인 발전에 종지부를 찍고 모든 부문과 단위, 지역을 다 같이 균형 발전시키며 나아가서 자립, 자존으로 번영하는 사회주의 강국을 일떠세워야 한다는 것이다.

사회주의 전면적 발전에 관한 사상의 기본 내용에 대해 보다 구체적으로 살펴보자. 로동신문 12월 2일 자에는《사회주의의 전면적 발전에 관한 사상의 기본 내용》제하의 기사가 실렸다. 이 기사에서 밝힌 사회주의 전면적 발전에 관한 사상의 기본 내용은 다음과 같다.

- 정치와 국방건설을 중시하면서 경제, 문화의 발전에도 큰 힘을 넣어 국가사회생활의 모든 분야를 전면적으로 발전시키는 것. 정치와 국방건설, 경제건설과 문화건설 사업은 강국의 꿈과 이상을 실현하는 데서 다 같이 중시하고 품을 넣어야 할 사업. 만약 정치와 국방, 경제와 문화의 어느 한 분야에만 치우치게 되면 사회주의의 전면적 부흥을 실현할 수 없음. 천하제일강국을 일떠세우는 길은 정치사상 진지와 국방력 강화에 선차적인 힘을 넣으며 경제와 문화 발전을 동시에 추동해 나가는 데 있음.

- 인민 경제 전반부문과 모든 단위를 균형적으로 발전시키는 것. 경제의 자립성을 강화하는 데서 중시해야 할 문제는 인민경제 모든 부문을 다 같이 전반적으로 발전시키는 것. 경제를 자립화하자는 것은 단순히 자체로 생산하여 살아가기 위해서가 아니라 나라의 전반 부문을 균형적으로 동시에 발전시켜 세계적 수준에 올려세우자는 것. 불균형 발전에 종지부를 찍고 경제 전반의 균형을 보장해야 국가 경제를 자립적이며 지속적 발전에로 확고히 이행시키고 사회주의 건설을 더욱 힘 있게 다그쳐 나갈 수 있음.

- 지방건설, 농촌건설을 힘 있게 밀고 나가 나라의 모든 지역을 균형적으로, 특색 있게 발전시키는 것. 지방건설과 농촌건설이 활력 있게 전개될수록 나라의 전반적 면모는 근본적으로 일신되고 도시와 농촌 간의 차이, 지역적 차이가 없어지게 될 것. 지역발전을 이룩하는 데서 중요한 것은 자기 지방의 특색을 살리는 것. 산을 낀 곳에서는 산을 잘 이용하고 바다를 낀 곳에서는 바다를 잘 이용하며 건설에서도 자기 지방, 자기 지역의 얼굴이 살아나게 해나가는 것을 비롯하여 모든 지역이 균형적이면서도 특색 있는 발전을

가져와야 한다는 것이 당의 의도. 이렇게 될 때 모든 시, 군들을 문명 부강한 사회주의국가의 전략적 거점으로, 자기 고유의 특색을 가진 발전된 지역으로 전변시킬 수 있음.

2절 _ 새 시대 사회주의 농촌 혁명

새 시대 사회주의 농촌혁명 정책의 제시

조선로동당 제8기 4차 전원회의의 특징은 《우리나라 사회주의 농촌문제 올바른 해결을 위한 당면과업에 대하여》를 인민경제발전계획 부분이 아닌 독립된 의제로 토의했다는 점에 있다. 이 문제가 독립된 의제로 토의되게 된 배경을 이해하려면 2021년 9월 29일 최고인민회의 시정연설을 살펴볼 필요가 있다. 김정은 총비서는 《사회주의건설의 새로운 발전을 위한 당면투쟁방향에 대하여》라는 제목의 시정연설에서 농업에 관해 중요한 발언을 했다. 김정은 총비서는 시정연설에서 가까운 앞날에 식량문제를 완전히 해소하려는 조선로동당의 확고부동한 의지와 결심을 피력하면서 다음과 같은 중대계획과 구상을 밝혔다.

- 불리한 기상 기후 조건에서도 농업생산의 안정적이며 지속적 발전을 이룩할 수 있는 농업발전전략을 정확히 작성하고 철저히 집행해 나감.

- 농작물 배치를 대담하게 바꾸어 벼농사와 밀, 보리농사에로 방향전환을 할 데 대한 구상: 전국적으로 논벼와 밭벼 재배면적을 늘이며 밀, 보리 파종면적을 2배 이상으로 보장하고 정보당 수확고를 높여 인민들에게 흰쌀과 밀가루를 보장함으로써 식생활을 문명하게 개선해 나갈 수 있는 조건 확보.
- 과학적인 물 관리 체계 구축을 통한 물 문제 해결.
- 과일과 채소 생산의 집약화, 대규모 온실농장의 대대적 건설.
- 농업부문에 대한 국가적 지원을 강화. 시, 군 양정사업소들을 잘 꾸리고 양곡가공 공정의 현대화, 국가에서 내년부터 시, 군들에 시멘트 무조건 보장, 지방건설 발전 촉진과 사회주의농촌 면모 일신.

조선로동당 중앙위원회 제8기 4차 전원회의에서는 9.29 최고인민회의 시정연설에서 밝힌 농촌과 농업에 관한 중대계획과 구상의 실천 강령을 토의 결정했다. 그것이 새 시대 사회주의 농촌혁명 정책이다. 전원회의는 셋째 의정《우리나라 사회주의농촌문제의 올바른 해결을 위한 당면과업에 대하여》를 토의하였다. 이 의정에서 김정은 총비서가 직접《우리식 사회주의농촌발전의 위대한 새 시대를 열어나가자》라는 보고를 하였다.

보고에서 그는 오늘날 사회주의 농촌문제의 올바른 해결이 갖는 중요성과 의의를 다음과 같이 밝혔다.

> 『사회주의의 전면적 발전을 위한 투쟁이 성숙된 요구로 나선 오늘 농촌을 혁명적으로 개변시키는 것은 엄혹한 난국을 주체

적 힘의 강화 국면으로 반전시키고 국가의 부흥 발전과 인민의 복리증진을 이룩해 나가는 데서 중차대한 혁명 과업으로 제기되고 있다.』(2022년 1월 1일자 로동신문 조선로동당 중앙위원회 제8기 4차 전원회의에 관한 보도에서 인용함)

 김정은 총비서는 보고에서 이로부터 당 제8차 대회는 농업근로자를 정책적으로 무장시키고, 농촌을 현대적 기술과 현대문명을 겸비한 부유하고 문화적인 사회주의 농촌으로 전변시킬 데 대한 전략적 방침을 제시하였다고 밝혔다. 그는 《사회주의농촌건설의 새로운 승리를 향하여!》라는 구호를 높이 들고 농촌진흥을 강력히 다그쳐 나라의 농업을 확고한 상승단계에 올려 세우고 우리식 사회주의농촌의 비약적 발전을 이룩하는 위대한 새 시대를 열어나가야 한다고 하면서 사회주의 농촌건설의 목표와 당면한 중심 과업에 대하여 천명하였다.

농촌건설의 목표	온 나라 농촌을 주체사상화하고 물질적으로 부유하게 만드는 것
점령 목표	- 농업근로자의 사상의식 수준 제고 - 농업생산력의 비약적 발전 - 농촌 생활환경의 근본적 개변
당면농촌 발전전략의 중심과업	- 모든 농업근로자의 혁명적 농업근로자로 개조 - 나라의 식량문제 완전 해결 - 농촌 주민의 생활환경 획기적 개변 위의 세 가지를 달성하기 위한 투쟁을 통해 농촌을 지속적인 발전궤도 위에 확고히 올려 세우는 것

사회주의 농촌 건설의 주된 과제	사상개조와 정치의식 함양에 선차적 힘을 넣어 농업근로자를 농촌혁명의 담당자, 주인으로 만드는 것
농촌발전 전략의 기본과업	나라의 식량문제 완전 해결: 10년 동안 단계적으로 점령해야 할 알곡생산 목표, 축산물, 과일, 채소, 공예작물, 잠업 생산목표 제시
농촌발전 전략에서 중시해야 할 과업	- 전국의 농촌마을을 새롭게 변모시키기 위한 투쟁을 힘 있게 벌이는 것 - 나라의 모든 농촌 마을을 사회주의 맛이 나고, 해당 지역의 특성이 뚜렷이 살아나게 건설하는 것은 세상에 부럼 없는 훌륭한 생활환경을 제공해 주며, 국가의 전반적 발전을 이룩하기 위해 당에서 제일 중시하며 반드시 실현하자고 하는 전략적 중대계획 - 이 계획의 성과적 실행을 위한 담보는 국가의 힘 있는 지원과 강력한 국가적 지도체계의 가동, 지방건설의 주인인 시, 군의 역할 제고
사회주의 농촌문제 해결에서 나서는 가장 중요한 과업	- 농촌에서 사상, 기술, 문화의 3대 혁명을 힘 있게 추진해 나가는 것 - 사상혁명은 가장 선차적 과업 - 기술혁명은 농업근로자를 높은 과학기술력을 소유한 지식형 근로자로 만드는 것 - 문화혁명: 농촌문화혁명 수행에서 근본적인 개선을 가져오기 위하여서는 농업근로자들의 문화의식 수준을 높이고 농촌에 혁명적이고 건전하고 문명한 생활 기풍을 확립하여야 함
농촌문제 해결에서 절박하게 나서는 중요과제	농업생산을 지속적으로 장성시키는 것 - 과학농사제일주의를 들고 나갈 것 - 종자혁명, 과학적 농사체계와 방법 확립 - 농업기상예보의 신속성과 과학성, 정확성 보장

현 시기 농업생산 발전에서 중시하는 것	나라의 알곡생산구조를 바꾸고 벼와 밀농사를 강하게 추진하는 것 - 식생활문화를 흰쌀밥과 밀가루 음식 위주로 바꾸는 데로 나라의 농업생산을 지향
농촌경리의 물질기술적 토대를 결정적으로 강화하기 위한 혁명적인 방침들과 대책	- 농업 부문에 대한 국가적 투자의 목적 지향적 증대 - 농촌경리의 수리화, 기계화, 화학화, 전기화 실현을 위한 국가적 투자 정형 파악과 근본적 해결방도 모색 - 《온 나라 농촌을 우리가 만든 현대적인 농기계들로 뒤덮고 농업근로자들이 기계로 농사를 흥겹게 짓는 사회주의 농촌의 새 풍경을 펼쳐놓자는 것이 당의 구상과 결심》 - 농기계 문제 해결을 위한 당의 구상: 금성뜨락또르 공장을 마력수가 높은 트랙터와 함께 여러 가지 능률 높은 농기계를 생산할 수 있는 종합적인 공장으로 발전시키면서, 주요 농기계공장들과 농기계연구부문에 투자를 집중하여 나라의 농기계 공업을 완전히 일신시키는 것 - 협동농장들이 국가로부터 대부를 받고 상환하지 못한 자금을 모두 면제할 데 대한 특혜 조치를 선포
농업부문 과학기술력 강화	- 농업생산의 과학화, 정보화, 집약화 실현 - 농업과학연구기지의 첨단화와 농업기술 인재 대대적 양성 - 선진적인 농업과학기술과 영농방법의 신속 보급 체계 구축
사회주의 농촌건설에서 최중대 과업	- 농촌의 면모와 환경을 결정적으로 개변시키는 것 - 전국의 모든 농촌마을을 삼지연시 농촌 마을의 수준으로, 부유하고 문화적인 사회주의 이상촌으로 만들자는 것이 우리 당의 농촌건설정책

3절 _ 농촌이 변하는 새 시대, 지방이 변하는 새 세상

2022년을 일러 북에서는 예상치 못한 엄혹한 도전이 겹으로 닥친 사상 최악의 해라고 부른다. 코비드 19사태의 장기화로 인해 국경 봉쇄가 길어지면서 대외 무역 관계가 정상적으로 진행되지 못한 수많은 애로와 난관을 초래했다. 설상가상으로 4월 말에 돌발적으로 발생한 코로나 확산으로 인한 경제적 애로사항이 눈더미처럼 커졌다. 2022년을 평가하는 로동신문의 많은 글은 2022년을 일러 부딪힌 난관 앞에 주저앉거나 순간도 정체하지 않았으며, 더 활기차게 전진하고 더 높이 비약하며 광명한 미래로 나가는 주체 조선의 강용한 기상과 무진막강한 발전 잠재력을 온 세상에 남김없이 과시한 해였다고 긍지에 넘쳐 얘기하고 있다. 특히 2022년은 농촌이 변하는 새 시대, 지방이 변하는 새 세상을 연 첫 해로 기록하고 있다.

농기계 열병식

2022년 9월 25일 군수 부문 노동계급이 제작한 농기계 전달 모임이 해주광장에서 진행되었다. 언론에서는 이를 농기계 열병식으로 부를 정도로 5,500여대의 농기계가 해주광장과 주변 도로에 빼곡히 들어서 있는 모습이 아주 장관이었다

9월 27일자 로동신문은 《나라의 농업도에 펼쳐진 희한한 농기계 바다》라는 제목으로 군수부문 노동계급이 제작한 5,500여대 농기계를 황해남도에 전달하는 전달 모임을 상세히 보도했다.

이 전달 모임이 있기까지에는 일련의 사연이 있었다. 당중앙위원회 제8기 4차 전원회의에서 김정은 총비서는 나라의 제일 큰 농업도인 황해남도를 중시해야 한다고 하면서 5개년 계획기간에 당적으로, 국가적으로 황해남도에 힘을 집중해 나라의 농업생산에서 기치를 들고 나가도록 해야 한다고 강조했다.

12월 29일 그는 전원회의에서 사회주의 농촌문제의 올바른 해결을 위한 당명과업에 대해 토의한 만큼 군수공업 부문에서도 농업 부문을 도와주어야 한다면서 그 실현을 위한 대담한 조치를 취했다. 그 다음 날인 12월 30일에도 군수공장에서 농기계를 높은 수준에서 생산하도록 해야 한다고 강조했다.

전원회의가 끝난 며칠 후인 1월 6일 김정은 총비서는 일꾼들과 함께 한 자리에서 이번에 군수공업 부문에서 농업 부문을 힘 있게 지원하도록 했다고 하며, 농기계생산과 관련된 세부적인 문제에 이르기까지 상세한 지침을 내려주었다.

당 중앙의 호소를 받은 군수공업 부문 노동계급은 불굴의 혁명정신과 완강한 기풍으로 생산돌격전을 벌여 수천 대의 능률 높은 새 형의 이동식벼종합탈곡기, 소형벼수확기, 강냉이종합탈곡기, 종합토양관리기계를 훌륭히 제작 완성했다. 이 기계를 황해남도에 기증하는 농기계 전달 모임이 25일 해주광장에서 진행되었다. 광장과 주변도로는 현대적 농기계로 꽉 들어차 황해남도가 생긴 이래 처음 보는 장쾌한 광경을 펼쳐 놓았다.

리병철 조선로동당 정치국 상무위원이 전달사를 했다. 그는 전달사에서 능률 높은 새 형의 농기계 생산에 얽힌 얘기를 전했다. 그의 말에 따르면 김정은 총비서는 '인민들의 먹는 문제, 인민생활 문제를 푸는 것이 나라를 지키는 것'이라고 말했다고 한다. 여기에서 인민생활과 조국방위의 상호 관계에 대한 김정은 총비서의 생각을 읽을 수 있다. 그러면서 김정은 총비서는 신심을 갖고 사회주의 농촌건설 목표를 점령하기 위한 투쟁에 떨쳐나서도록 농업 부문을 도와줘야 한다고 했다고 한다. 이를 위해 군수공업 부문에서 우리식 현대적 농기계를 생산해 기본 곡창지대인 황해남도에 우선적으로 보내주자고 제기했다고 전했다. 리병철 상무위원의 다음과 같은 전달사 내용도 주목할 만하다.

『해주시의 광장 일대에 펼쳐진 농기계 바다는 당이 제시한 사회주의 농촌건설의 웅대한 목표를 향해 나아가는 황해남도를 비롯한 온 나라 전체 농업근로자들과 일군들에게 커다란 고무로 되며 자존, 자립, 전면적 발전의 기치 높이 새로운 변혁적 실체들을 끊임없이 이루어 내면서 힘차게 전진하는 우리 국가의 필승의 기상에 대한 뚜렷한 과시로 됩니다. 재령벌과 연백벌을 비롯한 황해남도의 전야마다에서 알곡 증산의 동음을 높이 울리게 될 농기계들은 우리 농촌의 물질기술적 토대를 실질적으로 강화하여 농업생산력을 비약적으로 장성시키고 농촌혁명의 새 전기를 열어나가려는 당과 정부의 확고부동한 의지와 정책의 생활력을 그대로 보여주고 있습니다.』(2022년 9월 27일 로동신문 보도에서 발췌 인용함)

새 농기계로 첫 영농작업을 하는 벽성군 서원농장 포전의 모습. 북의 국기인 인공기 도안이 새겨진 옷을 입고 작업하는 농업 근로자의 모습이 이채롭다

로동신문 2022년 9월28일 자 로동신문은 현지보도의 형태로 전달된 새 농기계로 벼 수확하는 현장 상황이 보도되었다. 다음은 로동신문 보도 내용이다.

『당의 은정 속에 마련된 새 농기계들이 농업도의 드넓은 대지를 뒤덮는다.』

농악 소리로 온 벌이 들썩이는 여기는 안달수 영웅의 이름과 더불어 온 나라에 널리 알려진 벽성군 서원농장이다. 뜻깊은 이곳에서 역사적인 순간이 흐르고 있다. 여기에도 당의 은정 어린 농기계들이 줄지어 들어선 것이다. 온 농장이 명절 분위기로 흥성인다. 포전으로 달려 나온 농장원들, 펄럭이는 붉은 기, 전야를 들었다 놓는 농악무…

도착한 소형벼수확기들이 포전으로 향한다. 가을바람에 황금 이삭이 물결치는 포전 머리에 소형벼수확기들이 정렬한다. 농악 소리가 멎고 사람들이 숨을 죽이는 가운데 안달수영웅의 손녀 안혜성 관리위원장이 구령을 친다.
《시작!》
발동소리가 울리고 소형벼수확기들이 포전에 들어선다. 또다시 온 포전이 환희로 끓는다.
곳곳에서 야!-야! 환성이 터져 나온다. 뜻깊은 첫 운전을 맡은 주인공들의 얼굴마다에 경애하는 총비서동지께서 보내주신 사랑의 농기계를 가지고 가을걷이를 하게 된 기쁨이 한껏 넘친다. 우리도 수확기를 따라간다. 수확기들이 나갈 때마다 벼가 삼대 넘어가듯 한다.

한 시간 정도 지났을가 기계화 작업 반장이 갑자기 손을 흔들며 이렇게 외친다.《손으로 벼가을을 할 때보다 능률은 20배!》 농장원들 속에서 일시에 환성이 오른다.《기계농사가 좋다. 우리 노동계급이 만든 농기계가 좋다!》농장원들 모두가 덩실덩실 춤을 춘다.

그런데 한쪽에서 긴장하게 농기계를 주시하는 사람들이 있다. 농기계를 만든 공장노동자들이다. 미흡한 데가 있을세라 농기계들의 발동소리에 귀도 기울이고 베어 넘어진 벼도 구체적으로 살펴본다. 어느덧 그들의 얼굴에도 미소가 어린다. 농장원들이 달려가 기름묻은 그들의 손을 잡는다.《정말 고맙습니다. 정말 수고했습니다.》그러는 그들에게 공장노동자들은 고마움의 인사는 경애하는 총비서동지께 드려야 한다고 뜨겁게 말한다. 리당비서 조경진동무가 사람들을 둘러보며 이렇게 말한다.《경애하는 총비서동지의 대해같은 사랑에 농사를 더 잘 지어 충성으로 보답합시다!》곳곳에서 이에 화답하는 목소리들이 울려 나온다. 로동당세월이 좋을시구, 기계농사 좋을시구… 농장원들이 노래를 부르며 춤판을 펼쳐놓는다. 농장원들의 흥겨운 노래소리는 수확기의 동음과 함께 서원농장 포전에 울려 퍼진다. 황금벌, 사회주의 농촌의 교향곡이 되어 울려 퍼진다.』(2022년 9월 28일 로동신문에서 인용함)

새 시대 농촌기계화의 개시

2022년도는 당중앙위원회 제8기 제4차 전원회의에서 제시된 새로운 농촌혁명강령을 실현하기 위한 첫해로 된다. 모든 것이 그러하듯 시작이 반이라는 말이 있다. 첫해에 괄목할 만한 성과를 거두어야 그 정책에 대한 신심이 높아지면서 승리로 이어지게 된다. 새 시대를 열어나가기 위한 새로운 농촌혁명강령을 실현하기 위한 2022년도 투쟁에서 첫 자리로 꼽을 수 있는 성과는 농촌기계화를 추진할 수 있는 튼튼한 물질기술적 토대가 마련되었고, 앞에서 소개한 바 있듯이 황해남도에 수천 대의 농기계가 공급되었다는 점을 들 수 있다.

금성뜨락또르 공장이 마력 수가 높은 트랙터와 함께 여러 가지 능률적인 농기계를 생산하는 종합적인 공장으로 개건 현대화되어 2022년 11월 2일 준공식을 가졌다

《온 나라 농촌을 우리가 만든 현대적인 농기계들로 뒤덮고 농업근

로자들이 기계로 농사를 흥겹게 짓는 사회주의 농촌의 새 풍경을 펼쳐놓자는 것이 우리 당의 구상이고 결심입니다.》

농촌진흥은 농업생산력의 질적인 발전을 전제로 하며 농업생산을 획기적으로 성장시키는 데서 농촌기계화는 매우 중요한 자리를 차지한다. 농촌경리의 기계화를 실현하여야 농업근로자들을 어렵고 힘든 노동에서 해방할 수 있고, 긴장한 노력 문제도 풀 수 있으며, 농업생산을 끊임없이 늘려나갈 수 있다. 농업의 기계화 실현이자 농촌혁명의 뚜렷한 진일보이다. 따라서 농촌경리의 기계화 비중을 높여 나가야 하는데, 이 문제를 풀려면 농기계 생산토대를 튼튼히 구축해 나가야 한다. 조선로동당은 이 문제를 풀기 위해 2022년도 계획으로 금성뜨락또르 공장의 개건 현대화와 군수공업 노동자들의 능률 높은 농기계 생산을 추진하였다. 군수공업 노동자들의 능률 높은 농기계 생산은 9월 25일 황해남도 해주광장에서 5,500대의 농기계 열병식에서 보여준 것처럼 성과적으로 완수되었다. 이제 남은 것은 금성뜨락또르 공장의 개건 현대화 과제다.

2022년 11월 2일 금성뜨락또르 공장 1단계 개건 현대화 대상 준공식이 진행되었다. 이로써 금성뜨락또르 공장을 마력 수가 높은 트랙터와 함께 여러 가지 능률적인 농기계를 생산하는 종합적인 공장, 나라의 농기계 발전을 견인하는 보배공장으로 꾸려, 새 시대 농촌혁명 수행을 강력히 촉진하려는 당 중앙의 구상에 따라 추진된 개건 현대화의 1단계 목표가 완수되었다. 개건 현대화로 현대적인 설비들과 선진적인 생산 공정을 갖춘 수만㎡의 생산건물이 일떠서고, 주물직장, 주강직장, 제관직장, 단조직장 등 10여 개 대상의 신설 및 개건 공사가 훌륭히 결속됨으로써 성능 높은 트랙터와 농기계들을 다량 생산할 수 있는 실질적인 토대가 구축되고, 나라의 륜전기계공업 발전을 활기 있게 떠밀어나갈 중요한 거점이 마련되었다. 이것이 북이 바라보는 금성뜨락또르 공장 1단계 개건 현대화 대상 준공식의 의미이다.

김덕훈 내각총리가 준공사를 했다. 그는 우리 당의 새 시대 농촌건설강령을 관철하기 위한 투쟁이 힘 있게 전개되는 속에 금성뜨락또르공장 1단계 개건 현대화공사가 완공된 것은 미증유의 격난 속에서도 당 중앙이 펼친 부흥번영의 설계도 따라 도도히 전진해나가는 우리 국가의 억센 기상과 주체공업의 발전 잠재력의 일대 과시로 된다고 말하였다. 그는 농업생산의 기계화, 과학화, 집약화를 실현하여 나라의 모든 농촌을 일하기도 좋고 살기도 좋은 문명 부강한 사회주의 농촌으로 만들려는 것은 우리 당의 확고한 결심이며 우리 자신의 힘과 노력으로 농기계 공업의 기반을 튼튼히 다지고, 그것을 새 시대 농촌 진흥에로 이어놓는 것은 공화국 정부가 우선시하고 강력히 추진하는 중대 국사 중의 하나라고 강조하였다. 우리 인민의 복리를 위하여 당 중앙이 구상한 중요사업들이 훌륭히 결속되고 보다 과감하고 대담한 목표 수행으로 이행하고 있는 현실은 시련이 아무리 간고해도 자력갱생하여 우리나라를 가장 강하고 부유한 나라로 만들려는 우리의 꿈과 포부가 가까운 기간에 반드시 실현될 것이라는 확신을 백배해주고 있다고 그는 말하였다.

금성뜨락또르 공장의 1단계 개건 현대화 대상 준공에 대해 북에서는 매우 높게 평가하고 있다. 북의 평가에 따르면 금성뜨락또르공장의 1단계 개건 현대화 대상들이 준공됨으로써 성능 높은 뜨락또르와 여러 가지 농기계를 대량 생산할 수 있는 믿음직한 토대가 구축되었고, 나라의 륜전기계공업 발전을 활기 있게 떠밀어나갈 수 있는 중요한 거점이 마련되었다고 한다. 그리고 이것은 농촌진흥의 밝은 미래가 현실로 펼쳐지고 있음을 직관적으로 보여주고 있다고 한다. 북이 더 높게 평가하고 있는 것은 그것들이 철저히 우리식, 우리 기술, 우리 힘으로 이룩되었다는 점이다. 북 언론에서는 황해남도의 전야를 뒤덮은 새 형의 농기계들은 구체적 실정에 맞으면서도 다루기 간편하고 높은 작업능률을 낼 수 있게 현대적으로 설계 제작되었으며, 금성뜨락또르공장 1단계 개건 현대화도 우리 식으로 세계적 수준에서 훌륭히 실현되었다는데 그 중요한 특징이 있다고 자랑삼아 얘기하고 있다. 로동신문 보도에 따르면 새 형의 농기계 생산기준은 다른 나라에서 생산한 농기계의 우수한 점은 받아들이면서도 자체 실정에 맞고 사람들이 좋아하는 농기계를 만드는 것이다. 군수공업노동자들이 생산한 농기계들은 선진적인 농기계들에 우수한 기능을 창조적으로 더 보충하고 그것을 이용할 사람들의 의견까지 반영하여 설계되었으며, 성능 검열을 거쳐 생산되었다고 한다. 또 금성뜨락또르공장 1단계 개건 현대화 대상도 생산 공정에서나 장비 수준에서 그리고 농기계의 종류와 질적 측면에서 세계와 어깨를 겨룰 수 있게 농기계 공장을 완전히 개변시키려는 김정은 총비서의 확고한 결심이 철저히 구현되어 있다고 한다. 이와 관련된 2022년 12월 13일 자 로동신문을 보도록 하자.

『나라의 제일 큰 농업 도이며 기본 곡창지대인 황해남도의 드넓은 전야들에 전개된 새 형의 농기계들은 올해 농사에서 그 우월성을 남김없이 발휘하였다. 가을걷이와 낟알 털기의 기계화 비중이 훨씬 높아져 지난 시기보다 많은 노력이 절약되었고 시간도 앞당겨졌다. 특히 농민들이 가을철의 힘든 일을 헐하게 할 수 있게 됨으로써 온 나라 농업근로자들과 인민들에게 신심과 고무를 안겨주었다.

올해 세계적 수준에서 농기계 생산의 표준, 본보기가 마련되고 우리 식의 현대화가 실현된 농기계공장의 실체가 일떠섬으로써 농촌경리의 종합적 기계화를 힘 있게 추진할 수 있는 확고한 전망이 열리게 되었다.

가장 어려운 국난 속에서도 지난 시기에는 상상도 할 수 없었던 큰 성과를 이룩한 경험과 토대에 의거하여 더 완강하게 투쟁한다면 온 나라 농촌들을 우리가 만든 농기계들로 뒤덮으려는 우리 당의 농촌건설구상은 가까운 앞날에 현실로 펼쳐지게 될 것이다.』(2022년 12월 13일자 로동신문 '사회주의 전면적 발전의 기상을 과시하는 변혁적 실체'라는 기사 중에서 인용)

2022년은 농촌 살림집 건설의 새 역사가 시작된 해

지금 북녘에서는 새 시대 사회주의 농촌건설 사업을 다방면적으로 추진하고 있는데, 가장 최고로 중대시하는 사업은 농촌의 면모와 환경을 완전히 일신하는 것이다. 김정은 총비서의 다음과 같은 말이 그것을 실증해주고 있다.

《우리 당과 공화국정부는 지방건설 특히 농촌건설을 본격적으로 다그치기 위하여 국가가 모든 시, 군들에 해마다 세멘트를 정상적으로 보장해 주는 것을 정책화, 법화하도록 하였으며 당중앙위원회 제8기 제4차 전원회의는 나라의 모든 농촌마을들을 우리식 사회주의의 맛이 나고 해당 지역의 특성이 뚜렷 살아나게 건설할 데 대한 전략적인 과업을 제시하였습니다.》

북은 이 문제를 매우 중시한다. 그것은 농촌의 면모와 환경을 획기적으로 바꾸는 사업은 무엇보다 북녘 농민이 절실히 바라고 환영하는 사업이라는 점이다. 뿐만 아니라 새로운 사회주의 농촌문명, 지방이 변하는 새 시대를 펼쳐놓는 정치적 사업이며, 사회의 진보와 부흥, 국가의 전반적 발전을 촉진하는 사업이기 때문이다. 4차 전원회의 결정에 따라 2022년부터 농촌 살림집 건설이 본격적으로 시작되고 있다. 올해에만 해도 현대적 문화주택들이 전국 농촌마을 곳곳에서 건설되고 새집들이 행사가 연일 계속되고 있어, 농촌의 변화와 발전을 보여주는 새 시대 변혁적 실체가 생동하게 눈앞에 펼쳐지고 있다.

요즈음 북에서는 새로운 현대적 농촌문화주택 건설 경쟁이 전국적으로 벌어져, 수많은 농촌마을에 현대문명이 응축된 농촌문화주택이 자기의 모습을 드러내고 있다. 전국적 경쟁 열풍 속에 고산군 설봉리, 회령시 창효리를 비롯한 많은 농촌 마을에 현대 문명이 응축된 농촌문화주택들이 자기의 모습을 드러냈고, 새집들이 경사가 곳곳에서 벌어지고 있다.

북이 추진하는 농촌문화주택 건설 사업은 산간지대와 평야지도, 해안지대 등 지역적 특성에 맞는 본보기 농촌 마을을 건설하는 사업이다. 4차 전원회의에서 전국의 모든 농촌 마을을 삼지연시 농촌 마을 수준으로 부유하고 문화적인 사회주의 이상촌을 만들자는 것이 우리 당의 농촌건설 정책이라고 결정했다. 이로부터 불과 몇 달 사이에 현대문명이 응축된 농촌문화주택이 전국 곳곳에서 우후죽순처럼 솟아나고 있다. 불과 1년 사이에 북의 농촌 마을은 상전벽해와 같이 급속히 그 면모를 바꾸어 나가고 있다.

이러한 현대적 농촌문화주택 건설 사업에 김정은 총비서가 직접 개입하여 구체적으로 이끌어 나가고 있다고 한다. 그는 농촌 살림집 건설 계획 작성과 살림집 건설의 선후차를 명확히 가려주고, 농촌건설을 위한 국가적 지도체계와 자재보장체계를 수립하는 동시에 시, 군들의 건설역량과 물질기술적 토대를 강화하도록 이끌어 나가고 있다. 이러한 과정을 거쳐 정치성과 현대성, 문화성과 다양성이 보장되고 지역적 특색을 살린 수백 건의 농촌살림집 설계도가 완성되어 2022년 현대 문명이 응축된 농촌살림집이 수많이 건설되었다.

2022년 현대 문명이 응축된 농촌살림집

지방공업 현대화의 본보기 창조

새로운 사회주의 농촌 문명, 지방이 변하는 새 시대를 열어 전면적 발전의 시대를 펼쳐나가려는 것이 현재 북의 정책적 방향이다. 북에서 전면적 발전의 시대란 정치와 경제, 사회문화, 국방 등 국가활동의 모든 분야와 각 도, 시, 군이 균형적으로 동시에 발전해 나가며, 도시와 농촌이 함께 발전해 나가는 새로운 역사의 시대라고 본다. 현재 경제면에서의 과제는 도시와 농촌의 균형발전, 시 군의 균형발전인데, 이 문제를 풀려면 지방공업 현대화를 통해 시, 군에서 생산되는 제품의 질이 높은 수준에 오르고, 높은 생산성을 기록해야 한다. 그렇다면 지방공업 현대화를 가장 빠르게 추진하는 방법은 무엇일까? 이 점을 고민하면서 조선로동당은 지방공업이 가장 뒤떨어진 군을 선정해, 국가적 지원 속에 가장 현대적인 지방공업의 시범을 창조하고, 이를 전국적으로 일반화하는 전략을 택했다. 그리고 그 시범으로 김화군 지방공업 현대화를 국가적 역량을 집중해서 추진했다.

이러한 방략에 따라 2022년 지방공업 현대화의 본보기로 건설된 것이 김화군 지방공업공장이다. 김화군 지방공업공장은 조선로동당의 시, 군 중시 사상, 시, 군 강화노선의 실체를 잘 보여주고 있다. 북에서는 전면적 발전의 시대를 여는 데 있어 지방공업공장의 현대화를 매우 중시한다. 북 언론에 따르면 지방공업공장을 현대화하는 것은 인민 소비품을 늘리기 위한 필수적 요구이며, 지방공장의 본보기를 마련해 모든 시, 군의 균형적 동시 발전을 이룩하는 지름길이다.

김화군 지방공업공장 전경과 각종 제품생산 모습

김화지방공업공장 탄생 경위는 이러했다. 김정은 총비서는 5개년 계획수행의 첫해 과업을 확정하는 당중앙위원회 제8기 2차 전원회의에서 생활 조건이 제일 어렵고 경제 토대도 빈약한 김화군에 지방공업공장을 번듯하게 꾸려 본보기로 내세우자고 제기했다. 그리고 그 추진을 위한 강력한 지휘조와 과학기술 역량을 꾸리고 매월 공사 진행 정형을 파악하고 필요한 조치를 취해주었다. 이렇게 지방공장의 본보기, 지방 문명의 척도로 건설된 김화군 지방공업공장에서 제품생산이 활발히 벌어지고 있다.

중앙급 식료공장 못지않게 현대화가 높은 수준에서 실현된 군 식료공장에서 간장, 된장, 기름, 사탕, 과자, 산과실단물, 빵 등 갖가지 식료품을 생산하고 있다. 자동화, 흐름선화(콘베이어화)된 기초식품 생산공정에서 매일 맛좋은 간장, 된장이 줄줄이 쏟아져 나오고 있다. 산을 많이 끼고 있는 군의 실정에 맞게 산과일 가공제품 생산에서 패권을 쥘 목표를 내세운 공장 간부와 종업원들이 제품의 질을 높은 수준에서 보장하고 있다. 맛좋은 식료품들이 생산되는 족족 상업망을 통해 상점들에 공급되고 있다.

환경보호형, 절약형으로 생산 공정이 확립된 종이 공장에서도 필기종이, 위생종이를 비롯한 각종 종이 제품을 만들고 있다. 종이 공장에서 생산되는 학습장을 비롯한 제품의 질이 좋다고 주민들이 기뻐하고 있다. 공장에서는 지금 군에서 살림집 건설을 본격적으로 추진하고 있는데 맞게 장판종이, 도배종이 생산을 보장하는 사업도 착실히 하고 있다.

일용품공장에서는 빨래비누, 수지그릇류, 각종 목제품, 초물제품 생산에 박차를 가하고 있다. 빨래비누와 수지그릇류들은 질이 좋아 주민들 속에서 대단히 수요가 높다. 옷 공장에서도 군내 인민들의 수요를 알아보고 작업복을 비롯한 여러 가지 피복 제품을 생산하기 위해 노력한다. 생산이 본격화될수록 모든 공장에서 종업원들의 기술 기능 수준을 끌어올리기 위한 사업이 활발히 벌어지고 있다.

북에서는 김화군 지방공업공장들을 기술공정과 기술 수단의 현대화 수준이 높고 경영관리 수준이 향상되어 있으며 자기 지방의 원료 원천에 의거해 생산이 이루어지는 지방공업 현대화의 본보기로 적극 내세우고 있다. 식료공장, 옷공장, 일용품공장, 종이공장은 자체의 힘으로 군내 인민들의 물질적 수요를 충분히 보장할 수 있는 튼튼한 토대를 갖춘 현대적인 공장들로서 여기에서는 현재 수십 종에 백 수십 가지의 각종 식료품과 소비품들을 생산하고 있으며 제품의 질이 높아 인민들의 수요가 높다고 한다.

모든 시, 군들에서 김화군에서처럼 자기 지방에 흔한 원료 원천에 의거하는 생산 기술 공정을 확립하고 인민 소비품을 꽝꽝 생산한다면 그 어떤 외적 요인에도 끄떡없이 인민 생활을 안정 향상시켜 나갈 수 있으며 시, 군의 자립적이며 다각적인 발전을 이루어 낼 수 있다는 것이 북의 생각이다. 김화군 지방공업공장현대화는 조선로동당의 지방공업혁명방침을 철저히 관철하는데 사회주의의 전면적 발전, 부흥 강국의 진로가 있다는 것을 뚜렷이 실증해 주고 있다고 평가한다.

이러한 점에서 김화군 지방공업공장 현대화는 조선로동당의 시, 군 중시사상, 시, 군 강화노선의 빛나는 결정체라고 본다. 조선로동당의 시, 군 중시사상, 시, 군 강화 정책의 총적 목표는 모든 시, 군들을 문명 부강한 사회주의 국가의 전략적 거점으로, 자기 고유의 특색을 가진 발전된 지역으로 만드는 것이다. 과거부터 북에서는 시, 군은 조선로동당 정책의 말단 집행 단위이고 농촌경리와 지방경제를 지도하는 지역적 거점이며 나라의 전반적 발전을 떠받드는 강력한 보루라고 해왔다. 인민생활 향상과 직결된 지방공업과 농촌경리의 발전도, 나라의 전면적 부흥을 이룩하기 위한 사업도 시, 군의 역할에 크게 달려있다. 모든 시, 군들이 경제적 자립성을 강화하며 지역적 특성에 맞게 발전해나가는 것만큼 주체적 힘, 내적 동력이 증대되고 나라의 전면적 부흥, 전면적 발전이 힘 있게 촉진된다. 북에서 말하는 민족자립경제는 국가적 차원에서 자립을 이룩할 뿐 아니라, 모든 시, 군들 차원에서도 시, 군을 중심으로 자립적 지방경제, 농촌경제를 이룩하는 것이다. 수도권 집중, 도시 집중 불균형 성장체제인 남의 경제와는 이런 점에서 매우 다르다. 남의 경제는 수출의존, 해외의존, 도시의존 경제이며, 편파적 경제이다.

조선로동당은 제8차 대회가 제시한 시, 군 강화노선을 관철하고, 지방공업공장의 새로운 기준을 창조하기 위해 한개 군 안의 낙후하고 뒤떨어진 지방공업공장들을 대담하게 들어냈다. 시대와 지방 문명의 척도가 될 수 있게 새로 건설하기로 결정하고, 휴전선 근처에 있으면서 생활 조건이 제일 어렵고 경제토대도 빈약한 김화군의 지방공업공장들을 지방공업공장의 표준, 본보기로 내세우기로 하였다. 그리고 김정은 총비서의 깊은 관심과 직접적인 지휘

아래 아주 짧은 기간에 지방공업공장의 표준, 본보기가 실체를 드러냈다. 이것은 북녘 민중에게 앞날에 대한 확신, 당 정책 결사 관철의 강력한 의지와 분발력을 더욱 높이고 전면적 발전구상을 실현하는 전환점이 되었다.

김화군 지방공업 공장 건설과 함께 사회주의 문명이 응축된 농촌 문화주택들이 들어서고 있는 김화군의 모습이다. 아래는 모두 즐거워 춤추며 살림집 새집들이 행사를 하는 모습이다

북은 김화군 지방공업공장을 지방공업 현대화에서 기준으로 삼아야 할 본보기, 표준으로 본다.

북에서 말하는 '우리식 사회주의의 전면적 발전'은 국가 사회생활의 모든 분야, 나라의 모든 지역의 동시적이며 균형적인 발전이며, 세계적 수준에로의 도약이다. 모든 시, 군들이 김화군처럼 지방공업공장들의 현대화 사업을 다그쳐 뒤떨어진 부문, 약한 고리들을 추켜 세우고 속살이 지게 하여야 전국의 지방공업토대를 튼튼히

다지고 앞선 지역, 뒤떨어진 지역이 없이 다 같이 균형적으로 발전해 나갈 수 있다.

김화군은 지리적으로 볼 때 군 면적의 거의 80%가 산으로 이루어져 있는 군으로서 농산물과 산림자원이 기본원료 원천이다. 김화군 지방공업공장들은 이러한 지역적 특성에 맞게 농산물과 산림자원을 최대한 효과적으로 이용하는 방향에서 생산 공정이 꾸려졌으며 그에 의거하여 모든 제품을 생산하고 있다.

지금 김화군의 지방공업공장들을 본보기로 전국의 지방공업공장들을 현대화하기 위한 투쟁이 힘 있게 벌어지고 있다. 모든 지방공업공장에서 생산 공정들을 개건 현대화하고 자기 지방의 특산물, 자원에 철저히 의거하여 질 좋은 인민소비품 생산을 늘려나갈 때 잘사는 군과 못사는 군, 앞선 지역과 뒤떨어진 지역이 따로 없이 전체 인민이 다 같이 유족하고 문명한 생활을 누리는 새 시대가 펼쳐지게 될 것이다. 바로 여기에 김화군의 지방공업공장들을 본보기, 표준으로 내세운 조선로동당 중앙의 깊은 속셈이 있다.

4절 _ 조선로동당 중앙위원회
제8기 7차 전원회의 확대회의

조선로동당 중앙위원회 제8기 7차 전원회의가 2023년 2월 26일부터 3월 1일까지 진행되었다. 이 전원회의에서는 주로 새로운 농촌혁명강령 실행 첫 해 사업을 분석 평가하고, 올해 농사와 전망적 농업 발전 토대를 닦기 위한 절실하고도 필수적 과업과 방도를 다시 명백히 확정하였다

2022년 연말에 조선로동당 중앙위원회 제8기 6차 전원회의를 개최하여, 2022년 사업을 총평가하고 2023년 사업계획을 확정했다. 그런데 불과 두 달 만인 2023년 2월 26일부터 3월 1일까지 7차 전원회의 확대회의가 다시 개최되었다. 보통 전원회의는 6개월마다 한 번씩 열리는 게 상례인데, 2개월 만에 다시 열었다는 것은 좀 특별하다. 무엇 때문이었을까? 그에 대한 답은 김정은 총비서의 다음과 같은 개회사에 잘 드러나 있다.

그는 개회사에서 당중앙위원회 제8기 7차 전원회의 토의사업 목적에 대해 밝히고, 새로운 농촌혁명강령 실행 첫 해 사업 정형에 대한 당 중앙위원회의 분석과 평가를 내렸다. 그리고 가까운 연간에 농업생산을 안정적인 발전궤도에 확고히 올려 세우고 농촌의 정치사상적, 물질기술적 토대를 실제적으로 강화하기 위해서는

농업 발전에 부정적 작용을 하는 내적 요인을 제 때에 찾아내어 해소하는 것이 절실한 요구로 나선다고 강조했다.

따라서 지난해 농사의 전 과정을 과학적으로, 해부학적으로 주객관적으로 정확히 평가해 해당한 방책을 도출하며, 올해 농사와 전망적 농업 발전 토대를 닦기 위한 절실하고도 필수적 과업과 방도를 다시 명백히 확정하기 위해 이번 전원회의를 열었다고 밝혔다.

새 시대 농촌혁명 강령 실현을 위한 첫 해 투쟁 정형과 일련의 중요 과업에 대해

7차 전원회의 안건은 여러 가지가 있었지만, 가장 핵심적인 안건은 첫 번째 안건인 「새 시대 농촌혁명 강령 실현을 위한 첫해 투쟁 정형과 일련의 중요 과업들에 대하여」였다. 이 안건토의는 먼저 농촌혁명 강령 실현을 위한 2022년도 사업에 대한 보고가 있었다. 보고에서는 당의 농촌발전전략실행의 첫 해 사업에서 이룩된 성과와 시정, 극복되어야 할 편향 및 교훈들이 다면적으로 해부학적으로 상세하게 제기되었다. 이어서 토론과 서면 토의가 활발히 진행되었다. 이후 김정은 총비서가 강령적 결론《올해 농사에서 나서는 당면과업과 농업 발전의 전망 목표에 대하여》를 제시했다. 그 내용은 다음과 같다.

- 사회주의 건설의 전면적 발전단계의 요구에 맞게 농촌진흥의 새 시대를 줄기차게 열어나가기 위한 구상 천명

- 사회주의 농촌건설의 목표 달성은 거창하고 심각한 혁명⇒ 과학적인 단계와 목표 설정, 목적지향적 투쟁 전개 필요

- 당의 목표이자 신념: 농촌혁명 강령이 가까운 장래에 현실로 변모되는 농촌, 선진기술과 현대문명을 겸비한 부유하고 문화적인 사회주의 농촌 건설

- 농업발전 목표와 과업제기
  - 선차적 과제: 이상기후 현상에 대비한 전반적인 관개 체계 완비
  - 새롭고 능률적인 농기계 제작 보급. 농기계 부문 혁신적 개건사업 추진
  - 간석지 개간과 경지면적 확대
  - 과학연구 단위의 첨단기지화를 비롯한 농업기술 발전 토대 강화 추진

- 농업생산 지도에서 견지해야 할 원칙과 시행 방도
  - 농업지도의 편파성 극복과 균형성 보장
  - 모든 농장에서 정보당 수확고 증대를 중심에 두고 투쟁

- 도, 시, 군 지도기관과 농장의 역할 확대

- 2022년 농촌 살림집 건설 평가
  - 현대적 농촌살림집 건설을 본격적으로 전개하는 과정에 소중한 경험과 교훈 축적
  - 전국적 판도에서 농촌건설을 힘 있게 밀고 나갈 효과적 방법론 개발
- 올해 대책과 정책 과업 제시
  - 농업 부문에 대한 당적 지도 강화와 농촌 당 사업 개선

조선로동당 중앙군사위원회 제8기 5차 확대회의 진행

조선로동당 중앙군사위원회 제8기 5차 확대회의가 조선로동당사에서 열렸다. 이 회의에서는 새 시대 농촌혁명 강령 실현에 관한 군사 부문의 역할과 과제가 주요 토의된 특색 있는 회의로 기록되었다.

2023년 3월 12일 자 로동신문에는 조선로동당 중앙군사위원회 제8기 5차 확대회의가 열렸다는 뉴스가 실렸다. 그런데 이번 군사위원회 회의는 색달랐다. 보통의 경우 군사위원회 회의는 나라의 군사적 문제들이 주 의제로 토론되는 게 상례인데, 이번 군사위원회 회의는 달랐다. 물론 당면 한반도 주변의 군사적 대결 위기가 높아져 감에 따라 군사 문제도 논의되었지만, 사회주의 건설의 변혁적 발전을 위한 주요 전역에 인민군대를 파견해 전국적 범위에서 강력한 투쟁을 힘 있게 조직 전개해 나가는 문제를 주로 토의했다.

회의에서는 농촌문제 해결의 중요성과 현재 농촌건설 진행 실태를 확인하고, 사회주의 농촌건설의 중장기적 발전 방향과 목표가 뚜렷이 제시된 데 맞게 이를 무조건적으로 철저히 집행하기 위한 방도가 집중적으로 토의되었다. 토의를 통해 농촌진흥과 지방건설, 사회주의 대건설을 가속화하기 위한 인민군대의 활동 방향과 구체적 임무를 확정했고, 그 집행과 관련한 조직 기구적 대책과 병력 이용 방안을 토의하고 결정했다.

회의에서 김정은 총비서는 주 객관적 형세를 개괄 분석하면서 온갖 도전과 난관을 완강히 극복하며 전면적 국가부흥의 거창한 위업을 추진해 나가는 오늘의 창조대전은 당의 웅대한 실천 강령 관철을 위한 투쟁에서 언제나 선봉적 역할을 해온 인민군대가 더욱 전진적이고 더욱 격동적인 투쟁으로 온 사회를 선도해나갈 것을 요구하고 있다고 강조했다. 그리고 인민들이 실질적으로 기대하고 그려보는 이상을 눈앞의 현실로 안겨주기 위한 사회주의 농촌건설과 경제발전의 성스러운 전구에서 인민군대는 마땅히 투쟁의 주체가 되고 본보기가 되어 단계별 목표를 무조건 결사 관철함으로써 한해 또 한해 온 나라가 반기는 부흥의 실체를 반드시 안아와야 한다고 말했다.

북의 언론에서는 조선로동당 중앙군사위원회 제8기 5차 확대회의를 일컬어 당의 군대, 인민의 군대인 조선인민군의 혁명적 성격과 본태를 더욱 명백히 하고 새 시대 농촌혁명강령 실현과 사회주의 건설의 전면적 발전을 위한 결정적 담보를 마련했으며 인민들의 복리증진을 위한 실천의 보폭을 크게 내짚은 의의 깊은 조치로 높게 평가하고 있다. 이러한 북의 흐름을 놓고 볼 때 농촌 살림집 건설 사업에 인민군대가 대대적으로 투입될 것으로 보인다.

5절 _ 우리나라 사회주의 농촌문제에 관한 테제
(1964년 2월 25일, 조선로동당 중앙위원회 제4기 8차 전원회의에서 채택)

김정은 총비서가 제시한 새 시대 농업혁명강령은 1964년 김일성 주석이 제시한 『우리나라 사회주의 농촌문제에 관한 테제』를 계승하고, 시대의 변화 발전에 따라 그것을 발전시킨 21세기 농촌혁명의 대 구상이다. 이러한 점에서 김일성 주석이 제시한 『우리나라 사회주의 농촌문제에 관한 테제』를 살펴볼 필요가 있다.

우리나라 사회주의농촌문제에 관한 테제

- 농민문제, 농업문제의 성과적 해결 여부는 혁명의 승패와 사회적 진보를 좌우하는 관건적 문제. 도시와 농촌에서의 사회주의혁명의 승리는 농민문제, 농업문제의 해결에서 역사적 전환. 사회주의혁명이 승리한 다음에도 농촌문제는 사회주의와 공산주의 건설에서 매우 중요
- 농업은 공업과 함께 인민 경제의 2대 부문의 하나. 식량을 보장하고 경공업에 원료를 공급
- 농민 문제, 농업 문제는 도시와 농촌 간의 차이, 노동계급과 농민 간의 계급적 차이를 없애야만 종국적으로 해결

I. 사회주의 하에서의 농촌문제 해결의 기본원칙

- 문제는 사회주의제도 하에서 농촌사업을 어떻게 하며 농촌경리를 어떻게 발전시키는가에 있다.

사회주의 하에서의 농민문제와 농업문제는 농촌에 수립된 사회주의 제도를 끊임없이 공고화하는 기초 우에서 농업생산력을 고도로 발전시키고 농민들의 생활을 넉넉하게 하며 착취사회가 남겨놓은 농촌의 낙후성을 없애고 도시와 농촌 간의 차이를 점차적으로 없애는 데 있다.

- ■ 농민문제와 농업문제를 성과적으로 해결하기 위하여서는 세 개의 기본원칙을 확고히 견지해야 함
① 농촌에서 기술혁명과 문화혁명, 사상혁명을 철저히 수행
② 농민에 대한 로동계급의 지도, 농업에 대한 공업의 방조, 농촌에 대한 도시의 지원을 백방으로 강화
③ 농촌경리에 대한 지도와 관리를 공업의 선진적인 기업관리 수준에 접근. 전 인민적 소유와 협동적 소유의 연계 강화. 협동적 소유를 전 인민적 소유에 접근

1. 농촌에서의 기술혁명, 문화혁명, 사상혁명
- 착취계급이 없어지고 사회주의적 개조가 완성된 다음에도 도시와 농촌간의 차이가 남아있고 노동계급과 농민의 계급적 차이가 남아있다는 사실 자체가 혁명을 계속해야 하며 특히 농촌에서 혁명을 더욱 철저히 수행해야 한다는 것
- 기술혁명, 문화혁명, 사상혁명, 이것은 사회주의적 협동화가 완성된 다음 농촌에서 수행하여야 할 중심적인 혁명 과업
- 농촌에서의 기술, 문화, 사상혁명의 과업은 서로 밀접히 연결되어 있으며 그것들은 통일적 과정으로서 수행되어야 함
- 사상혁명을 앞세워야. 사회주의 하에서도 계급투쟁은 계속됨. 낡은 사상 잔재와의 투쟁
- 사상혁명을 확고히 앞세우면서 여기에 병행하여 기술혁명과 문화혁명을 힘 있게 추진시켜야 함

2. 농민에 대한 노동계급의 지도, 농업에 대한 공업의 방조, 농촌에 대한 도시의 지원
- 노동계급의 당과 국가의 지도 방조는 농촌에서의 사회주의제도의 발생과 공고 발전을 위한 필수적 조건
- 노동자와 농민은 동맹자이며 다 같이 사회주의적 근로자. 전 인민적 소유와 협동적 소유는 상호 밀접한 연계 속에서 발전하는 사회주의적 소유의 두 개 형태이며, 다 같이 사회주의국가의 경제적 기초
- 공업은 인민경제의 지도적 부문. 농촌에 대한 당과 국가의 지도와 방조를 백방으로 강화하여야 하며 도시가 농촌을 적극 지원하여야 함

3. 농촌경리에 대한 지도와 관리, 전 인민적 소유와 협동적 소유의 연계
- 도시와 농촌 간의 차이, 노동계급과 농민간의 계급적 차이를 없애려면 기술, 문화, 사상 분야에서의 농촌의 낙후성을 없애는 동시에 소유관계와 경제관리 수준에서의 농촌의 낙후성을 없애야함
- 이를 위해서는 농촌경리의 지도관리를 개선하여야 하며 협동적 소유를 점차적으로 전 인민적 소유의 수준에 끌어올려야 함
- 지도와 관리를 개선하는 기본방향은 농업협동경리의 관리 운영 방법을 공업의 선진적인 기업관리 방법에 끊임없이 접근시키는 것
- 기업적 방법으로 관리한다는 것은 생산에 대한 기술 지도를 강화하며 기업소의 모든 경영활동을 계획화하고 조직화한다는 것을 의미함
- 기술 지도의 강화, 모든 경영활동의 가일층의 계획화와 조직화, 바로 이것이 농업협동경리의 관리 운영을 개선하는 기본방향이며 경제관리에서의 공업에 비한 농업의 낙후성을 없애는 기본방향

II. 사회주의 농촌건설의 기본과업

1. 농촌 기술혁명
- 농촌 기술혁명의 기본과업: 수리화, 기계화, 전기화, 화학화
- 수리화, 기계화, 전기화, 화학화를 실시하면서 농업과학의 성과와 선진 영농기술을 널리 받아들이며 집약적인 영농방법을 더욱 발전시켜야 함. 농촌경리의 집약화, 이것은 영농사업에서의 우리 당의 기본 방침
- 육종사업을 강화하여 종자를 개량하며 자급비료를 더 많이 내며 모든 영농작업을 제때에 질적으로 수행하고 논밭을 알뜰하게 가꾸어야 함
- 농촌 기술혁명을 수행하는 기초 위에서 농업생산을 부단히 높여야함

2. 농촌 문화혁명
- 농촌 문화혁명은 농민들의 문화, 기술 수준을 높이며 농촌 기술 간부를 양성하며 농촌의 낡은 면모를 개변하고 온갖 뒤떨어진 생활양식과 인습을 없애며 생활을 문화적으로, 위생적으로 꾸리기 위한 중요한 혁명 과업
- 기본은 농민들의 일반지식수준과 기술 수준을 높이는 것
- 중요 과업은 농촌 보건 위생 사업을 발전시키며 농민들의 문화생활 조건을 더욱 개선하는 것

3. 농촌에서의 사상혁명
- 농민들의 낡은 사상 잔재를 극복하고 그들을 선진적 노동계급의 사상으로, 공산주의 사상으로 무장시킨다는 것
- 사회주의 하에서의 군중 교양의 기본방법은 사람들을 긍정적 모범으로 감화시키는 방법

4. 농촌에 대한 지원
- 농민에 대한 노동계급의 지도와 방조, 농촌에 대한 도시의 지원은 노농동맹을 강화하며 공업과 농업의 균형적 발전을 보장하며 사회주의 도시 및 노동자구와 함께 사회주의 농촌을 튼튼히 꾸리며 점차 도시와 농촌간의 차이를 없애기 위한 기본조건의 하나
- 농촌에 대한 국가투자를 늘리며 물질기술적 방조를 더욱 강화하여야 함

5. 협동농장들에 대한 국가적 지도
- 우리 당의 전통적인 혁명적 사업방법, 당의 군중노선을 사회주의 건설의 현실에 구현한 청산리 정신과 청산리 방법의 보급은 우리의 모든 당 및 국가기관들의 사업에서 전변을 일으키게 하였으며 협동화된 농촌의 새 환경에 맞게 농촌지도사업을 개편하게 함
- 1962년 초에 새로 군 협동농장경영위원회와 도 농촌경리위원회를 조직.
- 군 협동농장경영위원회의 우월성
  - 행정적 방법이 아니라 기업적 방법에 의해 농촌경리를 효과적으로 지도할 수 있으며, 특히 농업생산에 대한 기술적 지도를 더욱 강화할 수 있음
  - 전 인민적 소유와 협동적 소유를 유기적으로 결합시키며 공업과 농업 간의 생산적 연계를 강화
- 도농촌경리위원회 및 중앙농업위원회의 역할과 기능을 높여야 함

III. 사회주의농촌건설에서의 군의 역할과 임무

- 농촌과 같이 지역적으로 분산된 대상을 지도하는데 있어서 중요한 문제는 지방마다 일정한 지역을 통일적 지도의 단위로 설정하고 그것을 거점으로 하여 해당 지역 내의 모든 대상들을 직접 지도하는 것

- 군이 농촌사업과 지방의 전반적 사업을 직접적으로, 통일적으로, 종합적으로 지도하는 지역적 단위, 거점. 우리의 군들은 그 크기에 있어서나 간부와 지도기관들, 물질기술적, 문화적 수단들을 기본적으로 갖추고 있는 점에 있어서 이러한 단위로서 가장 적합
- 군의 지위
    - 군은 농촌과 노동자구를 직접 지도하는 당과 행정의 말단 지도단위
    - 군은 지방의 경제문화 발전의 종합적 단위
    - 군은 정치, 경제, 문화의 모든 분야에서 도시와 농촌을 연결시키는 거점
- 군의 역할
    - 사회주의 농촌의 발전에서 매우 중요한 역할. 군은 농촌에서의 기술혁명, 문화혁명, 사상혁명의 수행을 촉진하는 거점. 도시와 농촌을 연결시키고 농촌에 대한 도시의 정치, 경제, 문화적 지원을 실현하는 거점
    - 1962년에 열렸던 지방당 및 경제일군창성연석회의는 창성군의 사업성과와 경험을 총화하고 군들 앞에 나선 과업을 명확히 내세움으로써 군 사업을 새로운 더 높은 단계에 올려 세울 수 있게 함
- 과업: 군 사업 개선 강화
    - 농촌경리에 대한 군협동농장경영위원회의 지도를 강화하는 동시에 사회주의 농촌건설의 모든 분야에서 군의 역할을 더욱 높여야 함

1. 군내 지방공업의 역할
- 인민소비품 생산에서 대규모의 중앙공업과 중소규모의 지방공업을 병진시킬 데 대한 당의 정책이 성과적으로 관철
- 지방에 공장을 광범히 건설한다는 것은 공업을 농업에 더욱 접근시킨다는 것을 의미
- 군들에 건설된 지방산업공장들은 주로 지방원료를 가공하여 소비품을 생산하는 것을 기본목적으로 함

2. 농촌에 대한 공급기지로서의 군
- 군은 도시와 농촌간의 경제적 연계를 지어주는 거점으로 되며 농촌에 대한 공급기지
- 사회주의 건설이 전진할수록 군의 역할과 기능은 더욱 높아져야 함

3. 농촌문화혁명의 거점으로서의 군
- 군은 농촌문화혁명의 거점으로서도 사회주의 농촌의 발전에 강력한 작용을 함
- 문화적인 사회주의 농촌건설을 촉진하기 위하여서는 농촌문화혁명의 거점으로서의 군의 역할을 백방으로 강화하여야 함

4. 농촌사업에 대한 군당위원회의 지도
- 군당위원회는 우리 당의 말단지도기관이며 군사업의 참모부. 군당위원회는 군내 모든 당 조직들을 직접 지도하며 군내의 모든 사업을 통일적으로 틀어쥐고 지도함
- 농촌사업에 대한 지도는 군당위원회의 사업에서 가장 중요한 자리를 차지함. 군당위원회의 주되는 사업 대상은 농촌
- 군당위원회의 농촌사업 지도를 계속 개선 강화하는 것은 가장 중요한 과업
  ① 농촌경리의 발전과 농촌문화건설에서 키잡이의 역할을 잘하여야 한다
  ② 농촌에서의 당사업과 정치사상사업을 직접 조직하고 집행하여야 한다

IV. 협동농장들의 경제토대를 강화하며 농민들의 생활을 높이기 위한 당면한 몇 가지 대책

첫째로, 농업현물세제를 완전히 없애는 것이며,
둘째로, 농촌기본건설에서 지금까지 협동농장들이 자체 자금으로 하던 것도 앞으로는 국가자금으로 진행하도록 하는 것이며,
셋째로, 국가의 부담으로 농민들에게 문화주택을 지어주는 것 등

8장 새로운 사회주의 농촌혁명 강령

세계 최고의 군사 강국으로 도약하려는 북

제8차 당 대회에서는 다음과 같은 국가방위력 강화 5개년 계획을 제시했다.

- 핵기술의 고도화, 핵무기의 소형경량화, 전술무기화 강화; 전술핵무기 개발, 초대형핵탄두 생산 확대.
- 1만 5,000km 사정권 안의 임의의 전략적 대상들을 정확히 타격 소멸하는 명중률을 더욱 제고하여 핵 선제 및 보복 타격 능력을 고도화 할 새로운 무기체계의 개발.
- 극초음속 활공비행전투부(미사일) 개발 도입.
- 수중 및 지상 고체발동기 대륙간탄도로케트 개발 사업을 계획대로 추진.
- 핵잠수함과 수중 발사 핵 전략무기 개발 보유.
- 군사정찰위성 운용, 500km 전방 종심까지 정밀 정찰할 수 있는 무인정찰기들을 비롯한 정찰 수단들을 개발하기 위한 최중대 연구 사업을 본격적으로 추진.
- 인민군대의 첨단화, 정예화.
- 무장 장비의 지능화, 정밀화, 무인화, 고성능화, 경량화 실현.
- 전민항쟁 준비 완성.

이러한 국방력 강화사업을 김정은 총비서가 직접 틀어쥐고 이끌어 나가고 있다.

1절 _ 색다른 행사 국방발전전람회 《자위-2021》

2021년 10월 11일 평양 3대 혁명전시관에서는 국방발전전람회 《자위-2021》라는 명칭의 색다른 행사가 성대하게 개막되었다. 개막식에서는 김정은 총비서가 직접 개막연설을 하였다

북의 로동신문 2021년 10월 12일 자에는 조선로동당 창건 76돌을 맞으며 국방발전전람회 《자위-2021》이 10월 11일 3대혁명전시관에서 성대히 개막되었다고 보도되었다. 이 소식을 들은 남쪽 사람들은 도대체 무슨 행사인가 하고 어리둥절했다. 알고 보니 전람회는 말 그대로 전람회였다. 그동안 북에서 개발 생산한 현대적 무기들을 다 모아 전시관에 전시해 놓고, 평양시민들이 방문 관람하는 그러한 행사였다. 그런데 전람회장 안에 진열된 무기들은 모두 눈이 휘둥그레 할 정도로 세계적 수준의 최신식 무기들로, 북의 국방력 수준을 한눈에 그려볼 수 있었다. 이 전람회에서 김정은 총비서

가 직접 기념 연설을 하였다. 그는 국방발전전람회의 성격에 대해 다음과 같이 말했다.

『이번 국방발전전람회는 그 명칭이 보여주는 바와 같이 불패의 자위의 노선을 변함없이 견지하여 국가방위력 강화의 새 전기를 열어나가는 우리 당의 웅대한 포부와 영도력, 실천적 집행력을 집약적으로, 직관적으로 알 수 있게 하고 우리 국가가 도달한 국방과학, 군수공업의 경이적인 발전상과 그 눈부신 전망을 과시하는 일대 축전입니다.』(로동신문 2021년 10월 12일 보도, 김정은 총비서의 연설 중에서 인용함)

김정은 총비서가 말한 바와 같이 이번 전람회에는 그동안 북에서 개발 시험했던 대부분의 무기가 진열되어 있어, 북의 국방력 수준을 객관적으로 평가할 수 있다.

김정은 총비서는 기념 연설에서 매우 중요한 발언을 했다.

『다시금 말하지만 남조선은 우리 무장력이 상대할 대상이 아닙니다. 분명코 우리는 남조선을 겨냥해 국방력을 강화하는 것이 아닙니다. 이 땅에서 동족끼리 무장을 사용하는 끔찍한 역사는 다시는 되풀이되지 말아야 합니다.

재삼 밝히지만 우리는 누구와의 전쟁을 논하는 것이 아니라 전쟁 그 자체를 방지하고 국권 수호를 위해 말 그대로 전쟁억제력을 키우는 것이고 우리가 말하는 전쟁억제력과 남조선이 말하는 대북억지력은 어휘와 뜻과 본질에서 다른 개념입니다. **우리의 주적은 전쟁 그 자체이지 남조선이나 미국 특정한 그 어느 국가나 세력이 아닙니다.**

…

명백한 것은 조선반도 지역의 정세 불안정은 미국이라는 근원 때문에 쉽게 해소될 수 없게 되어 있습니다.

이 같은 현실에 미루어볼 때 지금 우리가 국방력 강화에서 이미 이룩한 성과들에 자만 도취되어 발전의 길에서 잠시나마 발걸음이 뒤쳐지고 한숨 돌려 간다면 지역의 군사적 균형이 날로 위태로워지고 우리 국가는 더욱 좋지 않은 안전 불안과 위협적인 상황에 직면할 수도 있습니다. 조선 반도에 조성된 불안정한 현 정세 하에서 우리의 군사력을 그에 상응하게 부단히 키우는 것은 우리 혁명의 시대적 요구이고 우리들이 혁명과 미래 앞에 걸머진 지상의 책무로 됩니다. 현실은 우리로 하여금 사소한 자만과 답보도 없이 현실적으로 존재하는 우려들과 위협들을 안정적으로 다스릴 수 있는 힘과 수단을 갖추는데 박차를 가할 것을 요구하고 있습니다. 강력한 군사력 보유 노력은 평화적인 환경에서든 대결적인 상황에서든 주권 국가가 한시도 놓치지 말아야 하는 당위적인 자위적이며 의무적 권리이고 중핵적인 국책으로 되어야 합니다. 그것은 자위력이 국가 존립의 뿌리이고 발전의 담보로 되기 때문입니다. 우리는 조선 반도 지역의 군사적 긴장을 야기시키는 적대세력들의 온갖 비열한 행위들에 견결하고 단호한 자세로 맞설 것이며 평화적인 환경의 근간을 흔들고 있는 그 원인들을 차차 해소하고 없애버려 조선 반도 지역에 굳건한 평화가 깃들도록 도모하기 위함에 전력을 다할 것입니다. 하지만 평화를 위한 그 어떤 대외적인 우리의 노력이 절대로 자위권 포기는 아닙니다.』(로동신문 2021년 10월 12일 보도, 김정은 총비서의 연설 중에서 인용함)

남쪽 언론에서는 "우리의 주적은 전쟁 그 자체이지, 남조선이나 미국 특정한 국가나 세력이 아니다"라는 말을 놓고 설왕설래가 많았다. 이것은 남조선이나 미국이 주적이 아니라는 의미는 아니다. 여기에서 강조하려는 것은 군사력 증강의 목적이 그 어떤 특정 대상을 상대로 한 게 아니라 전쟁을 막고, 평화를 수호하기 위함이라는 것을 새삼 강조하려는 의미로 해석해야 한다. 여기에서 김정은 총비서의 평화관이 잘 드러나 있다. 그는 전쟁을 막을 수 있는 자체의 국가방위력을 튼튼히 갖추어야만 전쟁을 막고 평화를 수호할 수 있는 힘을 갖게 된다고 보고 있다.

국방발전전람회《자위-2021》에 등장하는 각종 초현대식 무기들

북극성 2형을 비롯한 다종다양한 수중발사 탄도탄의 모습이 흥미롭다

2절 _ 극초음속 미사일 개발에 성공하다

2022년 1월 11일 북 국방과학원에서 극초음속 미사일 지난 1월 5일에 이어 두 번째 시험 발사에 성공했다. 이번 발사에는 김정은 총비서가 직접 참관했다

현대 전략무기 분야에서 최대의 쟁점은 극초음속 미사일이다. 전 세계 군사 강국들은 너도나도 극초음속 무기 개발 경쟁에 뛰어들고 있다. 극초음속 미사일 개발에 선두 주자는 러시아다. 러시아는 수년 전부터 극초음속 미사일을 개발했으며, 이번 러-우 전쟁에서 실전에 활용하고 있다. 극초음속 미사일분야에 다음으로 뛰어든 것은 중국이다. 중국은 러시아를 뒤이어 극초음속 미사일 개발에 나섰으며, 이미 극초음속 미사일 둥펑-17 극초음속 미사일을 실전 배치했다. 다음으로 극초음속 미사일 개발에 뛰어든 나라는 미국과 북이다. 미국은 지금까지 극초음속 미사일 개발 시험에서 성공했다고 언론에 발표했지만, 아직 극초음속 미사일을 실전 배치하지 못하고 있으며, 2022년도에도 여러 차례 시험발사에서 실패하였다. 이러한 상황에서 북이 2022년 1월 5일 첫 시험발사에서 성공하였고, 1월 11일 두 번째 시험발사에서도 연이어 성공함으로써 세계에서 세 번째로 극초음속 미사일을 실전 배치한 나라로 되었다.

2022년 1월 11일 김정은 총비서가 국방과학원에서 준비한 극초음속 미사일 발사 전 과정을 지켜보고 있다. 미사일 발사에 성공하자 기뻐하고 있는 모습이 눈에 인상적이다

극초음속 미사일 개발 사업은 조선로동당 제8차 대회에서 최우선적 전략적 과제로 설정되었다. 당 중앙의 지도 아래 국방과학원 과학자들은 극초음속 무기체계 개발에 용약 뛰어들었다. 2022년 벽두인 1월 5일 국방과학원은 극초음속 미사일 시험발사를 진행했다. 시험발사는 대성공이었다. 국방과학원은 시험발사에서 미사일 능동 구간 비행조종성과 안정성을 재확증하고 분리된 극초음속활공비행전투부에 새로 도입된 측면기동 기술의 수행 능력을 평가했다. 미사일은 발사 후 분리되어 극초음속활공비행전투부의 비행구간에서 초기 발사 방위각으로부터 목표 방위각으로 120km를 측면기동해 700km에 설정된 오차 없이 명중했다. 또한 겨울철 기후조건에서 연료앰플화 계통에 대한 믿음성도 검증했다.

국방과학원 자체 시험발사 성공에 자신감을 얻은 국방과학원은

김정은 총비서가 직접 참관하는 상태에서 2022년 1월 11일 또 극초음속 미사일 시험발사에 도전했다. 이번 시험발사는 개발된 극초음속 무기체계의 전반적 기술적 특성을 최종 확증하는 데 목적을 두고 진행됐다. 최종확증 단계라는 것은 시험 발사를 마무리하고, 계열생산(대량생산)과 실전배치 단계로 가기 직전에 마지막으로 하는 시험발사를 말한다. 이 시험발사에 성공한다면 시험발사는 종료되고 계열생산단계로 넘어가고, 계열생산된 미사일은 각 부대에 실전 배치된다.

시험발사는 여명이 밝아올 무렵에 시작됐다. 새벽하늘의 고요와 미명의 장막을 밀어내며, 거대한 미사일의 발사폭음이 천지를 뒤흔들고 화광이 대지를 뜨겁게 달구는 속에 극초음속 미사일이 하늘로 솟구쳐 올랐다. 발사된 미사일에서 분리된 극초음속활공비행전투부는 거리 600㎞ 계선에서 부터 활공 재도약하며 초기 발사 방위각으로부터 목표점 방위각에로 240㎞ 강한 선회기동을 수행하여 1,000㎞ 수역의 설정 표적을 명중하였다. 최종 시험발사를 통해 극초음속활공비행전투부의 뛰어난 기동 능력이 뚜렷하게 확증되고, 계열생산과 실전배치 단계로 나갔다. 이로써 세계에서 세 번째로 극초음속 미사일을 개발 완성하여, 실전 배치한 나라로 등장했다.

3절 _ 전 지구를 타격권으로 삼는《괴물》미사일, 《화성포-17》형 등장

《화성포- 17》형 ICBM의 첫 발사에 성공

김정은 조선로동당 총비서, 조선민주주의인민공화국 무력 최고사령관은 2022년 3월 23일 조선민주주의인민공화국 전략 무력의 신형대륙간탄도미사일《화성포-17》형 시험발사를 단행할 데 대하여 친필 명령하였다

김정은총비서는 3월 24일 오후 신형대륙간탄도미사일《화성포-17》형 시험발사 준비상태를 직접 현지에서 구체적으로 요해한 후 발사 진지에로 진출할 것을 명령하였다

시험발사준비 끝! 드디어 역사적 사변의 시각이 도래하였다. 김정은 총비서가 국방과학부 문일군들과 함께 종합발사지휘소에 도착했다. 발사진지와 시험관측기술 초소들, 관련 시험 연구소들에 대륙간탄도미사일《화성포-17》형 시험발사를 위한 전투경보가 울렸다. 이어 김정은 총비서의 발사 명령이 화력구분대에 전달되었다. 전략무기 시험발사 책임을 맡은 붉은기 중대 중대장은 힘찬《발사!》구령을 외쳤다. 순간 천지를 뒤흔드는 요란한 폭음과 함께 눈부신 화광이 지면을 불덩이같이 달구며, 거대한 ICBM의 동체가 대지를 박차고 우주 만 리로 솟구쳐 올랐다

로동신문의 보도에 따르면, 대륙간탄도미사일 시험발사는 주변 국가들의 안전을 고려하여 고각발사방식으로 진행되었다. 평양국제비행장에서 발사된 대륙간탄도미사일《화성포-17》형은 최대정점고도 6,248.5km까지 상승하며 거리 1,090km를 4,052s간 비행하여 동해 공해상의 예정 수역에 정확히 탄착되었다. 북은 이번 시험발사를 통하여 무기체계의 모든 정수들이 설계상 요구에 정확히 도달되었으며 전시환경 조건에서의 신속한 운용 믿음성을 과학기술적으로, 실천적으로 담보할 수 있다는 것이 명백히 증명되었다고 평가했다.

이번 성공을 놓고 김정은 총비서는 다음과 같은 요지의 발언을 했다고 로동신문은 전하고 있다. 그는 새로운 조선의 전략 무기 출현은 전 세계에 우리의 전략 무력의 위력을 다시 한 번 똑똑히 인식시키게 될 것이며, 이는 우리의 전략 무력의 현대성과 그로부터 국가의 안전에 대한 담보와 신뢰의 기초를 더 확고히 하는 계기로 될 것이라 말했다. 이어서 첨단국방과학기술의 집합체인 신형 대륙간탄도미사일 개발 성공은 주체적 힘으로 성장하고 개척되어 온 자립적 국방공업의 위력에 대한 일대 과시로 된다고 긍지롭게 말했다고 전하고 있다.

《화성포-17》형 시험발사에 성공하고, 발사에 참여한 병사들과 함께 기뻐하고 있는 김정은 총비서와 병사들의 격의 없는 모습이 이채롭다

또 그는 향후 방향에 대해서도 다음과 같이 말했다고 로동신문은 전하고 있다.

『나라의 안전과 미래의 온갖 위기에 대비하여 강력한 핵전쟁억제력을 질량적으로, 지속적으로 강화해나가려는 우리 당과 정부의 전략적 선택과 결심은 확고부동합니다. 비할 바 없이 압도적인 군사적 공격 능력을 갖추는 것은 가장 믿음직한 전쟁억제력, 국가방위력을 갖추는 것으로 됩니다. 앞으로도 우리는 계속 국방력을 강화하는 데 국가의 모든 힘을 최우선적으로 집중해 나갈 것입니다. 이것은 자기의 존엄과 자주권, 평화 수호를 위해, 우리 조국과 후대들의 영원한 안녕을 위해 우리 당이 내린 결심이며 우리 인민 스스로의 숭고한 선택입니다.』(로동신문 2022년 3월 25일 자에서 발췌 인용함)

핵에는 핵으로, 정면대결에는 정면대결로!
'《화성포-17》형 2차 시험발사'

2022년 11월 19일 로동신문에는 "핵에는 핵으로, 정면대결에는 정면대결로 조선로동당의 절대불변의 대적 의지 엄숙히 선언. 경애하는 김정은동지께서 조선민주주의인민공화국 전략무력의 신형대륙간탄도미싸일 시험발사를 현지에서 지도하시였다"라는 제목으로 《화성포-17》형 ICBM 2차 시험발사 소식을 1면 톱으로 실었다

로동신문이 전한 바에 따르면 신형대륙간탄도미사일 시험발사는 무기체계의 신뢰성과 운용 믿음성을 검열하는 데 목적을 두

고 진행되었다. 평양국제비행장에서 발사된 신형대륙간탄도미사일 《화성포-17》형은 최대정점고도 6040.9㎞까지 상승하며 거리 999.2㎞를 4,135s간 비행하여 동해 공해상의 예정 수역에 정확히 탄착되었다. 시험발사 결과를 통하여 우리 국가 전략무력을 대표하게 될 신형중요전략무기체계에 대한 신뢰성과 세계최강의 전략무기로서의 위력한 전투적 성능이 뚜렷이 검증되었다고 한다.

2022년 11월 27일 로동신문은 김정은 총비서가 지난 11월 16일 《화성포-17》형 ICBM 2차 시험발사 성공에 기여한 성원들과 함께 기념사진을 찍었다고 보도했다. 이 자리에서 김정은 총비서는 다음과 같이 발언한 것으로 전해졌다.

『우리 당의 원대한 강군건설 대업을 하나하나 이룩할 때마다 갖은 고생도 모두 인내해내며 당의 위업을 절대 지지해준 우리 인민의 충심과 애국심에 고마움을 금할 수 없습니다. 인민의 무조건적인 지지 성원 속에 떠받들려 태어난 우리의《화성포-17》형은 분명코 우리 인민이 자기의 힘으로 안아온 거대한 창조물이며 전략적 힘의 위대한 실체이고 명실공히 조선 인민의《화성포》입니다.… 힘과 힘에 의한 대결이 곧 승패를 결정하는 오늘의 세계에서 약자가 아닌 제일 강자가 될 때라야만 나라와 민족의 현재와 미래를 지켜낼 수 있다는 것은 역사가 보여주는 진리입니다. 우리는 이룩한 성과에 절대로 자만함이 없이 두 손에 억세게 틀어쥔 우리의 초강력을 더욱 절대적인 것으로, 더욱 불가역적인 것으로 다져나가며 한계가 없는 국방력 강화의 무한대함을 향해 계속 박차를 가해 나가야 합니다.』(2022년 11월 27일 로동신문보도 중에서 인용함)

발사 성공에 환호하고 있는 모습들. 이 자리에서 김정은 총비서는 시험발사 성과에 환영하면서 "우리의 핵무력이 그 어떤 핵 위협도 억제할 수 있는 신뢰할만한 또 다른 최강의 능력을 확보한 데 대하여 재삼 확인하게 되었다"고 말한 것으로 전해졌다

《화성포-17》형 발사 훈련 실시

한미합동군사훈련에 대응으로 한반도의 정세의 불안정성이 높아지고 있는 형세 하에서 조선로동당 중앙군사위원회는 3월 16일 《화성포-17》형 발사훈련을 단행하도록 하였다고 3월 17일자 로동신문이 보도했다

로동신문은 이날 발사훈련에 대해 다음과 같이 보도했다.

『전략무기 발사 훈련은 우리의 엄중한 경고를 외면하고 무책임하고 무분별한 군사적 위협에 계속 매달리며 조선 반도의 긴장을 의도적으로 격화시키고 있는 적들에게 보다 **강력한 경고를 보내고** 위협적인 **현실로 다가온 무력 충돌 우려를 인식**시키며 언제든 **압도적인 공세 조치로 대응해 나가려는 우리 당과 정부의 실천적인 행동 의지**를 더욱 선명히 보여준 계기로 된다.』(2023년 3월 17일 로동신문 보도 중에서 인용함)

북 언론이 전하는 바에 따르면 이번 발사 훈련은 핵전쟁 억제력의 기동적이며 경상적인 가동성과 신뢰성을 확인하는데 목적을 두고 진행되었다고 한다. 이로 볼 때《화성포-17》형 ICBM은 이제 시험발사를 마치고 계열생산과 실천배치가 이미 끝났다고 봐야 할 것이다.

평양국제비행장에서 발사된 대륙간탄도미사일《화성포-17》형은 최대정점고도 6,045㎞까지 상승하며 거리 1,000.2㎞를 4,151s간 비행하여 동해 공해상 목표 수역에 탄착되었다. 북에서는 이번 발사 훈련으로 대륙간탄도미사일부대의 임전 태세와 전략 무력의 비상한 전투성이 확인되고 신뢰성이 엄격히 검증되었다고 평가했다.

김정은 총비서를 이번 발사훈련을 마치고 "우리를 적대시하며 조선반도 지역에서 대규모 군사연습을 빈번히 벌이고 있는 미국에 그 무모성을 계속 인식시킬 것"이라고 말하였다. 또 "반공화국 군사적 준동이 지속되고 확대될수록 저들에게 다가오는 돌이킬 수 없는 위협이 엄중한 수준에 이르게 된다는 것을 스스로 깨닫게 만들 것"이라고 대응 방침을 천명했다. 그는 또 "핵에는 핵으로, 정면대결에는 정면대결로 대답할 것"이라고 천명했다.

4절 _ 《조선민주주의인민공화국 핵무력 정책에 대하여》

최고인민회의 법령
《조선민주주의인민공화국 핵무력정책에 대하여》채택

북 최고인민회의 제14기 7차 회의 2일 회의가 2022년 9월 8일 평양 만수대의사당에서 진행됐다. 이날 회의에서는 셋째 안건으로 《조선민주주의인민공화국 핵무력정책에 대하여》가 토의되었다. 박정천 대의원은 안건을 보고했다. 그는 "핵무력정책에 관한 법령이 우리 공화국의 핵보유지위를 더욱 공고히 하며, 핵무력정책의 투명성과 일관성, 규범성을 보장하는 강력한 법적 담보가 될 것"이라고 강조하고 핵무력의 사명과 운영에 관한 내용이 전면적으로 규제되어 있는 법령 초안에 대하여 조항별로 해설하였다. 최고인민회의 상임위원회는 사회주의헌법 제95조에 따라 최고인민회의 법령 초안《조선민주주의인민공화국 핵무력정책에 대하여》를 본 최고인민회의 심의에 제기하였다. 토의를 거쳐 이 법령은 만장일치로 통과되었다. 다음은 그 전문이다.

《조선민주주의인민공화국 핵무력정책에 대하여》
(조선민주주의인민공화국 최고인민회의 법령)

조선민주주의인민공화국은 책임적인 핵무기보유국으로서 핵전쟁을 비롯한 온갖 형태의 전쟁을 반대하며 국제적 정의가 실현된 평화로운 세계건설을 지향한다.
조선민주주의인민공화국의 핵무력은 국가의 주권과 영토완정, 근본이익을 수호하고 조선 반도와 동북아시아 지역에서 전쟁을 방지하며 세계의 전략적 안정을 보장하는 위력한 수단이다. 조선민주주의인민공화국의 핵태세는 현존하고 진화되는 미래의 모든 핵 위협들에 능동적으로 대처할 수 있는 믿음직하고 효과적이며 성숙된 핵 억제력과 방위적이며 책임적인 핵무력정책, 신축성 있고 목적지향성 있는 핵무기 사용전략에 의하여 담보된다. 조선민주주의인민공화국이 자기의 핵무력 정책을 공개하고 핵무기 사용을 법적으로 규제하는 것은 핵무기 보유국들 사이의 오판과 핵무기의 남용을 막음으로써 핵전쟁 위험을 최대한 줄이는 데 목적을 두고 있다. 조선민주주의인민공화국 최고인민회의는 국가방위력의 중추인 핵무력이 자기의 중대한 사명을 책임적으로 수행하도록 하기 위하여 다음과 같이 결정한다.

1. 핵무력의 사명
조선민주주의인민공화국 핵무력은 외부의 군사적 위협과 침략, 공격으로부터 국가 주권과 영토 완정, 인민의 생명 안전을 수호하는 국가방위의 기본 역량이다.
1) 조선민주주의인민공화국 핵무력은 적대 세력으로 하여금 조선민주주의인민공화국과의 군사적 대결이 파멸을 초래한다는 것을 명백히 인식하고 침략과 공격 기도를 포기하게 함으로써 전쟁을 억제하는 것을 기본사명으로 한다.
2) 조선민주주의인민공화국 핵무력은 전쟁 억제가 실패하는 경우 적대세력의 침략과 공격을 격퇴하고 전쟁의 결정적 승리를 달성하기 위한 작전적 사명을 수행한다.

2. 핵무력의 구성
조선민주주의인민공화국 핵무력은 각종 핵탄과 운반수단, 지휘 및 조종체계, 그의 운용과 갱신을 위한 모든 인원과 장비, 시설로 구성된다.

3. 핵무력에 대한 지휘통제
1) 조선민주주의인민공화국 핵무력은 조선민주주의인민공화국 국무위원장의 유일적지휘에 복종한다.
2) 조선민주주의인민공화국 국무위원장은 핵무기와 관련한 모든 결정권을 가진다.
조선민주주의인민공화국 국무위원장이 임명하는 성원들로 구성된 국가 핵무력 지휘기구는 핵무기와 관련한 결정으로부터 집행에 이르는 전 과정에서 조선민주주의인민공화국 국무위원장을 보좌한다.
3) 국가핵무력에 대한 지휘통제 체계가 적대세력의 공격으로 위험에 처하는 경우 사전에 결정된 작전방안에 따라 도발 원점과 지휘부를 비롯한 적대세력을 괴멸시키기 위한 핵 타격이 자동적으로 즉시에 단행된다.
4. 핵무기사용결정의 집행
조선민주주의인민공화국 핵무력은 핵무기사용명령을 즉시 집행한다.

5. 핵무기의 사용원칙
1) 조선민주주의인민공화국은 국가와 인민의 안전을 엄중히 위협하는 외부의 침략과 공격에 대처하여 최후의 수단으로 핵무기를 사용하는 것을 기본원칙으로 한다.
2) 조선민주주의인민공화국은 비핵국가들이 다른 핵무기보유국과 야합하여 조선민주주의인민공화국을 반대하는 침략이나 공격행위에 가담하지 않는 한 이 나라들을 상대로 핵무기로 위협하거나 핵무기를 사용하지 않는다.

6. 핵무기의 사용조건
조선민주주의인민공화국은 다음의 경우 핵무기를 사용할 수 있다.
1) 조선민주주의인민공화국에 대한 핵무기 또는 기타 대량살륙무기공격이 감행되었거나 임박하였다고 판단되는 경우
2) 국가지도부와 국가핵무력지휘기구에 대한 적대세력의 핵 및 비핵 공격이 감행되었거나 임박하였다고 판단되는 경우

3) 국가의 중요전략적 대상들에 대한 치명적인 군사적 공격이 감행되었거나 임박하였다고 판단되는 경우
4) 유사시 전쟁의 확대와 장기화를 막고 전쟁의 주도권을 장악하기 위한 작전상 필요가 불가피하게 제기되는 경우
5) 기타 국가의 존립과 인민의 생명 안전에 파국적인 위기를 초래하는 사태가 발생하여 핵무기로 대응할 수밖에 없는 불가피한 상황이 조성되는 경우

7. 핵무력의 경상적인 동원태세
조선민주주의인민공화국 핵무력은 핵무기 사용명령이 하달되면 임의의 조건과 환경에서도 즉시에 집행할 수 있게 경상적인 동원 태세를 유지한다.

8. 핵무기의 안전한 유지관리 및 보호
1) 조선민주주의인민공화국은 핵무기의 보관관리, 수명과 성능평가, 갱신 및 페기의 모든 공정들이 행정기술적 규정과 법적 절차대로 진행되도록 철저하고 안전한 핵무기 보관관리제도를 수립하고 그 이행을 담보한다.
2) 조선민주주의인민공화국은 핵무기와 관련기술, 설비, 핵물질 등이 누출되지 않도록 철저한 보호대책을 세운다.

9. 핵무력의 질량적 강화와 갱신
1) 조선민주주의인민공화국은 외부의 핵위협과 국제적인 핵무력 태세 변화를 항시적으로 평가하고 그에 상응하게 핵무력을 질량적으로 갱신, 강화한다.
2) 조선민주주의인민공화국은 핵무력이 자기의 사명을 믿음직하게 수행할 수 있도록 각이한 정황에 따르는 핵무기사용전략을 정기적으로 갱신한다.

10. 전파방지
조선민주주의인민공화국은 책임적인 핵무기보유국으로서 핵무기를 다른 나라의 영토에 배비하거나 공유하지 않으며 핵무기와 관련 기술, 설비, 무기급 핵물질을 이전하지 않는다.

11. 기타
1) 2013년 4월 1일에 채택된 조선민주주의인민공화국 최고인민회의 법령 《자위적핵보유국의 지위를 더욱 공고히 할 데 대하여》의 효력을 없앤다.

2) 해당 기관들은 법령을 집행하기 위한 실무적대책을 철저히 세울 것이다.
3) 이 법령의 임의의 조항도 조선민주주의인민공화국의 정당한 자위권행사를 구속하거나 제한하는 것으로 해석되지 않는다.
조선민주주의인민공화국 최고인민회의 주체111(2022)년 9월 8일 평양

김정은 총비서, 최고인민회의 시정연설

《조선민주주의인민공화국 핵무력정책에 대하여》가 최고인민회의 법령으로 통과된 날 김정은 총비서가 이와 관련해 시정연설을 했다. 사진은 최고인민회의에서 시정연설하는 김정은 총비서의 모습

다음은 시정연설의 일부이다.

영광스러운 우리 조국의 창건기념일을 앞두고 소집된 이번 최고인민회의 제14기 7차 회의에서는 당과 국가의 주요 정책들을 실현하는 데서 중요한 의의를 가지는 법적 무기들을 마련하였습니다.

특히 전체 조선 인민의 총의에 의하여 국가핵무력정책과 관련한 법령을 채택한 것은 국가방위 수단으로서 전쟁억제력을 법적으로 가지게 되었음을 내외에 선포한 특기할 사변으로 됩니다. 이로써 국가와 인민의 영원한 안전과 만년대계의 미래까지도 확고히 담보할 수 있는 정치적, 제도적 장치가 갖추어지는 또 하나의 중대한 역사적 위업이 달성되었습니다.

나는 우리 혁명 앞에 조성된 현 국면과 정세발전 추이로 보나 공화국 핵무력의 사명으로 보나 매우 중대한 역사적 시기에 핵무력 정책이 법화되었다고 인정하면서 전체 대의원 동지들이 가장 책임적인 시각에 가장 책임적인 결정을 만장일치로 채택해준 데 대하여 감사하게 생각합니다.
…
동지들!
인민대중의 자주성을 실현하기 위한 사회주의 건설은 높은 단계에로 심화될수록 제국주의의 더 큰 도전과 반항에 부딪치게 됩니다. 침략과 약탈을 본성으로, 생존 수단으로 삼고 있는 제국주의가 존재하는 한 전쟁의 근원은 종식될 수 없으며 역사 발전에서 자주와 평화를 지향하는 사회주의와 제국주의 간의 대립과 투쟁은 불가피한 것입니다. 그러므로 사회주의의 줄기찬 발전과 번영을 이룩하는 데서 어떠한 침략 위협도 통할 수 없는 조건과 환경을 마련하는 것이 중차대하고 사활적인 요구로 나서며 이를 실현하자면 적들을 압승할 수 있는 절대적 힘을 가지고 있어야 합니다.

이미 우리 공화국은 반제투쟁의 성새, 사회주의의 강경 보루로서 온갖 적대세력의 간섭과 압력에도 끄떡하지 않고 자기의 시간표에 따라 자위적 국방력 건설을 완강히 추진하여 미제가 일방적으로 핵 위협을 가해오던 시대를 끝장냈습니다. 그리고 오늘은 핵무력 정책을 법적으로까지 완전 고착시키는 역사적 대업을 이룩하였습니다. 이번에 국가핵무력정책을 법화한 것은 공화국 정부의 자주적 결단과 견결한 국권 수호, 국익사수 의지에 대한 더욱 뚜렷한 과시로 됩니다.

우리의 핵무기는 건국 초기부터 세계 최초의 핵 사용국이며 세계 최대의 핵보유국인 미국의 핵 공갈을 받아온 우리 공화국이 자기의 존엄과 안전을 굳건히 수호하고 핵전쟁 위험을 완전히 제거하기 위하여 수십 년간의 간고하고 피어린 투쟁으로 마련한 억제 수단, 절대병기입니다.

지금 미국은 우리의 핵과 자위력 강화가 세계평화와 지역의 안전에 중대한 위협으로 된다는 얼토당토않은 궤변으로 국제무대에서 우리 공화국 정권을 《악마화》해놓기 위한 여론 퍼뜨리기에 집착하면서 우리를 심리적으로, 물리적으로 제압하기 위해 추종 세력들까지 총발동한 사상 최악의 제재 봉쇄와 정치군사적 공세에 집요하게 매달리고 있습니다. 미국이 노리는 목적은 우리의 핵 그 자체를 제거해 버리자는 데도 있지만 궁극적으로는 핵을 내려놓게 하고 자위권 행사력까지 포기 또는 열세하게 만들어 우리 정권을 어느 때든 붕괴시켜버리자는 것입니다.

미국은 사상 최대의 제재 봉쇄로써 우리에게 간고한 환경을 조성하고 진맥이 나게 하며 우리로 하여금 국가의 안정적 발전환경에 대한 불확신성과 위협을 느끼게 함으로써 우리가 핵을 선택한 대가에 대하여 생각해보게 하고 당과 정부에 대한 인민들의 불만을 유발, 야기시켜 우리 스스로 핵을 내려놓지 않으면 안 되게 만들어보자고 기도하고 있습니다.

천만에! 이것은 적들의 오판이고 오산입니다. 백날, 천날, 십년, 백년을 제재를 가해보라 합시다.

지금 겪고 있는 곤란을 잠시라도 면해보자고, 에돌아가자고 나라의 생존권과 국가와 인민의 미래의 안전이 달린 자위권을 포기할 우리가 아니며 그 어떤 극난한 환경에 처한다 해도 미국이 조성해놓은 조선 반도의 정치군사적 형세 하에서, 더욱이 핵 적수국인 미국을 전망적으로 견제해야 할 우리로서는 절대로 핵을 포기할 수 없습니다. 우리 인민은 미제국주의자들의 상투적인 설교와 궤변과 제재 압박, 군사적 위협에 못 이겨 잘못된 선택으로 비참한 말로를 걷고 비극적인 마감을 맞은 20세기, 21세기의 수많은 역사의 사건들을 잘 알고 있습니다.

우리 세대는 저 하나의 안락을 찾기 위해, 직면한 오늘의 고생을 피하기 위해 적들의 간교한 설교와 끈질긴 압박에 못 이겨 우리 공화국 정권과 후대들의 안전을 담보하는 핵을 대부로 개선된 가시적인 경제생활 환경을 추구하지 않을 것이며 천신만고한대도 우리는 자기의 선택을 바꾸지 않을 것입니다. 하여 공화국 발전사에 가장 위대하고 강인한 세대로 남아야 합니다. 미국은 절대로, 절대로 우리 국가를 상대로 저들의 기도를 실현할 수 없으며 우리 인민의 선택을 바꿔놓지 못할 것입니다. 시간이 과연 누구의 편에 있습니까.

바쁘면 지금 적들이 바빠났지 우리는 바쁠 것이 하나도 없으며 우리는 얼마든지 지금의 이 환경 하에서도 우리의 힘으로, 우리 식대로 살아나갈 수 있습니다.

미국의 야수적인 대조선적대시 정책으로 하여 우리 인민에게 들씌워지는 고통의 시간이 길어지는데 정비례하여 우리의 절대적 힘은 계속 가속적으로 강화되고 있으며 그들이 부닥치게 될 안보 위협도 정비례하게 증대되고 있습니다.

공화국핵무력은 우리 국가에 대한 미국과 그 추종 세력들의 엄중한 정치군사적 도발을 억제하고 전망적인 위협을 관리하는 데서 자기의 중대한 사명을 책임적으로 수행할 것이며 바로 이에 대하여 오늘 국법으로 명기하였습니다. 자주와 자존, 인민의 운명을 제일 귀중히 여기고 그에 위해로 되는 적대행위를 절대로 용서치 않으며 한다면 무조건 해내고야 마는 우리 공화국이기에 이렇듯 국가핵무력정책을 법화하는 담대한 정치적결단을 내릴 수 있는 것입니다. 세계는 패권주의가 더욱 살판 치는 오늘날 진정한 자주강국, 정의로운 국가란 어떤 나라이며 악의 제국 미국에 당당히 맞서나가는 우리 공화국의 불가항력적인 기상이 얼마나 강한가를 다시금 똑똑히 알게 될 것입니다.

…

동지들!

전체 인민의 한결같은 의사와 철석의 의지를 담아 핵무력 정책을 법적으로 고착시킨 것은 참으로 거대한 의의를 가집니다. 핵무력 정책을 법화해 놓음으로써 핵보유국으로서의 우리 국가의 지위가 불가역적인 것으로 되었습니다. 이제 만약 우리의 핵 정책이 바뀌자면 세상이 변해야 하고 조선 반도의 정치군사적 환경이 변해야 합니다. 절대로 먼저 핵포기란, 비핵화란 없으며 그를 위한 그 어떤 협상도, 그 공정에서 서로 맞바꿀 흥정물도 없습니다. 핵은 우리의 국위이고 국체이며 공화국의 절대적 힘이고 조선 인민의 크나큰 자랑입니다. 지구상에 핵무기가 존재하고 제국주의가 남아있으며 미국과 그 추종 무리들의 반공화국 책동이 끝장나지 않는 한 우리의 핵무력 강화 노정은 끝나지 않을 것입니다.

공화국핵무력은 곧 조국과 인민의 운명이고 영원한 존엄이라는 것이 우리의 확고부동한 입장입니다. 우리의 핵을 놓고 더는 흥정할 수 없게 불퇴의 선을 그어놓은 여기에 핵무력 정책의 법화가 가지는 중대한 의의가 있습니다.

핵무력 정책이 법화됨으로써 우리 공화국 정부의 평화애호적 입장과 우리 국가핵무력 정책의 투명성, 당위성이 더욱 확실해졌습니다. 침략과 전쟁이 없는 세계에서 평화롭게 살려는 것은 인류의 염원입니다. 하지만 평화는 바란다고 하여 저절로 오지 않으며 그것은 제국주의 전횡을 억제할 수 있는 힘으로써만 쟁취하고 수호할수 있습니다. 우리 공화국이 핵무력 정책을 법화한 것은 자주권과 평화를 침해하고 파괴하는 제국주의자들에 대한 정의의 타격으로 됩니다.

공화국 핵무력은 남의 내정에 간섭하거나 패권을 추구하기 위해서가 아니라 제국주의 폭제로부터 우리 영토와 인민, 자존을 수호하고 세계의 평화와 안전을 지키기 위해 존재하고 사용되며 따라서 우리를 우호적으로 대하고 평화를 원하는 나라와 인민에게는 절대로 위협으로 되지 않습니다.

핵무기는 그 특성으로 하여 관리와 운용 등에 대한 기준과 원칙이 법적으로 정확히 규제되어 있어야 합니다. 그렇지 않으면 통제 불능한 상태에서 다른 목적에 남용되거나 불순한 이익실현에 도용되어 임의의 순간에 인류를 무서운 핵참화에 빠뜨릴 수 있습니다. 우리 공화국은 핵무력 정책과 관련한 이번 법령에 핵무력의 사명과 구성, 그에 대한 지휘통제, 사용원칙과 사용조건, 안전한 유지관리 및 보호 등 세부적인 조항들을 명백히 밝혀놓았습니다. 그러므로 정의와 평화를 사랑하는 인류의 염원에 전적으로 부합되며 앞으로 누구도 우리 핵무력에 대하여 시비하거나 의문시하지 못할 것입니다.

우리식 사회주의의 전면적 발전을 위한 역사적 진군을 확고히 담보할 수 있는 법적 무기를 마련해놓은 것은 올해에 이룩된 자랑찬 승리와 성과들과 더불어 전 인민적인 투쟁 기세를 비상히 앙양시키는데서 획기적인 계기로 됩니다.(최고인민회의 제14기 7차 회의에서 한 시정연설 중에서 발췌함)

5절 _ 전술핵 운용부대들의 전술훈련 실시

김정은 총비서가 직접 전술핵 운용부대의 군사훈련을 2022년 9월 25일부터 ~10월 10일까지 지도했다고 10월 10일자 로동신문이 보도했다

보도에 따르면 이번 전술핵 운용부대의 군사훈련은 전쟁억제력과 핵 반격능력을 검열 판정하며, 적들에게 엄중한 경고를 보내기 위

해 미 해군항공모함과 이지스 구축함, 핵동력 잠수함을 비롯한 연합군의 대규모 해상 전력이 한반도 수역에서 군사훈련을 벌이고 있는 시기에 진행되었다.

당시 북에서 바라본 한반도 군사 정세		- 미국의 이남에 대한 확장억제력 제공 강화 합의에 기초해 첫 시범으로 9월 23일 한반도 수역에 핵항공모함 《로널드 레이건》호 부산 입항해 26일부터 29일까지 동해에서 한국과 연합 해상훈련 전개하고, 30일에는 일본, 한국과 연합 반잠훈련 전개하고, - 10월 6일 동해 수역을 떠났던 핵항공모함을 재진입시켜 연합미사일 방위훈련 실시, 7일 8일에는 해상 연합 기동훈련 전개함으로써, - 북을 군사적으로 위협하고 지역 긴장수위 확대함
조선로동당 중앙군사위의 대응		- 9월 하순 한반도에 조성된 정치 군사 정세와 전망 토의 - 전쟁억제력의 신뢰성과 전투력을 검증 및 향상시키고, - 적들에게 강력한 군사적 대응 경고를 보내기 위해, - 각이한 수준의 실전화 된 군사훈련 실행 결정
9월 26일	\multicolumn{2}{l}{서북부 저수지 수중발사장에서 전술핵탄두 탑재를 모의한 탄도미사일 발사훈련 실행}
	목적	- 전술핵탄두 반출 및 운반, 작전 시 신속하고 안전한 운용 취급 질서 확정 - 전반적 운용체계의 믿음성 검증 및 숙달 - 수중발사장에서 탄도미사일 발사능력 숙련 - 신속반응 태세 검열
9월 26일	훈련 결과	- 발사 탄도미사일은 예정궤도를 따라 동해상의 설정 표적 상공으로 비행함 - 설정된 고도에서 정확한 탄도 기폭 믿음성 검증 - 저수지 수중발사장 건설 방향 확정

날짜	항목	내용
9월 28일		전술 핵탄두 탑재를 모의한 탄도미사일 발사훈련
	목적	- 이남 작전지대 안의 비행장 무력화
	결과	- 핵탄두 운용과 관련한 전반체계의 안정성을 검증
9월 29, 10월 1일		여러 종류의 전술 탄도미사일 발사훈련
	방법	- 설정 표적들을 상공 폭발과 직접 정밀 및 산포탄 타격의 배합
	결과	- 명중함으로써 무기체계의 정확성과 위력 확증
10월 4일		신형 지상대 지상 중장거리 탄도미사일 발사
	목적	- 중앙군사위는 적들에게 보다 강력하고 명백한 경고 보낼 데 대한 결정 채택
	실행	- 일본열도를 가로질러 4,500km 계선 태평양상의 설정된 목표 수역 타격 성공
10월 6일		초대형 방사포와 전술 탄도미사일 명중 타격훈련
	목적	- 적의 주요 군사 지휘시설 타격을 목표로 한 기능성 전투부의 위력 검증
10월 9일		적의 주요 항구 타격을 목표로 한 초대형 방사포 사격 훈련

이 기사를 보도한 로동신문은 7차례에 걸쳐 진행된 전술핵 운용부대의 발사훈련을 통해 목적하는 시간에, 목적하는 장소에서, 목적하는 대상들을 목적하는 만큼 타격 소멸할 수 있게 완전한 준비 태세에 있는 국가 핵 전투 무력의 현실성과 전투 효과성, 실전 능력이 남김없이 발휘되었다고 전했다.

전술핵 운용부대들의 군사훈련을 직접 지휘한 김정은 총비서는 핵 전투 무력이 전쟁억제력의 중대한 사명을 지닌 데 맞게 임의의 시각, 불의의 정황 하에서도 신속 정확한 작전 반응 능력과 핵 정황 대응 태세를 고도로 견지하고 있다고 높게 평가했다. 이어 이번 실전훈련을 통해 임의의 전술핵 운용부대에도 전쟁억제와 전쟁주도권 쟁취의 막중한 군사적 임무를 부과할 수 있다는 확신을 더욱 확고히 갖게 되었다고 말했다. 이날 김정은 총비서는 또한 "이는 우리의 전쟁억제력 가동 태세에 대한 검증인 동시에 국가 핵 방어 태세의 철저한 준비상태의 신뢰성을 증명한 계기로 되며, 적들에게 우리의 핵 대응 태세, 핵 공격 능력을 알리는 분명한 경고, 명백한 과시로 된다"고 밝혔다.

6절 _ 600m 초대형 방사포 증정식

2023년 1월 1일 로동신문에는 색다른 기사가 실렸다. "위대한 우리당 전원회의에 드리는 군수 노동계급의 충성의 선물, 600㎜ 초대형 방사포 증정식 성대히 진행"이라는 제목의 기사가 바로 그것이다. 1월 1일 로동신문에 이러한 기사를 실었다는 것은 북에서는 이 행사에 매우 커다란 의미를 부여하고 있다는 뜻으로 해석할 수 있다. 증정식에는 김정은 총비서가 직접 참석 연설까지 하는 등 매우 성대하게 진행되었다.

군수로동계급이 자력갱생, 견인불발의 증산 투쟁을 전개하여 30문의 초강력 주체병기들을 당중앙전원회의에 드리는 가장 값비싸고 고귀한 노력적 선물을 마련하였으며, 군수노동계급이 조선로동당 중앙위원회 제8기 6차 전원회의에 드리는 600㎜ 초대형방사포 증정식이 12월 31일 당중앙위원회 본부청사 정원에서 성대히 진행되었다고 1월 1일자 로동신문이 보도했다. 아래 사진은 증정식 장면들이다

이날 김정은 총비서가 답례 연설을 하였다. 답례 연설에서 이 600mm 초대형방사포 증산이 이루어진 경위가 밝혀졌다. 2022년 10월 하순부터 인민군대에 실전 배치할 600mm 다연장방사포차를 증산하기로 궐기하고, 현행 생산을 다그치는 속에서도 추가로 이틀

9장 세계 최고의 군사 강국으로 도약하려는 북 433

에 한문 또는 두문까지 거대한 포차를 조립해서 만들었다고 한다.

김정은 총비서는 또한 600m 초대형 방사포의 군사전략적 가치에 대해서 "군사 기술적으로 볼 때 높은 지형 극복 능력과 기동성, 기습적인 다연발 정밀 공격 능력을 갖추었으며 남조선 전역을 사정권에 두고 전술핵 탑재까지 가능한 것으로 하여 전망적으로 우리 무력의 핵심적인 공격형 무기로서 적들을 압도적으로 제압해야 할 자기의 전투적 사명을 수행하게 됩니다"라고 구체적으로 밝혔다.

7절 _ 고체 ICBM 시대를 열다

2022년 12월 16일자 로동신문에 "김정은 동지 지도 밑에 국방과학원에서 전략적 의의를 가지는 중대 시험 진행"이라는 제하가 기사가 실렸다. 사진은 중대 시험을 현지에서 지도하고 있는 김정은 총비서의 모습과 중대 시험 현장 모습

1) 국방과학원 전략적 의의를 갖는 중대 시험 진행

그 기사 내용의 핵심은 다음과 같다.

『국방과학원 중요연구소에서는 12월 15일 오전 서해위성발사장에서 우리나라에서 처음으로 되는 140tf 추진력 대출력 고체연료발동기 지상분출시험을 성공적으로 진행하였다.… 이번 시험은 추진력벡토르조종기술(추력편향, thrust vector control, TVC)을 도입한 대출력고체연료발동기의 모든 기술적 특성들을 확증하는 데 목적을 두고 진행되었다. 시험 결과 발동기의 추진력과 비력적(로켓 추진체의 성능을 나타내는 수치), 연소 특성, 작업시간, 추진력벡토르조종특성을 비롯한 모든 기술적 지표들이 설계상 값과 일치되고 그 믿음성과 안전성이 과학적으로 엄격히 확증되었다. 중대 시험을 통하여 또 다른 신형전략무기체계개발에 대한 확고한 과학기술적 담보를 가지게 되었다.』(2022년 12월 16일자 로동신문에서 발췌함)

한마디로 고체 ICBM 엔진 시험을 했으며, 이로부터 이제 고체 ICBM 개발 성공의 지름길이 열렸다는 뜻이다. 잘 알다시피 미사일은 고체엔진미사일과 액체엔진미사일로 나뉘는데 각각 장단점이 존재한다. 고체엔진미사일은 액체엔진미사일보다 기동성과 은밀성이 뛰어나 적에게 불시타격이 가능하다는 게 가장 큰 장점으로 된다. 적에게 미사일 발사 징후를 노출하지 않고 원하는 곳에서 원하는 대로 적의 심장부에 ICBM을 발사할 수 있다. 여기에서

140tf 추진력 대출력 고체 발동기(엔진)을 주목할 필요가 있다. 북에서 3.18혁명이라 부른 대출력 발동기(액체)의 추진력이 80tf이며, 미국의 고체 ICBM 미니트맨의 추진력(80tf)보다 1.7배가 크다.

2) 거대한 실체를 드러낸 고체 엔진 ICBM

조선인민군 창건 75돌 기념열병식이 2023년 2월 8일 평양에서 야간 행사로 열렸다. 열병식에는 기존에 등장하지 않았던 고체 ICBM이 거대한 위용을 드러내며 등장하였다

고체 ICBM은 열병행렬의 맨 마지막에 행사 진행자가 "끝없는 자부와 긍지에 넘친 관중들의 환호와 열기로 뜨겁게 달아오른 열병광장에 공화국 국방력의 변혁적인 발전상과 우리 국가의 최대의

핵 공격능력을 과시하며 대륙간탄도미사일 종대들이 등장하였다" 라는 소개와 함께 먼저 《화성포-17》형 ICBM이 무려 11대가 연이어 등장하였고, 그 뒤를 이어 신형 고체 ICBM 수대가 9축으로 만들어진 발사대 차에 실려 거대한 위용을 드러내며 등장했다.

로동신문은 이 광경을 다음과 같이 보도했다.

『핵에는 핵으로, 정면대결에는 정면대결로!

오직 수령의 명령만을 받들어 언제든 자기의 전략적 사명에 충직할 임전태세로 충만되어 있는 전략미사일부대 전투원들의 도도한 기상이 굽이치는 광장으로 대하를 이룬 공화국 전략 무력의 거대한 실체들이 지심을 울리고 용감한 위용을 시위하며 진군하였다.

천리혜안의 선견지명과 단호한 결단, 탁월한 영도력으로 우리식 국방 발전의 완벽한 지름길을 진두에서 개척하시고 강력히 인도해주시며 세계최강의 전략무기 완성이라는 특대 사변으로 우리 국가의 국위와 존엄을 온 세상에 빛내어 주신 만고절세의 애국자이시며 우리 당과 국가, 인민의 탁월한 영도자이신 김정은동지를 우러러 전체 참가자들은 폭풍같은 《만세!》를 목청껏 터쳐 올리었다.』(2023년 2월 9일 로동신문 보도에서 발췌함)

3) 드디어 고체 ICBM 첫 시험 발사를 하다!

2023년 4월 14일 로동신문은《조선민주주의인민공화국 전략무력의 끊임없는 발전상을 보여주는 위력적실체 또다시 출현》이라는 제목으로 고체 ICBM 첫 시험 발사 소식을 일면 톱으로 대대적으로 보도했다.

고체 ICBM 시험발사 모습

이날 로동신문의 보도 내용은 다음과 같다.

『2023년 4월 13일 조선민주주의인민공화국 전략 무력의 끊임없는 발전상을 보여주는 위력적 실체가 자기의 출현을 세상에 알렸다. 공화국 전략 무력의 전망적인 핵심 주력 수단으로, 중대한 전쟁억제력의 사명을 수행하게 될 새 형의 대륙간탄도미싸일《화성포-18》형 시험발사가 단행되었다. 조선로동당 총비서이시며 조선민주주의인민공화국 국무위원장이신 경애하는 김정은동지께서 신형대륙간탄도미싸일 첫 시험발사를 현지에서 직접 지도하시었다.

시험 발사는 대출력고체연료다계단발동기들의 성능과 단분리기술, 각이한 기능성 조종체계들의 믿음성을 확인하고 새로운 전략무기체계의 군사적 효용성을 평가하 는데 목적을 두었다. 이번 시험발사는 주변 국가들의 안전과 영내 비행 중 다계단 분리의 안전성을 고려하여 1계단은 표준 탄도비행방식으로, 2, 3계단은 고각방식으로 설정하고 시간지연 분리시동 방식으로 미싸일의 최대속도를 제한하면서 무기 체계의 각 계통별 기술적 특성들을 확증하는 방법으로 진행하였다.…

김정은 동지께서 신형전략무기 시험발사를 승인하시자 장창하 대장이 시험발사 임무를 맡은 미싸일총국 제2붉은기중대에 발사 명령을 내리었다. 순간 천지를 뒤흔드는 요란한 폭음과 함께 서슬찬 불줄기가 거세차게 내뻗치며 조선민주주의인민공화국의 불가항력을 만장약한 거대한 실체가 힘있게 대지를 박차고 만리 대공으로 솟구쳐올랐다.

신형대륙간탄도미싸일 시험발사는 주변 국가들의 안전에 그 어떤 부정적 영향도 주지 않았으며 분리된 1계단은 함경남도

금야군 호도반도 앞 10㎞ 해상에, 2계단은 함경북도 어랑군 동쪽 335㎞ 해상에 안전하게 낙탄되었다. 시험발사를 통하여 신형 전략무기체계의 모든 정수들이 설계상 요구에 정확히 도달되었으며 신형대륙간탄도미싸일이 보다 군사적 효용성이 큰 위력적인 전략적 공격수단으로 된다는 담보와 신뢰를 가질 수 있게 되었다.

국가핵무력건설 전망계획에 따라 공화국 전략 무력이 장비하고 운용하게 될 신형대륙간탄도미싸일《화성포-18》형무기체계는 조선민주주의인민공화국을 방어하고 침략을 억제하며 국가의 안전을 수호하는데서 가장 강위력한 핵심 주력수단으로서 중대한 자기의 사명과 임무를 맡아 수행하게 된다.…

김정은동지께서는 날로 악화되고 있는 조선반도 안전환경과 전망적인 군사적 위협들에 대처하여 보다 발전적이고 선진적이며 강위력한 무기 체계 개발을 지속적으로 빠르게 다그치는 것은 우리 당과 공화국 정부의 일관한 입장이라고 하시면서 새형의 대륙간탄도미싸일《화성포-18》형개발은 우리의 전략적 억제력 구성 부분을 크게 재편시킬 것이며 핵반격태세의 효용성을 급진전시키고 공세적인 군사전략의 실용성을 변혁시키게 될 것이라고 그 의의에 대하여 긍지높이 말씀하시었다.』(2023년 4월 14일자 로동신문에서 발췌)

북의 보도를 통해서《화성포 18형》ICBM이 이날 발사되었음을 알 수 있다. 그런데 언론보도에 따르면 이번 ICBM은 최고 고도가 3000km 정도로서 《화성포 17형》 ICBM의 절반정도의 높이에 불과해 과연 ICBM이 맞기는 맞나 하는 의아심을 불러일으켰다. 그런데 로동신문 보도를 통해 그 진상을 알게 되었다. 이 ICBM은 3단으로 구성되어 있는데, 1단은 정상 각도로 발사하고, 2단과 3단은 고각 발사 방식으로 발사했다는 것이다. 이것은 놀랍다. 지금까지 상식으로는 1단과 2단, 3단을 다른 방식으로 발사할 수 있다고 생각할 수 없었다. 미사일 방어 기술 역시 이것을 전제하지 않고 있다. 그렇다면 이 고체 ICBM은 미사일 방어망을 무용지물로 만들 수 있는 매우 높은 수준의 ICBM이라 할 수 있다. 이를 통해 북의 미사일 제조에 관한 과학기술 능력이 매우 높은 수준에 도달했다는 것을 알 수 있다. 김정은 총비서는 이날 "새형의 대륙간탄도미싸일 《화성포-18》형 개발은 우리의 전략적 억제력 구성 부분을 크게 재편시킬 것이며 핵반격 태세의 효용성을 급진전시키고 공세적인 군사전략의 실용성을 변혁시키게 될 것"이라고 밝혀, 향후 고체 ICBM 시대로 넘어갈 것임을 선언했다.

10장

위대한 전환의 해로 만들기 위한
새로운 투쟁의 시작

로동신문 2023년 1월 1일자 로동신문 일면 톱에는 "조선로동당 중앙위원회 제8기 6차 확대회의에 관한 보도"를 실었다. 신문에서는 "조선혁명의 불변지침인 자주, 자립, 자위의 사상을 철저히 구현하여 우리식 사회주의를 새로운 변혁과 발전에로 줄기차게 견인해 나가기 위한 적극적이며 과학적인 정책 방향을 확정 명시함에 목적을 둔 조선로동당 중앙위원회 제8기 6차 전원회의 확대회의가 2022년 12월 26일부터 31일까지 당중앙위원회 본부에서 진행되었다"라고 보도했다

1절 _ 조선로동당 중앙위원회 제8기 6차 전원회의 개최

2022년은 어떠한 해였는가?

2023년 1월 1일 로동신문 1면에는 조선로동당 중앙위원회 제8기 6차 전원회의에 관한 보도가 첫머리를 장식했다. 보도 기사는 다음과 같은 의미심장한 말에서부터 시작됐다.

『시련에 찬 2022년에 우리 당과 인민은 자기 위업의 정당성과 자기의 존엄과 명예를 지켜 영웅적인 투쟁을 전개하여 조선의 잠재력, 조선의 정신, 조선혁명의 견결성을 힘 있게 과시하였으며 뚜렷하고도 의미 있는 진전을 이룩하는 과정을 통하여 자기 힘을 더 믿게 되고 변혁의 중심 고리들을 더 명백히 찾아 쥐게 되었으며 전면적인 발전의 노정도를 더 선명하게 설계하게 되었다.

국가 존망을 판가리하는 위험천만하고 급박한 고비들을 성공적으로 딛고 넘어 새로운 전진 도약을 지향하는 오늘의 형세 하에서 우리 혁명 앞에는 의연 피할 수도 에돌 수도 없는 장애들이 버티고 있으며 이는 오직 조선로동당의 정확하고 세련된 영도와 조선 인민의 일치 단합되고 강인하며 용감한 투쟁으로써만 타개하고 극복할 수 있다.』(2023년 1월 1일자 로동신문에서 인용)

'뚜렷하고 의미 있는 진전'이라는 말로 지난 한 해에 대해 매우 소박하지만 명확하게 정리해 놓았다. 전원회의 사회를 맡은 김정은 총비서는 대회 서두에 "당 제8차 대회이후 우리 당이 10년 투쟁과 맞먹는 힘겨운 곤란과 진통을 인내하면서 전당과 전체 인민의 투쟁 열의를 더욱 고조시켜 사회주의 건설을 더 힘차게, 폭넓게 진전시켜 왔다"고 평가하고, 이 과정에 "조선 혁명의 대내외적 환경의 특수성을 정확히 파악하고, 우리의 혁명원칙과 방법론, 전진방향을 확증한 것이야말로 가장 고귀한 경험"이라고 평가하면서 전원회의를 시작했다.

전원회의는 △2022년도 주요 당 및 국가정책의 집행 정형 총화와 2023년 사업계획, △2022년도 국가예산집행정형과 2023년도 국가예산안, △조직문제, △혁명학원에 대한 당적 지도 강화, △〈새 시대 당건설 5대 노선〉 토의를 주요 안건으로 6일 동안 진행됐다.

2022년도 성과	
당 활동과 강화에서 괄목할만한 성과	- 제8기 4차, 5차 전원회의 결정의 완벽한 집행으로 당 활동의 총적 방향 지향, 대내외 형세의 급격하고도 준엄한 변화 국면에서도 주도적이며 영활한 영도 실천으로 전당과 전체 인민을 계속적인 전진과 발전으로 강력히 인도 - 과감하고도 기민하게 대응하는 영도 풍격을 철저히 유지하여 자기의 향도력을 더욱 세련시키고 혁명대오의 단결된 위력을 비상히 높은 경지로 승화 - 당 사업을 강화하는데서 관건으로 되는 중요 고리들을 보강하기 위한 실속 있는 조치 실행 - 당의 백년, 천년 미래를 담보하는 새 시대 당건설 이론이 정립되어 당을 전도양양하게 발전시킬 수 있는 강위력한 무기 마련

핵무력 정책 공식법화	- 만년대계의 안전담보를 구축하고 우리 국가의 전략적 지위를 세계에 명백히 각인시키는 역사적 과제를 해결한 것은 우리 당의 투철한 자주적 대와 자위 사상의 과시이며 세계정치구도의 변화를 주도하는 견지에서 보나, 국가 발전의 궤도를 새로운 높이에 올려 세운 견지에서 보나 그 어떤 정치적 사변보다 더 큰 위력을 가진다
국방력강화대 적투쟁	- 국방력 강화를 위한 줄기찬 투쟁 전개 - 우리의 강세를 더욱 확실하게 함 - 강대무비한 군사력 육성 - 국익수호, 국위제고의 기본 원칙이 관철되어 당의 전략적 구상과 결단대로 미제국주의의 강권과 전횡, 대조선 정책에 심대한 타격을 안김
경제,문화건설에서 이룩된 성과	- 화성, 련포지구 건설성과 - 시, 군에 농촌발전의 새 시대를 대표하는 본보기 살림집 건설 - 경제관리 개선과 국가 위기 대응 능력과 나라의 문명수준을 높이기 위한 사업 적극 전개

김정은 총비서는 총평으로 "2022년이 결코 무의미하지 않은 시간이었고 분명코 우리는 전진"했다고 평가했다.

2023년을 위대한 전환의 해, 변혁의 해로

김정은 총비서는 사업 보고에서 5개년 계획수행에서 결정적 담보를 구축하는 것을 새해 사업의 총적 방향으로 제시하고, 2022년의 투쟁 기세를 배가해 2023년 목표 달성과 새로 제기된 전망과제 수행에 총 매진해 2023년을 위대한 전환의 해, 변혁의 해로 만들자고 호소했다.

	전원회의에서 제시된 2023년 과업
경제발전, 인민생활 향상 과업	● 2023년은 어떤 해인가? 　- 국가경제발전의 큰 걸음을 내짚는 해 　- 생산장성과 정비보강전략 수행, 인민생활 개선에서 관건적인 목표를 달성하는 해 ● 2023년 경제사업의 중심과업은 무엇인가? 　- 전반적 부문과 단위들의 생산을 활성화하면서 당 대회가 결정한 정비보강 계획을 기본적으로 끝내는 것 ● 경제사업의 기본 과녁은 무엇인가? 　- 2023년도 인민 경제 각 부문에서 달성해야 할 경제지표 　- 12개 중요고지(알곡, 전력, 석탄, 압연강재, 유색금속, 질소비료, 시멘트, 통나무, 천, 수산물, 살림집, 철도화물수송) ● 살림집 건설을 제1차적인 중요정책과제로 내세우고 화성지구 2단계 1만 세대 건설과 함께 새로운 3,700세대 거리를 하나 더 형성하며, 2022년에 축적된 경험에 토대하여 농촌건설에 더 큰 힘을 넣어야 함
자위적 국방력 강화 방침	● 정세 　- 미국의 대북적대정책의 극단화와 아시아판 나토 건설에 몰두 　- 이남은 무분별한 군비증강과 대북 적대적 군사활동 강화

자위적 국방력 강화 방침	● 대응 방침: 핵무력 강화 - "핵무력은 전쟁 억제와 평화 안정 수호를 제1의 임무로 간주하지만, 억제 실패 시 제2의 사명도 결행하게 될 것. 제2의 사명은 분명 방어가 아닌 다른 것" - 신속한 핵 반격능력을 기본사명으로 하는 또 다른 대륙간탄도미싸일체계를 개발할 데 대한 과업이 제시 - 전술핵무기 다량 생산과 핵탄보유량의 기하급수적 확대를 기본 중심방향으로 하는 2023년도 핵무력 및 국방 발전의 변혁적 전략 천명 - 최단기간 내에 조선민주주의인민공화국의 첫 군사위성을 발사할 것
대남, 대외부문 중심과업	- 국제관계 구도가 《신냉전》체계로 명백히 전환되고 다극화의 흐름이 더욱 가속화되는데 맞게 국위제고, 국권수호, 국익사수를 위하여, 지역의 평화와 안전을 위하여 철저히 견지해야 할 대외사업원칙 강조 - 특히 강대강, 정면승부의 대적 투쟁 원칙에서 우리의 물리적 힘을 더욱 믿음직하고 확실하게 다지는 실제적인 행동에로 넘어갈 데 대한 구체화된 대미, 대적 대응방향 천명

《새 시대 당건설의 5대노선에 대하여》

김정은 총비서는 2022년도 평가에서 "당의 백년, 천년 미래를 담보하는 새 시대 당건설 이론이 정립되어 당을 전도양양하게 발전시킬 수 있는 강위력한 무기 마련"했다고 그 의의를 높게 평가했다.

김정은 총비서는 2022년 10월 17일 조선로동당 중앙간부학교를 방문해,《새 시대 우리 당 건설방향과 조선로동당 중앙간부학교의 임무에 대하여》라는 제목의 기념 강의를 했다. 그는 이 강의에서 '새 시대 당건설 5대 방향'을 새로운 당 건설 방향으로 제시했다. 이것이 사업 보고 2022년 평가에서 밝힌 당의 백년, 천년 미래를 담보하는 새 시대 당건설 이론이다. 그는 이때 다음과 같이 말했다.

『지금까지 우리 당은 주로 조직건설, 사상건설, 령도예술 건설의 세 방면에서 전당을 강위력한 조직적 전일체, 사상적 순결체로 만들고 지도와 대중을 결합시키기 위한 꾸준한 투쟁을 벌여 준엄한 난국을 이겨내면서 위대한 승리를 이룩하여 왔습니다.

지금처럼 혁명 앞에 방대한 과업이 나서고 난관이 겹쌓일수록 당에 대한 인민대중의 신뢰를 두터이 하고 믿음의 초석을 더 굳히는 것이 우선적이며 핵심적인 과제로 부상됩니다. 이로부터 당 중앙은 새 시대의 요구에 맞게 우리 당을 정치적으로 원숙하고 조직적으로 굳건하며 사상적으로 순결하고 규율에서 엄격하며 작풍에서 건전한 당으로 강화하는 것이 필요하며 제일 합당하다고 인정하고 있습니다. 한마디로 정치건설, 조직건설, 사상건설, 규율건설, 작풍건설, 이것이 새 시대 우리 당 건설방향이라고 할 수 있습니다. 새로운 5대 건설방향은 세계사회주의운동의 역사적 교훈을 보아도 그렇고 우리 당 안의 형편을 놓고 보아도 매우 절요한 문제로 제기되고 있습니다.』(로동신문 2022년 10월 18일자 <조선로동당 중앙간부학교를 방문하시고 기념강의를 하시였다>제하의 기사에서 발췌 인용함)

조선로동당 중앙위원회 제8기 6차 전원회의에서는 김정은 총비서가 제시한《새 시대 당건설의 5대 노선에 대하여》를 다섯째 의정으로 제기하고 토의에 들어갔다. 김정은 총비서가 이에 대해 보고했다. 보고내용의 요지는 다음과 같다.

『조선인민의 운명과 미래를 책임질 중대한 사명을 걸머지고 80성상을 가까이하는 장구한 집권행로를 아로새겨온 우리 당에 있어서 시대의 변천을 직시하고 당의 실태를 투시한 데 기초하여 자기의 혁명적 성격과 본태를 굳건히 고수하며 영도적, 전위적 역할을 비상히 강화해나갈 수 있는 위력한 지침을 마련하는 것은 중차대한 문제이다.

새 시대 당건설 사상과 이론은 역사적으로 축적되어온 조직, 사상, 영도예술건설의 혁명적 진수와 내용, 고귀한 경험을 다 포함하면서도 당 사업 실천에서 절박하게 나서는 문제들을 전면에 제기하고 과학적으로 해명한 것으로 하여 제시된 지 몇 달 안 되는 기간에 당 일꾼들과 당원들의 전적인 지지 찬동을 획득하였다.

당 건설에 관한 이론체계를 정치건설, 조직건설, 사상건설, 규율건설, 작풍건설로 새롭게 구성하고 그 내용을 풍부하고 정연하게 하는 사업이 실행되었다. 특히 전당 강화의 새 전기를 열기 위한 투쟁을 통하여 각급 당 조직들의 전투력이 전면적으로, 세부적으로 재정비되고 당일꾼들과 당원들의 정치적 각성과 역할이 앙양 강화되고 있는 것을 비롯하여 당건설을 지속적으로, 안정적으로 심화 발전시킬 수 있는 튼튼한 발판이 마련되었다.

당 중앙의 두리에 조직사상적으로, 도덕의리적으로 굳게 결속되어 건전하고 결백한 정치풍토를 확립하기 위해 적극 투쟁하는 당 조직들과 수백만 당원들을 가지고 있으며 수천만의 인민들이 당을 백승의 향도자로, 위대한 어머니로 절대 신뢰하고 일편단심 따르는 것은 당강화의 믿음직한 역량으로, 억척의 지반으로 된다.

혁명발전의 새로운 요구를 반영하고 역사적 행정에서 그 계승성을 확인하였으며 실현가능성도 과학적으로, 객관적으로 확증한 데 따라 새 시대 5대 당건설방향을 당의 노선으로 책정하는 것은 조건적으로나 시기적으로 적실하면서도 성숙된 문제로 부상하고 있다.

새 시대 당건설 이론에 기초한 5대방향이 우리 당의 당건설노선으로 확정되면 조선로동당이 자기의 성격과 본태를 항구적으로 견지하고 강화하면서 인민 앞에 지닌 성스러운 사명과 책임을 백년, 천년 다해나갈 수 있을 것이다.』

김정은 총비서는 보고에서 전당의 의사가 집대성된 새 시대 당건설 방향을 정식 당의 노선으로 책정할 것을 제의하였다. 이 제의는 열렬한 박수 속에 전원일치로 가결되었다. 이로써 김정은 총비서가 2022년 10월 17일에 제시한 새 시대 당건설 방향이 조선노동당의 공식 노선으로 채택되었다.

2절 _ 2023년 봄우뢰

강동온실농장 착공식

조선로동당 중앙위원회 제8기 6차 전원회의에서 강동지구에 대온실농장 건설을 중요과제로 결정하고 인민군이 이 건설을 담당하기로 결정했다. 강동온실농장건설 착공식이 2023년 2월 15일에 진행되었다. 착공식장면(아래)과 강동온실농장 조감도(다음장)

김정은 총비서가 착공식에 직접 참석하여 첫 삽을 떴다. 조용원 비서가 착공사를 했다. 그는 착공사에서 지난해 10월 김정은 총비서가 완공된 련포온실농장을 돌아보면서 앞으로 건설할 온실농장은 련포온실농장보다 지능화, 집약화 수준이 더 높은, 한 세대 발전된 온실농장으로 되어야 한다고 그 방향을 제시했다고 밝혔다. 이는 평양의 강동온실농장이 련포온실농장보다 한 세대 발전된 온실농장으로 건설될 것임을 시사해 준다.

화성지구 2단계 1만 세대 살림집 건설 착공식

화성지구 2단계 1만 세대 살림집 건설 착공식이 2월 15일에 진행되었다. 김정은 총비서가 착공식에 직접 참석했다. 착공사는 김덕훈 내각 총리가 했다. 그는 착공사에서 "현대적 도시구획의 면모를 갖춘 화성지구 1단계 구역에 이어 2단계 공사가 완공되면 이 일대가 우리 당의 인민대중제일주의를 철저히 구현하고 조형예술성과 현대문명이 조화를 이룬 아름답고 웅장한 거리와 구역으로 전변될 것이며 이것은 그대로 우리 힘으로, 우리 식대로 창조하고 변혁해나가는 우리 국가의 발전 잠재력과 양양한 전도에 대한 일대 과시"라고 그 의의를 밝혔다.

김정은 총비서가 화성지구 2단계 1만 세대 살림집 건설의 착공을 알리는 발파 단추를 직접 눌렀다. 순간 건설장 전역을 뒤흔드는 장쾌한 뇌성에 이어 축포탄들이 터져 오르고 참가자들이 외치는 환호성이 울려 퍼졌다고 로동신문은 전했다.

평양시 서포지구 새 거리 건설 착공식

조선로동당 당중앙위원회 제8기 6차 전원회의에서는 서포지구에 3700세대의 새 거리 건설을 결정하고 청년들에게 이 건설을 통째로 맡겨주었다. 청년들이 건설한 서포지구 새 거리 건설 착공식이 2023년 2월 25일에 거행되었다. 착공식에는 김정은 총비서가 직접 참석해 착공식 연설을 했다

그는 연설에서 청년들에게 이 건설을 맡긴 취지를 다음과 같이 밝혔다.

『혁명의 성지 삼지연시를 훌륭히 변모시키는 벅찬 투쟁과 북방산야의 철길을 개건하는 투쟁 속에서 억세게 이어지고 온 나라의 돌격 전구마다에 요원의 불길마냥 파급된 백두산영웅청년정신은 우리 시대 청년 건설자들이 지닌 불굴의 특질과 투쟁 기개의 상징으로, 고난을 박차고 무쌍하게 일떠서는 사회주의 조선의 불가항력의 한 부분으로 되고 있습니다.

우리 당은 이런 위대한 정신을 더욱 승화시키면 그 어떤 방대한 사업도 걸차게 해제낄 수 있다고 확신하면서 사회주의 건설의 전면적 발전에 박차를 가하는 행정에서 우리 청년들이 불같은 애국 열의를 다시금 높이 발휘 할 수 있는 새 활무대, 거창한 청년판을 펼쳐놓기로 하였습니다. 그리하여 2023년도 평양시 1만 세대 살림집 건설과 별도로 수도 평양의 북쪽 관문 구역에 4,000여세대의 살림집을 일떠세워 옹근 하나의 특색 있는 거리를 형성하는 중요한 대상건설을 사회주의애국청년동맹과 백두산영웅청년돌격대에 통째로 맡기기로 하였습니다.

당의 의도는 우리 청년들이 수도의 대건설 전투장에서 조선청년 고유의 영웅성과 애국적 헌신성을 더욱 힘 있게 떨치며 혁명의 계승자, 로동당의 후비대, 사회주의 건설의 역군으로서의 준비를 더 튼튼히 갖추도록 하자는 것입니다.

당에서 호소한지 얼마 안 되어 전국의 모든 청년동맹조직들에서 무려 10여만 명의 청년들이 수도건설에 탄원해 나서고 만사람의 뜨거운 격려와 바래움 속에 평양행을 재촉하는 것을 보면서 온 나라는 격동으로 들끓었습니다. 이로써 우리의 자랑스러운 백두산영웅청년돌격대는 몇 배로 확대 강화 되였습니다.

우리의 청년 건설자들이 당과 조국의 부름에 물불을 가리지 않으며 혁명하기 좋아하고 투쟁하기 좋아하는 조선청년다운 기질을 남김없이 발휘하여 수도 평양의 북쪽관문에 세상을 놀래울 사회주의 발전과 미래의 상징물을 보란 듯이 떠올리리라는 것을 믿어 의심치 않습니다.』(2023년 2월 26일자 로동신문에서 인용함)